纪念钱学森

诞辰110周年系列图书

大成智慧教育初探

马近远　马望星　著

世界知识出版社

图书在版编目（CIP）数据

大成智慧教育初探 / 马近远，马望星著. -- 北京 ：世界知识出版社，2021.11

ISBN 978-7-5012-6421-6

Ⅰ. ①大… Ⅱ. ①马… ②马… Ⅲ. ①教育思想－研究－中国 Ⅳ. ① G40

中国版本图书馆CIP数据核字(2021)第213766号

大成智慧教育初探

Dacheng Zhihui Jiaoyu Chutan

作　　者　马近远　马望星 著

责任编辑　薛　乾　　　特邀编辑　杨　娟　白小薇

责任出版　王勇刚

装帧设计　周周设计局

内文制作　宁春江

出版发行　世界知识出版社

地　　址　北京市东城区干面胡同51号（100010）

网　　址　www.ao1934.org　　www.ishizhi.cn

联系电话　010-53606788　　010-53609788

经　　销　新华书店

印　　刷　廊坊市海涛印刷有限公司

开本印张　787×1092毫米　1/16　19.5印张　2插页

字　　数　250千字

版次印次　2021年12月第一版　2021年12月第一次印刷

标准书号　ISBN 978-7-5012-6421-6

定　　价　35.00元

致谢

非常感谢钱永刚教授的大力支持与指导，感谢国防科技大学原校长陈启智等三十多位专家教授提供当年钱学森改建学校大量鲜活的资料，感谢国防科技大学档案馆提供的大量原始资料，感谢国防科技大学政治部政研室长期提供报刊资料。

目 录

前 言

谈起中国教育现代化，我们不得不深深地怀念世界科学泰斗、思想家、教育家钱学森。钱先生是我国改革开放大门刚刚开启，就提出中国教育现代化并切实践行的先行者。钱先生 1978 年 6 月至 1981 年 4 月，奉命在原长沙工学院基础上主导改建国防科技大学。钱先生认真总结了中国教育几十年来的经验教训，吸收西方国家先进的教育理念，着眼世界教育和科学技术发展大趋势，明确提出把办学思想延伸到 21 世纪，创办世界一流的现代化大学，培养一流的科技创新拔尖人才。历时四年，钱先生坚持以教育现代化理念全方位全过程地改建国防科技大学。

谈及这件事的起因，可以毫不夸张地说，1977 年 7 月 23 日，在长沙工学院基础上改建国防科技大学是邓小平亲自做出的第一个教育改革决策，亲手布局中国教育改革的第一步棋。当天邓小平所发表的系列谈话精神，是对中国教育改革发展的深谋远虑，具有深远的历史和现实意义。1978 年 6 月 6 日，国务院、中央军委下达了《国务院、中央军委关于成立中国人民解放军国防科学技术大学的通知》，即国发〔1978〕110 号文件，正式启动了改建国防科学技术大学工作。

邓小平决定在长沙工学院的基础上改建国防科学技术大学。怎样改建？由谁来主持改建？时任解放军副总参谋长兼国防科委主任的张爱萍将军和国防科委党委首先想到的是时任国防科委副主任的钱学森。[1]

为什么选择钱先生来主导这次学校改建？首先，钱先生是一位深谙教育和科学规律的大师。众所周知，钱先生是世界级的科学泰斗，他既是科学家、思想家，同时也是名副其实的杰出教育家，是中西先进文化集大成者。钱先生在世界顶尖大学麻省理工学院（MIT）和加州理工学院（CIT）从学从教从研整整20年，他做过讲师、副教授、教授，担任过古根海姆喷气推进研究中心主任。回国后又参与筹建中国科技大学并兼任力学系主任，主持过多期高级科技人才培训班并亲自授课。钱先生不仅深谙世界顶尖大学现代化的办学理念，也了解在中国大学如何推进教育现代化，培养科技创新拔尖人才。

其次，此时的钱先生已步入古稀之年，已经从第一线直接领导开拓我国航天事业转任国防科委领导。钱先生拥有波澜壮阔、辉煌灿烂的人生，也有着60多年从学从教从研的丰富经历，特别是半个世纪领导开拓新中国航天事业的辉煌经历。他博览群书、研读经典、学贯中西，具有跨学科、跨领域、跨层次的渊博学识，具有博大精深的科学思想和教育理念，还具有高瞻远瞩的战略思维和前瞻意识。因此他了解怎样推动中国教育现代化建设，懂得中国需要创办什么样的现代化大学，培养什么样的人才，也了解为发展国家下一代战略武器需要培养什么样的国防尖端科技人才。所以选择钱先生主导改建这所大学是适合的。

再者，钱学森对他改建的这所大学24年的办学治校育人的历史非常了解。1955年回国的第二个月他就来到这所大学的前身哈尔滨军事工程学院参观考察，并一直与这所大学保持着密切联系，高度关注这所大学的

---

① 以上内容均摘自《邓小平年谱一九七五——一九七九》（上），中共中央文献研究室编，中央文献出版社，2004年版，第164–165页；参考《张文峰工作笔记摘编》，国防科技大学政治部编印，2010年版，第102—106页；参考马望星：《为了共和国军事科技的崛起——党和国家领导人关心国防科技大纪事》，《解放军报》，1988年9月8日。

建设与发展，多次给予大力帮助与具体指导，这所大学也为钱先生所领导的航天领域培养输送了大批优秀人才。

钱先生历时四年改建国防科技大学，他所设计的“按学科设系，理工结合，加强基础，落实到工”的办学与人才培养模式，提出的办学方针原则，构筑的学科专业体系，制定的各项办学治校育人的规章制度，实施的教育教学、科学研究、教材建设、实验室建设的方式，推动的各项大型仪器设备、图书馆、俱乐部、食堂、宿舍等基础设施建设，提出和推行的正规化现代化教育系统工程管理，规划的学校科学发展蓝图等，使得钱学森创新教育思想得到了全方位全过程的体现，是钱先生创新教育的伟大实践。

四年间，钱先生先后提出技术科学（工程科学）教育观、系统工程与系统科学教育观、辩证唯物主义教育观、以德育人教育观、民主开放学术观、大师造就良才与名校教育观等创新教育思想。他晚年提出的大成智慧教育观，也在这四年间做过深入的探索，可以说钱先生教育思想体系是在这四年的教育实践中逐渐形成的。

钱先生教育思想的鲜明特色就是强调创新，所以我们称之为“钱学森创新教育思想”。这本《大成智慧教育初探》就以钱先生历时四年改建国防科技大学的理论和实践为基础，结合他半个多世纪对中国教育现代化的艰辛探索和伟大实践，尝试初步勾勒出钱学森创新教育思想体系。

第一章

钱学森情系教育的初心与使命

国防科技大学召开教学代表会议，国防科委主任钱学森参加电子技术系小组讨论。

在国人心目中，钱学森是世界知名的科学家，可能因为人们过于关注的是他在科学上的巨大贡献，并没有意识到他也是一位名副其实的杰出教育家。

钱先生一生情系中国教育现代化，生前最后一次与秘书兼学术助手涂元季长时间的谈话，谈的也是实现中国教育现代化，培养科技创新拔尖人才的问题。他认为只有实现国家教育现代化，培养出更多更好的科技创新拔尖人才，才能实现国家富强、民族复兴和人民幸福安康。

当年钱先生带着“科学救国”的梦想赴国外求学，1955 年又冲破重重阻力回来报效祖国。他在开拓祖国航天科技伟业的同时，一直高度关注国家教育事业。

一、从新中国创建哈军工看到了教育强国的希望

钱先生是 1955 年 10 月回国的，回国的第二个月，即 11 月 25 日，他就来到了创建于北国冰城哈尔滨的军事工程学院（简称哈军工）。哈军工是新中国刚成立不久，即 1953 年创建的。它是我们党和国家在百废待兴的情况下，主要依靠自己的力量创建起来的一所大学，也是共和国历史上第一所军事工程学院。

钱先生清楚地记得，这一天，天气格外晴朗，冬天的阳光给寒气逼人的北国冰城带来了春天般的温暖，也带来了生气，使刚刚回到祖国的钱先生感到特别舒心愉悦。

上午八点半，钱先生乘坐的黑色小轿车缓缓地停在哈尔滨文庙街上的

王字楼前，他走出轿车，赫赫有名的大将陈赓院长第一个走上前来，紧紧握着钱先生的手，大声说：“欢迎钱先生来学院参观指导！”并自我介绍：“我是陈赓，今天早晨从北京乘飞机专程赶回学院为您接风洗尘的。”这实在出乎钱先生的意料，眼前欢迎他的队伍，大多是将校级高级军官和专家教授，尤其是陈赓以大将之尊兼任解放军总部的领导，军务十分繁忙，还专程从北京赶来迎接他。如此隆重的礼遇，使钱先生十分感动。“谢谢，谢谢，非常感谢！”钱先生连连说。

大家来到接待室落座，陈赓院长将在座的学院和部门领导以及专家教授一一向钱先生做了介绍，并简要介绍了学院情况。陈赓说：“我们军事工程学院，对于钱先生这样见过大世面的科学家来说，没什么神秘可言，也没有什么密可保的，我们打开大门欢迎钱先生参观指导！”陈赓一席话使他的担心烟消云散。

接着，陈赓等院部领导陪同钱先生到学院各个地方参观考察。小汽车从王字楼前开进学院大操场，大家下车后，刘居英副院长站在操场中央，向钱先生介绍了海军工程系、空军工程系、装甲兵工程系、工程兵工程系和炮兵工程系五个系的位置布局、建筑风格和建筑特色，重点介绍了学院师资队伍情况和各个学科专业的设置与办学情况。

钱先生仰望眼前这一栋栋雄伟壮观，既体现西方建筑风格又具有中国传统建筑艺术，极具特色的现代化高质量、高水平的大学城。他不敢相信，这里在两年多以前还是一片不毛之地。钱先生不时地感叹：“太气派了！太气派了！这样壮观、这样美丽的大学城，在美国，甚至在全世界也是不多见的！”

随后，钱先生又在陈赓等人的陪同下来到空军工程系，仔细考察了这个系著名学者马明德教授等人研制的全国高校第一个风洞实验室。他握着马教授的手称赞道：“了不起！你们的空气动力学研究在这么短的时间内就已经走在全国前列。”

钱先生参观了梁守槃教授设计和研制的几种飞机发动机试验平台，他饶有兴致地与梁教授一起探讨着一些技术问题。当钱先生得知，梁教授的妹夫就是他的同学、至交林家翘教授，梁教授的妹妹是他夫人最要好的朋友，他们虽然从未见过面，但早就有联系时，钱先生又惊又喜。他紧紧地握住梁教授的手，感慨地说："我早就听说过您的大名，没想到在这儿相见，地球真小！"

钱学森一行离开空军工程系，来到炮兵工程系，当时正在从事火箭研究和教学的系副主任，即若干年后接替钱先生担任我国航天技术总负责人的任新民教授，早就知道钱学森是世界知名的火箭专家，有许多问题需要当面请教他。任教授领着钱先生参观了火箭实验室，一边参观，一边就有关固体火箭点火试车的实验、火箭燃料的最佳配方等问题与钱先生展开热烈的讨论。钱先生所发表的高论与建议，使任新民教授深受启发。

不知不觉来到一个十多米高的铁架前，任教授指着这个铁架略带羞愧地说："不怕钱先生笑话，我们做比冲试验，方法很原始，用火箭弹测曲线，也是土法上马。"钱先生却高度评价任教授等人的工作："我看了你们的试验装置、研究成果，听了你们的情况介绍，尽管条件非常有限，但已经走到了这一步，很不容易，这是一种不畏艰难、勇于探索的创造精神啊！"

这时，陈赓试探性地问钱学森："钱先生，您看，我们能不能自己搞出火箭来呢？"钱先生望着陈赓，不假思索地脱口而答："有什么不能的，外国人能造的，我们中国人同样能造！"陈赓惊喜地握着钱先生的双手，大声地说："好啊！要的就是您这句话！"钱先生还参观考察了学院其他系的教学、科研、实验、基础设施等方面的情况，他非常感慨地对陈赓院长说："真想不到，短短的二三年，你们就建成了这样一座规模如此宏大壮观的现代化的大学城，一流的师资队伍，高质量、高水平的生源，尖端专业科研成果如此之多，现代化的办学设施在远东也堪称一流，真是人间奇迹啊！”

晚上，陈赓在哈尔滨大和旅馆，为钱先生举办了一个非常别致的晚宴。作陪的人是陈赓精心挑选的，除学院院部领导外，有钱先生当年在美国加州理工学院的两个学生罗时钧和庄逢甘，有钱先生当年交通大学的老同学周明瀓、曹鹤荪，有留美的知名学者卢庆骏、沈正功，有刚刚认识的梁守槃、任新民、马明德等。

时下，冰城的夜晚寒气逼人，这里却灯火辉煌，热气腾腾。宴会厅内摆着两张大圆桌，桌上摆满了钱先生喜欢吃的江浙菜和当地的名小吃。主桌是陈赓和钱先生并肩坐着，钱先生的新老朋友和其他院领导围坐在一起，其他人在另一桌。席间，大家都热烈地议论着火箭导弹问题，无意品尝眼前这些美味佳肴，尤其是陈赓，特别兴奋，向钱先生提出了许多深奥的、很内行的问题。譬如：如何研制短程火箭？如何解决弹体和燃料问题？如何突破自动控制技术？怎样更快地培养火箭导弹人才？等等。钱先生一一回答了陈赓和其他人所提出的问题。陈赓充满信心地说："钱先生的话让我心里有了底，我们中国一定要搞出自己的火箭导弹，我们也一定能够搞出自己的火箭导弹！我代表学院表个态：为了发展中国的火箭导弹，将来只要钱先生开口，向我们要人出人，要物出物，全力以赴！”

说到这里，陈赓举起酒杯站了起来，大声说："我提议，欢迎并感谢钱先生来学院参观指导，为发展中国的火箭导弹事业干杯！”这次宴会简直成了火箭导弹问题的研讨会，更像开启中国航天事业的誓师动员会。当时钱先生并没有想到，这次来学院参观考察，他与陈赓等人热烈议论的中国火箭导弹研制的事，是得到了周恩来总理支持，时任国防部部长彭德怀元帅亲自授意的。

这一天，在中国航天科技史上留下了浓墨重彩的一笔。实际上，从这一天开始，中国就已经拉开了航天事业的序幕！陈赓当即就指示任新民、周曼殊等几位教员给国防部起草了《关于发展我国火箭导弹的建议》。不久，国防部就成立了以钱先生为院长的从事火箭导弹研制的第五研究院，哈军工的任新民、梁守槃、卢庆俊、庄逢甘等一批当年著名的专家教授，很快调入五院，作为航天科技的主力投身于中国最早的航天事业，任新民教授是继钱先生之后长期肩负中国航天科技的技术主帅，兑现了陈赓院长当年“要人给人”的诺言。

这一天，钱先生一直处在高度的兴奋之中，他深深地佩服祖国人民的勤劳勇敢和智慧，佩服陈赓和哈军工的开拓创新精神，更看到了中国共产党坚强领导下教育兴国的希望，看到了社会主义制度集中力量办大事的巨大威力。从此，也使钱先生与哈军工，与中国的教育结下了不解之缘。①

二、把办学思想延伸到21世纪

1978年6月，钱先生再一次来到由哈军工主体南迁后更名的长沙工学院。二十多年前的那一次，钱先生只是到这个学院参观考察，而这一次是奉命为发展国家下一代战略武器，亲自将这所学院改建为培养国防科技尖端人才的国防科学技术大学，肩负神圣的使命。

钱先生当年参观考察的哈军工，是新中国我们党和国家亲手创建的一所现代化大学，短短的二十几年发展迅速，办学综合实力堪称一流，为航天科技领域输送了一批又一批德才兼备，特别能吃苦的科技攻坚人才。也正是因为有了这些人才，再加上其他大学分配来的人才，才使得我们的航天科技实现了从无到有、从弱到强的飞跃。每当想到这些，钱先生进一步

① 参考《张文峰工作笔记摘编》，国防科技大学政治部编印，2010年版，第66—69页。

坚定了教育兴国和依靠教育培养大批创新拔尖人才推动祖国航天科技发展的信念。

但是，当时“文革”刚刚结束，钱先生改建的这所学校经历了几次折腾，也遭到了严重破坏，百废待兴。尤其是一些人僵化守旧思想严重，常常使一些改建工作遇到阻力。但是钱先生并不惧怕什么阻力，他一心想的就是要创建一所一流的现代化大学，为国家培养一大批科技创新拔尖人才。

钱先生要求全校教职工坚持辩证唯物主义认识论、实践论和发展观，认真总结我们国家发展的经验教训，特别是认真总结哈军工创建以来的办学治校育人的经验教训，深入开展实践检验真理标准大讨论，引导大家既实事求是地认知过去，又高瞻远瞩地展望未来。

钱先生指出，新中国成立以来，我们国家虽然经历了抗美援朝战争，经受了相当严重的三年自然灾害，但是我们仍然在旧中国留下的烂摊子上建立起了比较完整的工业体系、教育体系和科技体系，社会经济有了很大发展，尤其是国防科技得到了迅速发展，学校前身哈军工创造了新中国教育史上的辉煌。钱先生说：这些发展成就是有目共睹的，但是我们也要清醒地认识到，这些年由于“文革”干扰破坏，使我们国家与世界先进国家发展的差距越来越大了。

钱先生指出，美国的科技经费每年是国家收入的5%，我们现在离这个数字相差很远。西德研究人员，每人每年拨款是7.25万美元，我们现在的研究经费加起来也只有300亿元人民币，而我们从事研究的单位和人却比他们多得多，这就离现代化相差得很远，我们人不少，但生产率非常低。鞍钢年产千万吨钢，需要22万人。请了日本专家来，提了个方案，千万吨钢，只需要6万人，我们的劳动生产率低得惊人啊！怎么办？钱先生认为，我们党坚持马克思主义的立场观点方法，已经认真总结了失误带来的沉痛教训，决定以经济建设为中心，改革开放。我们完全相信在党的坚强领导下，发挥社会主义制度巨大优越性，将来一定能够赶上甚至超越那些发达国家。

当时钱先生算了一笔账。描述到21世纪初我们国家应该是个什么前景，钱先生指出，放开眼界朝前看，计划生育搞得好些（当时计划生育政策没有取消），仍保留10亿人口，就业人口5个亿。依靠科学技术创造生产力，像一些先进国家那样，四分之一的人直接从事物质生产劳动（美国农业劳动力只占人口2%），生产高度自动化。如果一个劳动力年生产按16万元人民币计算，将是20万亿元；若按20万元计算，将是25万亿元；按10亿人口平均，人均2万元、2.5万元。中国每人平均4000美元，排下来在世界的二三十名左右。

钱先生说，这就是我们21世纪初的前景。那么，其余四分之三的人干什么？（1）工人要有较高的文化水平。像日本工厂高度自动化，工人都是大学生，因此中国高等教育就需要实现现代化和大众化。我们每年若从高校毕业1250万人，我们应该有几千甚至近万所大学，每年每校若培养1200人，估计全部从事教育工作人员就需要近五千万人以上。（2）改革现在的生产生活方式。10亿人口的生活保障，应由社会组织起来，需要1亿人。我们现在一家一户的生产方式是封建社会留下的，必须逐步改变。以上共需要2.75亿人。那么还有2.25亿人，除去两三千万文艺工作者，还有近两亿人，就是从事科学技术的研究人员、技术管理包括国家管理人员、服务行业的人员。将来我们的职工70%左右是在企业的研究发展部，像一些先进国家的企业那样将主要力量放在研究发展部，依靠研发提高产品质量，提高生产效率。所有这些都需要通过教育培养大量的各种人才，所以我们的教育，尤其是高等教育显得越来越重要了。钱先生说，教育是基础，没有教育的现代化，就谈不上科学技术的现代化，没有教育和科学技术的现代化，也谈不上经济社会发展的现代化。钱先生预测这个变化可能在二十多年以后才可能实现，因此，钱先生认为，要脚踏实地干，一年一年进展，始终坚持以马列主义毛泽东思想为指导，以教育为基础，以科学技术为发展动力。

那么，具体到我们学校改建该怎么办？钱先生指出，要解放思想，实事求是朝前看。我们要学习当年哈军工敢为人先的创新精神，白手起家、艰苦创业的拼搏精神，教书育人、科研育人、管理育人、服务育人的精神，为教学科研"端盘子""搭梯子"的精神。钱先生说，这些都是我们的前人创造的宝贵精神财富，我们要继承和发扬。但是，时代发展了，我们所肩负的使命也不同了，我们的思想不能停留在28年前，当年那种"按军兵种设系、以武器装备设专业"，重专业、轻基础的办学模式已经过时了，必须改革。

钱先生指出，国务院、中央军委明确指示国防科技大学将来要为国家发展下一代战略武器培养高水平高质量的国防科技尖端人才，下一代战略武器是国防尖端技术发展方向，在某种程度上代表了国家科学技术发展的最高水平。展望世界科学技术和教育飞速发展的大趋势，我们必须着眼未来，立足前沿，面向现代化，把办学思想延伸到21世纪。要有大无畏的勇气，有超越前人的创新精神，敢于创办世界上从来没有办过的大学，打造一支强劲的国防尖端科技的先锋部队，培养一大批一流科技创新拔尖人才。

钱先生回顾了世界范围内科学技术发展给高等院校系、专业设置带来的变化，钱先生说："恩格斯说，17、18、19世纪，自然科学总的看是两个大阶段，前一段人们把客观世界孤立地分开看，叫作形而上学，有缺点但不得不如此；分块，暂时不考虑演变过程，这样问题具体了，到19世纪上半叶都是如此。到19世纪下半叶才有了变化，达尔文进化论，自然科学也有重大变化，从方法论上也讲清了。恩格斯的研究，一是没讲工程技术，能工巧匠的培训只有中技，没有高等学校，最早是拿破仑培养工程人才的学校；二是也没有包括科学社会主义、社会科学。现代科学技术包括自然科学、工程技术、社会科学。为什么把工程技术分出来？因为工程技术包含社会科学因素，体现工程技术的主要是自然科学，也有社会科学，从系统工程上讲，社会科学的因素更多。现在出现了一类称为技术科学的，跨几个学科，加以整理发展，如流体力学、运筹学、控制论都是技术科学，我认为技术科学教学会有点特殊。数学是把人的思维总结成规律，不是光管数学，也管逻辑、人工智能，数学对各种学科都有用，从这个意义讲，可以说数学是科学的皇后，不要被原来数学教学那一套束缚住了。马克思主义哲学往哪里放？马克思主义哲学不是教条而是科学，每一次科学进展都冲击了哲学。到了50年代初，出现了控制论。苏联先批它，后来又承认是科学。现在又有人工智能，又有人说是唯心的。这就是理论和实践的关系，理论不能脱离实践，实践不能离开理论指导，搞教学和研究要认识这一点。过去学苏联，理工归训练部管，但哲学经济学归政治部管，搞现代教育不懂哲学就不完善。愁是没有用的，解放思想向前看。”

钱先生认为，将来科学技术发展会形成一个现代科学技术体系。那么这个现代科学技术体系的形成，给包括我们国防科技大学在内的所有高等院校学科专业设置和人才培养模式出了个难题，将来我们究竟要设多少学科，多少院系，人才应当怎样去培养，这是值得我们下功夫好好研究的。所以思想观念不能僵化守旧，必须把办学思想延伸到21世纪。我们办现代化大学，搞现代化教学和研究一定要认识这一点。

在钱先生的指导下，学校各级党组织和全校教职工进一步明确了办学方向、人才培养模式和目标。①

三、与国防科技大学半个多世纪的密切联系

钱先生从哈军工到国防科技大学，与这所学校保持了半个多世纪的密切联系，钱先生不仅与这所大学的历届领导长期保持着工作和学术上的交往，还与70多位专家教授长期保持书信联系，仅1981至1997年就有书信交往一百多封。

1959年1月23日，已经担任国防部第五研究院院长的钱先生专程赴哈军工，共商培养我国第一代航天科技人才大计。这是钱先生时隔三年第二次来到哈军工考察。三年后的哈军工已经发展成为一所高质量、高水平综合型军事工程技术大学，钱先生满怀信心地说："只要我们五院和哈军工携起手来，中国的火箭导弹很快就会飞起来的！"

这一次，钱先生在哈军工整整待了一个星期。他深入各系各教研室、研究室、实验室、图书馆调研考察，与学院各级领导和教职员工广泛交谈，对学院的整体情况有了更加全面和深入的了解，对学院下一步的发展提出了许多宝贵意见和建议。

钱先生特意来到位于哈尔滨文庙的学院图书馆，抬头仰望文庙这座与周围环境相比显得有些特别的古典式建筑，孔圣人的巨大雕像树立在文庙正厅中央。钱先生非常感慨地说："将学院图书馆选在文庙很有意义！孔圣人是我国古代最善于学习，善于钻研，著述颇多，见解颇深，千古学习的楷模。后人之所以称孔子为圣人，就是道德人格非常完美的人，是永远值得今人学习的。"钱先生鼓励师生们向孔圣人学习，传承中国古代文化。

钱先生来到中外期刊阅览室，问图书管理员："馆藏中外期刊有多

① 根据国防科技大学档案馆资料整理。

少？”管理员告诉他：“有几百种、数万册，但很多期刊，尤其是外文杂志无人问津，有些浪费，可能是我们贪多求全吧。”

钱先生听后连连摇头道：“作为大学图书馆，藏有几百种、数万册不是多，而是太少，暂时看的人少也不叫浪费，我们所藏的中外图书期刊、杂志，不可能百分之百都被用到。在这些图书杂志中，能有一篇有参考价值，被我们的科研教学人员或者学生所参考，写出了有价值的文章，指导了我们的教学科研与人才培养工作，从而获得较大的成果，这就是馆藏的价值。也就是说，只要有一篇东西有价值，就是全馆收藏的价值，哪怕是几十年，甚至几百年的馆藏都有价值。因为我们不可能知道哪种哪本哪篇有参考价值，只有藏得多、藏得全，才有可能被用上。所以图书馆收藏的图书期刊、杂志要尽可能多些、全些，参考价值才大。”

钱先生还谈道：“大学图书馆是做学问、搞研究的好地方。我们要充分利用这个平台。我在美国MIT、CIT两所大学读书时，常常一钻进图书馆就是一天、两三天不出来。那里的书刊真可谓汗牛充栋，中国各朝代的图书都有，有线装本，有原装本。当时我问管理员：这些图书有人看吗？她回答：这些东西不但有人看，而且是宝贝。有些重要的孤本，原版的，还要凭馆长批了条子才能借阅或翻阅，不是一般的珍贵了。”

尤其是钱先生在图书馆发现艺术类图书太少时，他意味深长地对陪同他的领导说：“这类图书不能少啊！学理工科的学生要懂点艺术，因为艺术是思想、精神领域的一种油润剂。艺术对搞自然科学的人尤其有好处，大科学家爱因斯坦对音乐就很爱好，小提琴拉得很有水平。我对小提琴也很有兴趣，只要时间允许，我每天都要拉上几曲。一方面促使精神愉悦，另一方面油润自己的科技思想。”钱先生说：“我夫人是钢琴家、歌唱家，当我在考虑科研问题，钻了牛角尖或走进死胡同时，我就请她弹一两个曲子或者唱上一两首歌，不管是优雅的还是高昂的曲子或歌声都有作用。往往在死胡同，听到高昂的调子，就冲破了死胡同，我情不自禁地拍手称快：好极了！”钱先生一再建议学院在图书馆增加艺术类图书，让学生学点艺术，学点音乐、美术，培养一点艺术兴趣。

钱先生在考察结束前一天，专门开了个有院系领导和专家教授参加的座谈会，谈了自己几天来参观考察的感受，充分肯定学院创建以来所取得的巨大成就，并就培养火箭导弹人才所涉及的学科专业设置、培养方案制定、课程开设、教材编写，以及如何打牢学生基础、开阔视野、拓宽知识面，增强攻关创新能力等，提出了一系列真知灼见。

钱先生说：“在世界各国激烈的竞争中，人才是关键。只有培养眼界开阔、思维活跃、能力卓越、素质全面的过硬人才，我们才能处于优势。这些能力素质，包括科技素质、政治思想素质、心理素质和艺术素质等，这些素质都要具备。有人说全才不可得，我说要追求。古代孔子就是全才，他语文、数学、外交、音乐等都懂，是全世界的大学问家。我们办学育人要有世界眼光，宏观视野，培养能够迎接多种挑战、全面发展的人才。”

应学院领导要求，钱先生给全院师生员工做了一次关于火箭导弹的学术讲座。时任导弹教研室主任的陈启智教授还记得钱先生有趣的开场白：“大家不是认为火箭这个东西神奇吗，它的确如此，它可上天揽月，下海捉鳖，可是大家不要忘记，这个神奇的东西最早是我们中国人发明的。那是在一千多年前的宋代，我们中国人就发明了火药，正是因为有了这个东西，才有火箭。中国人聪明，有智慧啊！”接着，钱先生将火箭导弹的发展历史、现状、未来，美国、苏联火箭导弹发展的动态与特点，以及发展火箭导弹等国防尖端技术对于捍卫国家主权、维护国家尊严的重大意义，做了深入浅出的阐述。[①]

钱先生一直高度关注哈军工的人才培养。1962年1月，成立不久的导弹工程系，系主任戴其萼在组织教学时，遇到了一个很棘手的问题：火箭总体结构设计、导弹自动控制系统、导弹自动控制系统、飞行动力学射击原理四个专业的课程，按五年制安排难度很大，无法落实。这是哈军工培养的、我们国家的首批火箭导弹科技人才，上级主管部门和全院上上下下都特别关注和重视，学院领导希望钱先生给予指点。而那时的钱先生特别忙，连他的家人也常常见不到他，学院也一时联系不上钱先生。不久，钱先生从一份材料中了解到这件事，他专门放下手头的工作，找了几位专家一起围绕这一问题进行了深入研究。同年1月17日，钱先生专门给学院来信，阐述了他对这一问题的三点意见和建议。

钱先生首先强调，不能因为五年制的限制而降低人才质量的要求。他建议学院调整合并同一课程，压缩重复零碎课程，努力提高教学效率；其次，钱先生要求突出重点专业的人才培养。他认为，上述四个专业，火箭总体结构设计专业是培养这个系统的总体设计人才，对这个专业的人才要加大培养力度。但他同时指出，总体设计人才固然重要，但是在整个研制人员中所占的比重却不大，培养多了会用不上，反而造成浪费，希望学院在确定人才培养方案时充分考虑到这一问题。第三，钱先生建议区分层次培养人才，按五年制培养一般的设计研究人才，四年半课程教学，最后半年做毕业设计。按六年制培养总体设计人才，从五年制的学员中选拔五分之一或六分之一特别优秀拔尖的，从四年半以后开始系统学习力学及概率论方面的基础理论，五年半后做毕业设计。

正是钱先生这位科学和教育大师有针对性的及时指导，使困扰学院的

① 以上根据陈启智教授和时任图书馆研究员李超然的回忆整理。

问题很快得到了解决。学院按照钱先生所指的思路，调整了培养方案和课程，先后培养出一批又一批优秀的火箭导弹人才，输送到钱先生麾下的航天科技大军中，发挥了很好的作用，他们当中的许多人已成为重要的科技骨干。钱先生多次称赞："从哈军工走出来的学生很优秀，特别能攻坚，能战斗。"（参见本章附录 1：钱学森给哈军工的信）

钱先生有时也要求哈军工给五院提供一些技术上的咨询。汪浩教授回忆，国防部五院成立不久，苏联当时正在研制一种新型导弹。钱先生根据情报信息了解到，苏联研制的这种导弹需要做 15 次实验才有可能定型，但是他们只做完七次实验就停止了。在科学上从来就十分敏锐的钱先生，想通过数理统计方法搞清楚苏联停止实验的原因。于是钱先生将这个任务交给了知名数学家、哈军工的卢庆骏教授。为此，卢教授派当年的年轻数学教师汪浩专程去北京接受钱先生交给的任务。

汪浩来到北京的那天中午，去钱先生所在的专家小餐厅用餐。只见一个中等身材，年近五十，颇具学者风度的人，拱着双手笑着对他说："汪浩同志，请你们帮帮忙啊！"有人告诉他，这就是钱学森。啊？汪浩感到很惊讶，没想到，这位大科学家对他这位年轻教师如此谦虚，令他十分感动。但是他一直纳闷儿，虽然钱先生来过学院，可是他与钱先生却从没见过面，钱先生怎么会认识他呢？

汪浩回到学校，在卢庆骏教授的带领下，运用序贯分析法，将苏联七次实验的信息数据都用上，进行推理运算。得出的结果是，苏联这枚新型导弹，凭这七次实验数据的结果就基本可以定型。哈军工将分析计算的情况及时报告了钱先生。

张文峰担任过哈军工教务部长、副院长，后被任命为国防科技大学副校长，他曾记载：钱先生 1955 年 10 月下旬回到祖国，在同年的 11 月下旬就到了我们学院参观考察，据说这是他回国后工作，参观考察的国内第一所高校。1978 年 6 月，钱先生来学校主持改建工作时，他见到我后，提起哈军工那段往事，十分感慨地说："我与你们学校缘分很深啊！当年，组织上安排我去东北三省参观考察，我就很想趁这个机会到哈军工看看我的两个学生，后来有人对我说，那个地方很神秘，对外称之为一〇三部队，就是当地哈尔滨人也不知道那里是干什么的。所以，在我的行程安排上并没有你们哈军工。说来也巧，到哈尔滨后，我试探性地询问陪同我参观考察的朱兆祥同志，说我有两个曾在美国加州理工学院的朋友，一个叫罗时钧，一个叫庄逢甘，听说在这里的一所军队学校教书，不知这次能不能见见面呢？没想到朱兆祥很快就通过黑龙江省委联系到了你们学院，答复了我的要求。也就是从这次在你们学院参观考察开始，以后的几十年里，由于共同的事业把我和你们学校紧紧地联系在一起。"

四、长期心系学校建设与发展

文峰老人回忆：从钱先生当年回国到现在，将近半个世纪了，学校虽然经历了创建、搬迁、改建，几易校名，风风雨雨，但钱先生始终没有忘记我们这所学校。即使在那动乱年代，人们很少谈及学校，而钱先生却一直惦记和关心着我们学校。

1970 年 3 月下旬，我们就学院搬迁、教学改革和激光、雷达专业设置等问题，专程赴北京向七机部领导汇报，可是，等了好几天都没有排上汇报日程。钱先生当时正在主持一个重点型号的研制任务，他的时间是以分秒计算的，可谓日理万机。但是当他了解到这个情况后，3 月 30 日晚上，专门挤出时间接见了我们。钱先生说："眼下你们看到的，大字报铺天盖地，部里没人管你们学院的事，我也不分管学院工作，但我对你们学院有感情啊！我听说你们要汇报的那几件事，我认为都非常重要。尤其是搬迁，一定要动员大家把那些来之不易的家当家产保护好。至于教改，不管你们怎么改，一定要联系实际，着眼国防尖端技术的发展，要鼓励学生努力学习专业技术。”钱先生强调：“要不断研究新事物，学习新知识。因为国防尖端技术发展很快，一年一小变，十年一大变，十五年就变得认不得啦！”钱先生还指出：“激光、雷达是前沿技术，你们还是有条件有基础的，一定要把这个专业办起来，而且要办好。”这次，钱先生接见我们和谈话的时间虽然不到一个小时，但是他那情真意切、语重心长的教诲给我们留下了难忘的印象。

时任副校长的陈启智教授回忆起一件令他十分感动的事：一次，我在国防科工委科技委参加学术年会，国防科工委领导、科技委的领导、全委各基地与各科研院所的主要领导、部分专家参加了这次学术年会。一天上午，大家正在热烈地讨论发言时，发生了一件意想不到的事。有一位基地的主要领导突然站起来点名指责我们学校：“国防科技大学每年分配给我们基地的学员，就那么两三个，这样的学校究竟还有没有必要再办下去？”坐在主席台上的钱先生听到，立刻站起来，连连向我招手，示意让我做出解释。我仔细一想，觉得这位领导的话说得虽然难听，可是他说的是实情，学校每年分配给这个基地的学生就这么几个。因为这是上级制定的分配计划，可我不能将这个责任往上面推啊！我连忙向主席台上的钱先生摆手，示意我不便解释。会后，钱先生特意把我叫到他的办公室，问我为什么不向这位领导和全委与会者做出解释。我说明原因后，钱先生意味深长地对我说：“你知道我叫你做出解释的真实意图吗？因为这些与会者都是全委各单位的头，他们那里有全国一流的人才、一流的设备，有供你们学校办学的丰富资源，我让你做出解释的目的，就是为了取得他们对你们学校的理解和体谅，为你们学校将来借助这些资源办学开绿灯啊！”钱先生的用意令我十分感动！

陈教授回忆：几十年来，钱先生凡是发现或者想到有关我们学校建设与发展的事或信息等，他都会通过各种途径随时给学校予以指导。1984年1月19日，钱先生在一份学术刊物上，看到一篇关于“把激光器和电子计算机、机器人以及金属切削加工机械结合起来的全面加工体系”的文章，认为对于我们学校正在蓬勃发展的精密机械专业具有重要的参考和应用价值，随即给国防科工委科技委原秘书长李庄写信，请李秘书长将这一重要情况转告学校。

钱先生结合自己长年领导“两弹一星”研制的伟大实践，深感培养科技帅才的重要。1996年6月18日，钱先生专门致信时任国防科工委科技委主任朱光亚先生，希望在我们学校试点，培养科技帅才。1997年4月6日，钱先生在一份科技杂志上看到量子计算机研制的苗头，感到这可能是计算技术新的最有活力的发展苗头，他又给时任国防科工委科技委秘书长的王寿云致信，要求王寿云及时将这一信息转告我们学校，并要求学校高度关注这一动向。钱先生总是这样长期心系我们学校的建设与发展。（参见本章附录2：钱学森给李庄等人的信）

钱先生非常关注学术前沿动态，多次与学校的专家教授一起探讨，并随时给予指导，有时将自己发现的新信息、新理论、新技术及时告诉学校，要求学校组织力量跟踪研究。

学校工程院院士赵伊君，如今是90多岁的老人了，他常常说，钱先生是自己学术人生中有重要影响的前辈，尤以其中三件事对他影响最大。第一件事是钱先生教给他学术方法论。那是1960年2月3日，赵伊君在北京科学会堂聆听了钱先生“从原子分子物理出发，经由物理力学的思路和方法搞发明创造”的学术报告，深受启发。后来他和他的同事根据钱先生提出的物理力学的思路与方法，去研究破解核爆炸测试中遇到的困惑，立刻豁然开朗，并做出了可喜成绩。

第二件事是钱先生与他谈教改。那是1966年2月24日，赵伊君和教研室几位同事就哈军工的核爆炸光辐射测试专业的教改和毕业生出路问题向钱先生讨教。钱先生联系教学实际问题，教他们如何学习和运用辩证唯物主义实践论、认识论和方法论。这次谈话让赵伊君有一种豁然贯通的感觉，深感以后自己教学生，不能只教会他们单纯的专业知识，更要教会他们学习方法，使他们今后能面对各种困难和挑战。

第三件事是钱先生给他指点迷津。1982 年 6 月 7 日，在一次讨论国家要不要继续发展强激光项目的重要会议上，赵伊君再次聆听了钱先生关于这方面的重要讲话。赵伊君从钱先生的讲话中敏锐地捕捉到了两个重要思想，一是新型装备或新概念装备的存在性定理；二是新武器装备研究必须从预先研究开始，这是不可缺失的重要程序和环节。钱先生的这些重要科学思想，就像一盏明灯，为赵伊君选定的强激光技术研究之路指引了方向。赵伊君说，他在这一领域的成功，主要是因为充分考虑和吸收了钱先生的经验和他给出的指导性意见。

1997 年，学校郭桂蓉校长调任国防科技委副主任，一次他去看望钱先生时，钱先生当时已经敏锐觉察到国外量子信息科学研究进展情况，认为这是一个很有发展前景的新兴交叉学科。他趁郭桂蓉来看他的机会，让郭桂蓉给学校带去他早已准备好的相关信息资料，并嘱咐："量子信息很可能对以后的国防科技有大影响，学校要组织力量好好研究！"学校收到钱先生的信息资料后，立刻组织应用物理系李承祖教授牵头的研究团队写出了一个研究意向报告，并将这个报告寄给了钱先生，不久钱先生又给学校写来一封回信。钱先生指出："应用物理系 8 月 18 日给我的信及李承祖同志写的报告都收到，我很感谢并祝你们成功！我也知道，此任务难度不小，全校有关同志，包括四系的和六系的，要全力合作，贡献出各自的才智才行。"

可是当钱先生寄来的信息资料转到李承祖等人手中时，大家看着却傻了眼。当时虽然他们对量子是熟悉的，但是量子和信息怎么联系到一块儿，几乎整个团队的人都不清楚，甚至一点概念也没有。当时在国内该领域也是一片空白，能收集的文献资料很少，国外的进展情况也不明朗。面对“量子信息”这一科学未知高地，唯一的办法只能是不辜负钱先生的期望深深地扎下去。李承祖等人拿出死磕到底的朴实劲头，每天都泡在图书馆，国外期刊一本本挨页翻，折出有用的，抱了一大沓去复印。当时，李承祖已年逾半百，而且身患糖尿病，但他依然坚持和年轻人一起熬夜加班。经过整个研究团队专家教授们长期艰苦努力，终于挖出了“量子信息”的富矿。由此，学校量子信息学科迅速崛起，不仅成为国家量子信息研究的主要力量之一，而且成为军队量子信息研究和人才培养的基地。①

五、钱学森是名副其实的杰出教育家

钱先生关注中国的教育，从哈军工至国防科技大学，他情系教育的初心与使命，一生为振兴中华民族教育事业呕心沥血。钱先生回国后担任中科院力学研究所所长，他首先想到的是尽快培养我国第一代力学人才。钱先生亲自举办高级力学人才培训班，亲自制定培训方案和计划，亲自备课授课。

据当时接受过钱先生培训，现任中科院自动化研究所研究员戴汝为院士回忆，钱先生授课高屋建瓴，条理清晰，重点突出，逻辑严谨，深入浅出，生动形象，将枯燥的力学理论讲得十分引人入胜，听钱先生授课简直是美妙无比的享受。戴院士说：“我是 1951 年考入清华大学的，1952 年院系调整被分配到北京大学数学力学系。我听过这两所大学很多著名教授的授课，但没有一个比钱先生讲得好的。”

① 根据国防科技大学档案馆和图书馆资料整理。

1958年，钱学森直接参与了中国科技大学的创建，并兼任力学系主任多年。他尤其注重基础课教学，理工结合，注重启发式教学，充分调动学生内在的学习动力，拓展学生知识面。他经常聘请华罗庚、严济慈、吴文俊等科学大师授课。这种人才培养模式和方法，为国家培养了一大批包括两院院士在内的优秀力学人才。钱先生还多次赴清华大学、上海交大、西安交大等多所大学和全国多所中小学考察指导教育教学。特别是从1978年至1981年，钱先生历时四年主导国防科技大学全方位、全过程的改建。

钱学森是一位教育家，而且是一位名副其实的杰出教育家。他不仅具有系统且丰富的教育教学理论，而且具有坚实的教育实践基础。钱先生关于如何办好现代化的高等教育、基础教育和职业教育，如何创新办学和人才培养模式，培养现代化的各级各类优秀人才，特别是培养科技创新拔尖人才，如何缩短学制，如何系统改革办学体制和完善各种科学评价体系，如何改革教育教学手段方法等，都有一系列论述。

首先，从钱先生直接从事教育教学和人才培养丰富多彩的实践看。钱先生在美国MIT、CIT两所世界顶尖大学从学从教从研整整20年，在讲师、副教授、教授、古根海姆研究中心主任等多个教育教学和科学研究岗位上历练过，回国后又参与了一系列办学和人才培养。他是深谙现代化的教育教学和人才培养规律的。

其次，从钱先生间接从事教育的实践看。他长年领导开拓“两弹一星”航天科学工程和中科院力学研究所的工作。钱先生非常注重各类人才的培养和使用，尤其注重那些能够担当重任的科技将才与帅才的选拔、培养和使用，真正做到了人尽其才，才尽其用。钱先生曾经亲自指导和培养了像宋健、孙家栋、王永志等一批享有盛誉的科学家，深谙什么样的人才采取什么样的培养模式和方式，才能使他们更好更快地成长成才，放在什么样的岗位上才能最大限度地发挥这些人才的作用。中国的航天伟业之所以发展如此迅速，与钱先生慧眼识才、潜心育才、大胆用才是密不可分的。

再者，从钱先生广义的教育实践看。他为了提高国人的科学文化素质，长年不遗余力地坚持科学文化和科学技术的推广和普及工作。钱先生在担任中国科协领导期间，组织专门班子，编辑专门的刊物来研究、宣传和推广科普工作。他长年坚持收听中央人民广播电台的科普节目，并随时给予指导。

从目前公开出版发行的《钱学森书信》中的4000多封书信看，受到钱先生指导的就有4000多人次，而且涉及自然科学、社会科学、数学科学、系统科学、思维科学、人体科学、军事科学、行为科学、地理科学、建筑科学和文艺理论等十一大科学领域各方面的人才。钱先生不仅与许多著名专家学者一起探讨学术问题，随时给予指导，而且还积极扶持年轻学者成长。

我国著名伦理学家、教育家、国家教学名师唐凯麟先生认为，中国两千多年前的孔圣人，以其指导三千徒众、培养七十二贤人而闻名于世，流传千古，而钱先生指点指导的各类人才又何止三千！精心培养教育的拔尖人才又何止七十二！孔圣人所传授的只是儒家学说，而钱先生所传授的是包括自然科学和社会科学等现代科学技术体系在内的古今中外的知识。钱先生不愧为当代杰出的大教育家。

六、积极探索创建马克思主义教育学

探索获取知识和培养人才的规律，可以说是钱先生一生念念不忘的事。钱先生在进行科学研究的同时，也一直在思考这个问题。钱先生当年在主导国防科技大学改建时，多次与陈启智、汪浩、田禾等专家教授讨论这个问题。

钱先生认为，教育科学中最困难、最核心的问题是人的知识和应用知识的能力究竟是怎样获得的，它有什么规律可以遵循。这是教育科学的基础理论问题，解决了这个最困难的核心问题，教育的其他问题也许就迎刃而解了。而这个核心问题没有突破，没有创建教育科学基础理论，其他问题也都难办了。因此，钱先生非常重视、多次呼吁创建具有中国特色的马克思主义教育科学理论。

1992 年 10 月，国家教委就《一九九二年至二〇〇〇年纲要》征求钱先生意见，钱先生于同年 10 月 9 日致信时任国务委员兼国家教委主任李铁映，指出《纲要》中对新中国教育 40 多年走过的路总结不够，只讲成绩，不讲失误。钱先生认为，中国教育包括高等教育、职业教育、义务教育在内存在的一些问题很令人担忧！钱先生当时举例："我的唯一孙儿，小学也是在名牌小学读的，但真令我失望，感到他的教育没有使他聪明，而是越学越笨！"钱先生感叹："这怎么得了啊！我看我们教育界也要'换脑筋'。"①

"钱学森世纪之问"，实际上也是让国人深入探讨中国教育深层次的理论问题、体制问题，破解教育创新力不足问题。

1990 年 1 月 27 日，钱先生曾经亲自给时任中央政治局委员、国务委员兼国家教委主任的李铁映写信，郑重提出创建马克思主义教育学问题。钱先生在信中说："我现在给您写这封信的目的是：在我国要开展教育理论或教育学的研究，要重新用马克思主义哲学为指导，创建马克思主义教育理论或教育学。"

钱先生在信中指出："近代科学始于400年前的文艺复兴，是Copernicus（哥白尼，15—16 世纪波兰数学家、天文学家，创立了日心说）、

① 节选自《钱学森书信》卷七，第 9—10 页，1992 年 11 月 9 日致李铁映。

Kepler（开普勒，1571—1630，德国天文学家，发现行星运行三大定律）、Descartes（笛卡尔，17—18世纪英国物理家、数学家、天文学家，发现万有引力定律）、Galileo（伽利略，16—17世纪意大利物理学家、天文学家，发明了望远镜和温度计）、Bacon（培根，英国文艺复兴时期最重要的哲学家、散文家）和Newton（牛顿）他们创立了从实验观察出发，以推理为手段的所谓实验方法。为了能在复杂现象中定量测定，不得不分解事物，生物学已经分到了分子生物学，但还不够，还要再分下去，到DNA结构！另外，推理就有综合，如何综合？人的主观不能不起作用，这一点A.Einstein（阿尔伯特·爱因斯坦，1879—1955）早就指出过。总之，建立在还原论基础上的所谓科学方法是有很大局限的。这也是一方面自然科学中的物理、化学等和工程技术虽然取得了不起的成就，但心理学这门研究人自己的学问却进展甚微。这一事实在国外也已公认。”

钱先生认为：“所以教育理论或教育学要在辩证唯物主义指导下，撇开老一套，用正确的主观和客观相结合的方法，即附呈拙文提出的定性与定量相结合的综合集成法，认真总结国内外、古代和近代的育人实践经验及教训，重新建立马克思主义的教育理论或教育学。这就是我的建议。”①

钱先生对他高度关注的创建马克思主义教育学这件大事，总是挂在心里。1990年10月27日，他又给时任国家教委副主任朱开轩写信，追问他1月27日给李铁映信的反馈情况。

钱先生追问朱开轩：“今年全国人大和全国政协开会前，我曾写信给李铁映主任，提出以马克思主义哲学为指导，从古今中外实践经验教训中出总结科学的教育理论，以此指导我国的教育改革。后来在两会上见到李铁映同志，他说信收到了，已转国家教委研究。现在已半年多了，尚未

① 节选自《钱学森书信》卷五，第181—183页，1990年1月27日致李铁映。

有回音。此事您知道吗？”[①]（参见本章附录3：钱学森给李铁映、朱开轩的信）

钱先生十分清楚，开展教育基础理论研究，创建具有中国特色的马克思主义创新教育学，是对当前仍然普遍性存在的、根深蒂固的应试教育的巨大的冲击，会涉及一些深层次的中国教育体制、教育政策、评价体系、社会大环境、中国传统文化等一系列问题，甚至会触及一些深层的“暗礁”，是块“硬骨头”，但是最难最艰巨的事总得有人去做。钱先生呼吁举全国之力，尤其是教育界、理论界的学人们去攻克这个“堡垒”。钱先生列举了我们已经有的优势和成功的范例，鼓励大家充分认识这些优势和成功范例，树立信心创建马克思主义创新教育学。钱先生认为，我们完全有信心、有把握、有能力做好这件事。那么，我们究竟有哪些优势和范例呢？

钱先生指出，第一，我们有马克思列宁主义、毛泽东思想这个最锐利的武器，有辩证唯物主义以及它的基础，自然辩证法、历史唯物主义、数学哲学、系统论、认识论、人天观、军事哲学、地理哲学、建筑哲学、文艺美学所构筑成的现代化的马克思主义哲学体系，用它就能帮助我们在千头万绪极其复杂的情况下，分清表象与本质，找出条理来。这在以前是不可能的。

其次，现代科学技术的发展为总结经验提供了许多极为有用的线索。例如，研究证明，人的才能先天的因素是微不足道的，主要依靠后天。世界著名儿童心理学家皮亚杰的研究更明确：幼儿一生下来，大脑还没有发育好，是儿童在生活中接受外界刺激后才逐渐发育成熟的，教育是从婴儿开始的。这个认识对我们总结教育经验是有重要意义的。又如，现在对形

① 节选自《钱学森书信》卷五，第384—385页，1990年10月7日致朱开轩。

象思维的研究说明只有抽象思维靠语言，形象思维不靠语言，形象的感知是只可意会不可言传的。幼儿心理学也证明形象思维先于语言，也先于抽象思维。这说明形象思维在教育工作中的重要性。形象思维可以通过文学艺术的欣赏来实现，所以教育中的美育是重要的。①

第三，有对教育基础理论研究获重大突破的成功范例。钱先生 1985 年发现，中国科学院心理学研究所刘静和，用马克思主义哲学作指导，在小学进行数学改革实验，更早地挖掘小孩的理论思维，非常成功。例如：在上课时举例说明，黑板上画一个苹果，问小孩这是什么？答一个苹果；再画一个，答两个苹果；再画一个，答三个苹果。接着在三个苹果下画了一个盘子，问这是什么？小孩愣了。老师就说这是一盘苹果。然后就讲一、二、三，“多”与“一”的辩证关系。然后再讲数学。这样一教，孩子们确实变得聪明了。有些孩子说：“老师，有些课本您不用再讲了，我们自己看就能懂。”教其他课的老师对刘静和说：“你教的那些学生在我的课上，也显得非常聪明。”她创造的教学法已经在全国几千所小学推广。这项看似简单但却是创新教育的改革给钱先生很大启示。钱先生也认为：“我过去认为理论思维只能从中学起，我就是从高中开始的。因此，我以前的想法改变了，觉得学制可以缩短。”钱先生在给刘静和的信中指出：“根据您的实验和北京景山学校多年的经验，十年一贯制，到 14 岁高中毕业是可能的。这当然是我 1984 年说的具有现在大学二年级水平的高中毕业生。所以硕士可以 16 岁开始，18 岁就可以获得硕士学位。因此，可以说您的工作使这个新学制有了科学依据。这可以是我国 21 世纪初的学制，那时每个公民都具有大学以上的文化水平。”钱先生高度赞扬刘静和：“您的工作就是运用马克思主义哲学对教育科学基础理论的重大突破。”②

① 选自《华东师范大学学报》教育科学版，1984 年第 4 期。

② 选自《集大成 得智慧》，上海交通大学出版社，2007 年版，第 74–81 页。

钱先生先后二十多次与刘静和通信，与她一起探讨并随时给予指点，鼓励和支持刘静和的这项改革实验。1989 年 11 月 3 日，钱先生专门给时任国家教委主要负责人何东昌写信，呈上刘静和给钱先生的信以及刘静和与同事的研究论文《关于小学数学教学改革的实践和哲学思考》，请何东昌了解和大力支持这项改革实验。钱先生在信中指出 ：“我一直认为这是一项关系到长远改革的工作，有重大意义。” ①

钱先生认为，国内外的研究成果，为我们研究教育基础理论提供了成功的范例，尤其是我们有马克思主义哲学这个锐利思想武器和指导一切科学的最高原则，我们完全有优势有信心有把握攻克教育基础理论这个“堡垒”。

钱先生认为，既然我们知道人的才能主要是后天培养而不是什么先天就有的天才，那么古今中外都有一批才能卓越的人才，他们是通过什么样的环境教育出来的？只要掌握了他们之所以才能出众的规律，有几个就能有一批，有一批就能有一大批，以至成千上万。这是过去历史所提供的论据。关键在于掌握教育科学基础理论，把个别推广到一般。所以钱先生提倡从古今中外教育经验中总结出教育科学理论。

钱先生说 ：“从我个人的实践来说，我是乐观的。因为我之所以有今天，当然是由于党和人民的培养，但这与我在旧中国 24 年所受的教育，从幼儿园、小学，到初中、高中、到大学，也有很大关系。” ②

著名教育家、伦理学家唐凯麟教授曾经谈道 ：钱先生从幼儿启蒙教育开始，一直接受的是启发式的创新教育。钱先生的父亲不仅要儿子钱学森学习理工，而且还送钱学森学习音乐、美术等，培育钱学森的创造性思维。钱先生的母亲给幼小的钱学森每日安排的功课是 ：清晨准时起床，锻

① 选自《集大成 得智慧》，上海交通大学出版社，2007 年版，第 105 页。

② 节选自《华东师范大学学报》教育科学版，1984 年第 4 期。

炼身体，早饭后教钱学森学唐诗、学画画或写毛笔字，并教一些简易的算术技巧和方法。其间让儿子阅读一些有趣味的幼儿读物或穿插讲一些杨家将英勇杀敌、岳飞精忠报国、头悬梁锥刺股、凿壁偷光、囊萤映雪发愤苦读，以及孔融让梨、司马光砸缸等生动有趣的故事。每日如此，从不间断。这样，不仅给钱学森培养了一个良好的学习习惯，而且让他在这种愉悦的学习气氛中增长了知识、智慧，陶冶了情操。

钱先生的小学和中学，是20世纪20年代在北师大的附小和附中度过的。钱先生在这里受到了良好教育。尤其是在师大附中，那种以“全人格”教育为目标、重理解、不断挖掘学习潜力、启迪智慧、培育创造性思维的教育教学方法，那种高质量、高水平的授课艺术，那种生动活泼、丰富多彩的创新学术氛围，使钱先生如鱼得水。钱先生在这里度过了他“一辈子忘不了的六年”。钱先生多次指出：师大附中培养出了许多有才干的人才，值得很好地研究总结。

钱先生的大学本科、硕士和博士学位研究生，是先后在上海交通大学和美国的MIT、CIT完成的。尤其是在CIT，他师从世界著名力学泰斗冯·卡门攻读博士学位。钱先生接受了全方位的创新教育，也受到弥漫整个校园的创新学术氛围的熏陶。钱先生博大精深的科学思想、先进的教育理念，与他一直接受创新教育、优质教育是密切相关的。唐教授认为：我们从钱先生所受教育的经历中，应该可以总结出一些成功的经验。联系古今中外像钱先生这样的成功范例，以此类推，也应该可以揭示和把握培育创新拔尖人才的规律。

钱先生指出，创建马克思主义创新教育理论或创新教育学，是涉及方方面面的系统工程，不仅需要教育工作者参与，而且也需要社会科学家和自然科学家参与。钱先生呼吁举全国之力，众志成城，攻克这个“堡垒”。

附录 1：钱学森给哈军工的信（由国防科技大学档案馆提供）

1962 年 75 卷 3 号

国防科委钱学森同志对五系的几组专业教学计划问题的意见，附戴其萼同志的意见。

1962.1.29

国防科委：

关于哈尔滨军事工程学院五系的几个专业教学计划问题已与我院二分院蔡、吴两位副院长谈过。我们的意见是：

1. 保证质量是非常重要的，应该考虑在必要时延长学制，不能因五年学制的限制而降低质量的要求。当然我们也要注意贯彻总路线的精神，努力去提高教学效率，压缩重复，以求多、快、好、省地培养导弹事业的干部。

2. 对于火箭总体结构设计、导弹自动控制系统、飞行动力学射击原理等三个专业，因无具体资料，我们提不出什么具体的意见。至于火箭无线电控制系统专业，我们从苏联专家的建议来看，认为这个专业是培养总体设计人员的，因此必须兼备无线电雷达的知识及力学的知识。也就是说，如果培养目标是导弹无线电控制系统的总体设计人员，那么苏联专家所提的教学计划基本上是正确的，而《1962 年遵照教务部指示拟定的计划》及《1961 年遵照院指定的计划》恐不能达到原来的要求。

当然，这也不是说原来苏联专家所提的教学计划就是不可修改的，我们也认为在无线电及雷达方面的课太零碎，从而有可能在具体教学大纲中出现交叉重复的地方。因此，应研究如何把课目讲一讲，以求用更短的时间来完成同一总内容的教学工作。

3. 我们认为无线电控制的总体设计人员的质量要求非常重要，不能放松，必须从优秀青年中去选拔。但总体设计人员在整个研制人员中所占的比重却不大，培养多了会用不了，反而会造成浪费。因此我们认为可以考虑把这个无线电控制系统专业的教学计划安排成为：前五年是培养无线电控制系统一般研制人员，减少力学及概率论方面的课。也就是四年半上课，最后半年做毕业设计，还是五年毕业。但每年在这个专业的五年级学生中选拔少数（如 1/5 或 1/6）学生，条件及学习特别优秀的，在完结四年半学习后，不立即做毕业设计，但开始力学及概率论方面的课（即火箭控制理论最后七门课程：理论力学、工程力学、计算机技术、空气动力学及飞行动力学、概率论及射击理论、火箭自动调整原理、导弹设备），在五年半时再开始做毕业设计，六年毕业。也就是说，这个无线电控制系统专业有两部分，一直到四年半是一样的，但在四年半时分开，大部分在五年毕业，培养成一般无线电控制系统研制人员；一小部分六年毕业，培养成无线电控制系统总体设计人员。

当然，我们不完全了解军工的具体情况，不敢说以上建议是否可行。仅供参考。

总之，培养导弹技术的新一代是一项艰巨的任务，困难不会少。军事工程学院几年来成绩是很大的。但我们现在总结经验的时候，千万不能因遇到一些困难而退下来，要冲上去！

此致

敬礼！

钱学森

1962.1.17

附录2：钱学森给李庄等人的信（均由国防科技大学档案馆提供）

李庄秘书长：

这本刊物的75页上有一篇讲把激光器和电子计算机、机器人以及金属切削机加工机械结合起来的全面加工体系的文章，说能大大降低小批量或单件生产的成本，并提高产品质量。请参阅。

几年前我还没有意识到激光器的作用，但其他部分能结合成一个用电子计算机管理的，不需要大量工装的加工体系，则是意识到了的；也能大大降低成本，缩短周期。所以告国防科技八大系以此为教学及科研的中心任务。他们也一直在此方向努力。

现在看，有必要组织国防科工委各方面，大力协同，促其实现。

刊物用后请还我。

钱学森

1984.1.19

王寿云秘书长：

附上一篇在New Scientist1997年3月15日28—31页上的文章复制件请阅。

我的意思是：量子计算机可能是计算技术的新而最有潜力的苗头，我们要紧紧跟上。我想中国国防科技大学既有很强的计算机力量，又有原子物理（二系）、电子学（四系）、化学（五系），是可以研究开发量子计算机的。他们如对此有积极性，不妨先组织一个每周一次的讨论会，从现有文献的阅读研讨开始（如Science Vol.275，p.350，Proceedings of the National Academy of Science Vol .94，p.1634），然后逐步深化，最后提出研究计划的报告。

此意可否？请考虑。

国防科技大要再带个头！这是机遇。

这也是一件我们科技委该办的事！

此致

敬礼！也向毛幼先同志问安！

钱学森

1997.4.6

涂元季同志、龚惠刚同志：

我近读报纸关于“银河Ⅲ”巨型计算机的报道，很受鼓舞，但也有以下几个题目未得答案，故请你们向国防科工委有关部门查询一下，将结果告我：

1.1994 年 3 月成立“银河Ⅲ”设计队伍时，其组成的名单是谁负责提出的？决定建设第二代巨型机队伍的决定是谁提出的？谁决定的？

2.“银河Ⅲ”总设计师的姓名？副总设计师的姓名？

3.“银河Ⅲ”的研制费共多少？

4. 有没有“银河Ⅲ”的后续工作设想？是万亿次机吗？

5. 国家有没有设置全国性的计算中心的打算？

钱学森

1997.6.22

附录 3：钱学森给李铁映的信

李铁映同志：

首先我和蒋英同志向您和秦新华同志拜年！

在报纸上读了您对我国教育问题的讲话，感到很好，好就好在明确了社会主义中国教育工作的目标，明确了要培养什么样的人。

我现在给您写这封信的目的是：在我国要开展教育理论或教育学的研究，要重新用马克思主义哲学为指导，创建马克思主义的教育理论或教育学。

近代科学始于400年前的文艺复兴，是Copernicus，Kepler，Descartes，Galileo，Bacon和Newton他们创立了从实验观察出发，以推理为手段的所谓科学方法。为了在复杂现象中能定量测定，不得不分解事物，而且越分越细，生物学已到了分子生物学，但还不够，还要再分下去，到DNA结构！另外，推理就有综合，如何综合？人的主观不能不起作用，这一点A.Einstein早就指出过。总之建立在还原论基础上的所谓科学方法是有很大局限性的。这也是一方面自然科学中的物理、化学等和工程技术虽然取得了了不起的成就，但心理学这门研究人自己的学问却进展甚微。这一事实在国外也已公认。

所以教育理论或教育学要在辩证唯物主义指导下，撇开老一套，用正确的主观与客观相结合的方法，即附呈拙文提出的定性与定量相结合的综合集成法，认真总结国内外、古代和近代的育人实践经验及教训，重新建立马克思主义的教育理论或教育学。这就是我的建议。

我自己受过20年代师大附小和师大附中的良好教育，那时期就出了许多有才干的学人，如您委的张维同志，如北京大学哲学系张岱年教授。我高中在师大附中高中理工科，学过伦理学、解析几何、微积分、大代数、非欧几里特几何、第二外国语德语、有机化学、工业化学，等等，差不多把现在高等院校大学二年级的课都读了。这一经验不值得总结吗？

以上不知当否？请指示。

此致

敬礼！

钱学森

1990. 元 .27

钱学森给朱开轩的信

朱开轩副主任：

10 月 10 日来信收到。从所附三个文件看，你们考虑的还是到本世纪末要做的事，这当然很重要，但我一直在想的问题是：21 世纪社会主义中国的教育事业。例如：专业的划分还会是现在这个样子吗？还有什么高等理科教育吗？我想要变（见《教育研究》1989 年 7 期 3–6（44）页拙文）。因此，我们所想的不一样，我就不写您要我写的文章了。

又：今年全国人大和全国政协开会前，我曾写信给李铁映主任，提出以马克思主义哲学作指导，从古今中外实践经验和教训总结出科学的教育理论，以此指导我国的教育改革。后来在两会上见到李铁映同志，他说信收到了，已转国家教委研究。现已半年多了，尚未有回音。此事您知道吗？

此致

敬礼！

钱学森

1990.10.27

第二章

钱学森技术科学（工程科学）教育观

国防科技大学召开教学代表会议，国防科委主任钱学森参加会议。

技术科学（工程科学）是钱先生科学和教育思想的重要组成部分，钱先生不仅是世界公认的自然科学大家，同时也是世界杰出的技术科学家，他一生的科学生涯大部分时间在技术科学领域耕耘，在国际学术界最先提出技术科学这个概念。

钱先生早年办学治校育人是基于理工结合的技术科学（工程科学），1978 年至 1981 年，历时四年，也是以技术科学思想全方位全过程改建国防科技大学的，所以形成了钱学森技术科学教育观。

一、钱学森技术科学思想和教育理念的形成与发展

我们简要回顾一下钱学森技术科学思想和教育理念的形成与发展。从科学技术发展过程看，技术科学（又称工程科学，以下统称技术科学）的孕育和诞生，经历了一个漫长的发展过程。

就力学这门技术科学而言，一般认为它的直接源头可以追溯到 19 世纪末 20 世纪初的德国哥廷根大学。当时，哥廷根大学的大数学家克莱因致力于推动理论科学应用于工程技术的改进，使科学与工程的结合发生了质的变化。在克莱因和力学大师普朗特的领导下，源于经典力学一改其传统风格、直接服务于工程技术的应用力学迅速兴起，成为技术科学的先驱，即早期的技术科学代表性学科，形成了具有世界影响的哥廷根应用力学学派。与此同时，电气、化工等其他工程技术领域的科学与工程的结合也逐渐地发展起来。

随着科学与工程结合的趋势不断深入和扩展，世界工程技术发生了革

命性变化。尤其是二战期间，火箭、高速飞机、雷达、核武器等重要武器装备的发明和使用，从根本上改变了人类生产与战争的面貌。这些重大发明与以前的发明创造明显不一样，它们不是依靠工程实践积累和经验判断设计出来的，而是以数学、力学、物理学等理论科学作为设计依据，是科学家和工程师密切合作的产物。

因此说，技术科学的产生是 19 世纪末 20 世纪上半叶历史发展的必然结果。然而，首先敏锐地觉察到这一点，并且将它准确地、完整地、系统地勾画出来，指出这是一个新的科学领域，却是钱先生的巨大贡献。

钱先生的技术科学思想源于他早年在上海交大读书期间，虽然学的是铁道工程专业，但是经常教他的陈世英和钟兆林两位教授注重传授基础理论，教给他们理论与工程结合的方法，从那时开始钱学森就懂得了理工结合的重要。

1935 年，钱先生进入美国麻省理工学院航空系学习，获得航空硕士学位后又转向航空工程理论——应用力学的学习，师从世界力学泰斗、美国加州理工学院的冯·卡门教授。在冯·卡门的指导下，钱学森深刻领悟后来成为技术科学先驱的应用力学学派的思想精髓，在固体力学、流体力学、气体动力学等方向上取得了许多重要科学成就。

钱先生在留美期间还参与了美国空军发展战略规划《迈向新高度》的编写工作，积累了丰厚的理论和应用经验。钱先生具有坚实的自然科学基础，他将科学理论与航空工程、火箭喷气技术密切结合，攻克了一系列科学难题，取得了许多举世公认的重大科学成就。钱先生创立物理力学，创造和推出了《工程控制论》，在具有里程碑意义的技术科学领域做出重大贡献。

1947 年，钱先生回国探亲，先后在浙江大学、上海交大和清华大学做了题为“工程与工程科学”（Engineering and Engineering Sciences）的学术报告，应该说这是钱先生早期的技术科学思想。他首次提出了存在“基础科学—技术科学—工程技术”三个层次结构的观点，引申出整个自然科学的知识体系。钱先生回顾半个世纪以来人类社会的进步，以无可辩驳的大量事实论述了工程与工程科学（技术科学）的研究和应用，对于社会进步和国家工业快速发展有巨大推动作用。他以二战时雷达技术和核能的成功开发，为盟国取得第二次世界大战胜利做出重大贡献，这一举世公认的典型事实阐明，只用短短数年，就通过实用的工程，把基础物理学的发现，成功应用到战争武器中，使得纯科学与工业的应用之间的距离大大缩短了。因此，钱先生指出，科学家和工程师之间的密切合作是一种趋势，从而产生了一个新的职业：工程研究者或工程科学家。

钱先生指出，当时工程科学家对工程发展有三方面贡献：（1）所建议的工程方案的可行性究竟怎么样；（2）如果可行，实现该建议最好的途径是什么；（3）如果某个工程项目失败了，那么失败的原因是什么，可能采取什么样的补救办法？钱先生还就第三个问题列举美国塔科马（Tacoma）海峡大桥为什么建造很短时间就断裂的事实，说明工程科学家的重要性。该桥于 1940 年 7 月 1 日通车，是一座路基极窄的悬索桥，其尺寸如下：

表 2　美国华盛顿州塔科马第一座海峡大桥的尺寸

中心跨距	2800 英尺
西侧侧跨	1100 英尺
东侧侧跨	1100 英尺
西侧背索	497 英尺
东侧背索	261.8 英尺
总长	4759.2 英尺
车行道宽	26 英尺
包括人行道总宽	39 英尺

大桥完工以后，人们发现大桥极其柔软。在刮风的夜晚，常出现幻象效应，行驶着的汽车的前灯忽明忽暗，这是因为车道发生侧向和纵向的振荡。到了 1940 年 11 月 7 日的上午 10 点，大桥在强大的盛行风作用下开始发生强烈的扭转振荡，振幅逐渐增加，一个小时以后，桥身在中跨处折断。

大桥的失败在土木工程师中引起浓厚的兴趣，这类破坏从未见过，其原因究竟是什么？土木工程师一般关注静力的作用，甚至考虑大幅值的情况。举例说，大桥部件中的应力一般来说是每平方英寸几十吨的量级，现在作用在表面上的空气压力或风力可能是每平方英寸五分之一磅的量级，对于土木工程师来说，一开始很难明白为什么这样小的风力居然能够破坏这样坚固的大桥。

最终由以冯·卡门和 G. B. 伍德拉夫组成的委员会给出解释，大桥倒塌的真正原因是风力所激发的共振。这一航空工程师所熟知的颤振现象，完全超出了土木工程师的经验范围。风力虽小，但具有与车道相同的振荡周期，或者说，风力常与路面的振荡同步，所以这次产生了导致桥体毁坏的共振幅值。

由此看出，对大桥采取减振及增强的综合措施从而增加大桥的自振频率，失败是能够避免的，这就是设计新桥的原则。这里再次指出，工程科学家所提供的服务能够澄清使人高度困惑的工程问题，并且能够用来避免工程设计中出现更多的错误。他们的报告是工程科学家的研究工作的典型例子，它包含模型试验和理论计算的内容。

钱先生以此谈到了工程科学中的基础研究问题，他指出："历史上，这样的工程科学的基础研究是由德国哥廷根大学的伟大的数学家 F. 克莱因在第一次世界大战前夕开创的。他们的学派已经产生了诸如冯·卡门和 S. 铁木辛柯这样卓越的工程科学家。在那个年代，工程活动的主要领域必然涉及力学，因此工程科学的基础研究自然被简称为应用力学。”

然而始终在发展的工程领域，已经远远超出了当初德国力学学派所设想的应用力学所处理的范围。一是有不属于应用力学老边界以内的那些领域的研究，比如：物质的固态，电子学，核工程等；二是有靠近应用力学老边界的那些领域的研究，比如：燃烧，基于塑性变形的金属成形等；三是应用力学老边界以内的那些领域的研究，比如：湍流，气体动力学等。

所以，钱先生指出：“这些工程科学不同领域的基础研究所涉及的研究课题是物理学的一般课题，那么为什么又被称作是工程科学中的研究课题呢？有双重理由。首先，物理学家的观点与工程科学家的观点之间有一个基本差别。物理学家的观点是纯科学家的观点，主要兴趣在于把问题简化到这样的程度，从而能找到一个精确的解答。而工程科学家则更有兴趣去获取对研究问题的近似解答，他们认为问题将是非常复杂的，所以只能指望找到近似的解答。然而对于工程来说却又需要足够的精确，所以，物理学家将对一个过分简化的问题给出精确解答，而工程科学家要的是实际问题的近似解答。物理学家的工作常常可能是不实用的，而工程科学家的工作必须总是实用的，也就是要解决工程中实际问题的。将工程科学家从物理的一般领域分离出来的第二个理由，就是物理学家对工程问题并没有深切的兴趣。由于存在上述双重理由，所以工程科学家被迫将物理学家放弃的课题捡起来，发展其物理原理，形成解决实际工程问题的工具。”

钱先生进而指出：“尽管以上会有一些不同意见，但是给工程科学家所提出的三个问题毕竟目前是工程中普遍存在的三个基本问题。所以在工程职业变得越来越复杂的今天，存在着专门化的需要。也就是说，一个合格的工程科学家，需要多种知识，不仅需要工程方面的知识，更需要在数学、物理、化学等基础理论方面的知识。所以，良好的培训即教育就显得越来越重要了。”

这些教育培训，不仅在工程方面，也要在数学、物理、化学等基础理论方面都要有良好的教育培训。要通过教育培训，使他们掌握工程设计和实施的原理，诸如机械制图、绘图和机械设计、工程材料和工艺、车间实习等；具有坚实的工程方面的科学基础；他们必须学习和掌握很多的物理和化学的知识；他们在力学方面的知识必须不只限于刚体的静力学和动力学以及简单的梁、柱中的应力，必须学习弹塑性理论的原理；对流体运动的认识必须不能只限于水力学的内容，必须学习流体动力学的原理；在热力学方面的知识不能只限于第一定律和第二定律，或者理想的奥托循环或狄塞尔循环的计算，必须要从统计力学和热力学平衡更广泛的观点出发学习熵的物理意义；然后他们必须懂得从原子核到分子的物质的基本结构。

也就是说，他们必须学习许多物理学家或化学家所必须学习的科目；必须学习和掌握工程分析的数学方法，学习数学方法和数学原理，后者是用来帮助理解数学方法，所以要学习应用微积分、复变函数、数学分析原理、常微分方程、偏微分方程等。他们必须懂得一个应用数学家所必须掌握的数学科目中的大部分。

钱先生同时指出：显然，对于一个有发展前途的工程科学家来说，不能只是希望把它的学习都挤在四年大学里。他必须在高中毕业后能进入一个好的工学院，先用三年时间学习一般的工科科目，然后必须用大约三年时间学习科学和数学，这样就需要用六年时间来教育培训一名工程科学家，而现在常规教育培训只用四年时间。在这种情况下，培养工程科学家只能是在工程和工业界全体人员中筛选一些具有天赋和爱好的人中进行教育培训，而且教育培训的程度不能只是以学生听了几门课或在学院里学了多少年来量度，更重要的是要学习如何在实践中有效地运用这些理论和工具。在专家的指导下有助于加速这一过程。然后学生有可能去一个设备完善的大学，在有权威的导师的指导下攻读博士学位。

钱先生认为："一个教育机构中的从容的学术氛围肯定能引导人们思索：什么是获得智慧最重要的也是唯一的途径。智慧提供对复杂问题的洞察力，而洞察力正是成功解决问题的关键。"这是钱先生早年的技术科学（工程科学）思想和教育理念。①

钱先生回国后不久，即1957年5月27日，也就是在他上一次在国内三所大学所做的工程科学学术报告十年之后，他在中国科学院学部委员全体会议上，以"论技术科学"为题，又做了一次非常精彩的学术报告，对科学的历史发展与技术科学的形成过程，技术科学的基本特征、性质、科学地位、研究方法和新的发展方向以及技术科学对其他科学的贡献等，进行了系统的阐述。

这次学术报告在《科学通报》期刊上全文发表。这是钱先生创建工程科学（技术科学）十多年后，尤其是回国之后结合丰富的科学与工程实践，系统学习了马克思辩证唯物主义哲学，对技术科学又有了具有时代特征的新创造新发展，标志着钱先生技术科学思想已经达到了比较成熟的阶段。

此后，钱先生又结合国家经济建设和科学发展积极传播和推广技术科学思想，以技术科学思想参与制定国家科学发展规划，筹建落实技术科学人才培养机构设置，并根据国防建设需求安排技术科学重大研究任务，特别是在参与"两弹一星"航天工程有关的关键技术攻关过程中，采用技术科学研究的方法，成功地突破了许多重大核心关键技术，有力地推动了某些新兴技术科学领域发展，为后来技术科学的持续发展奠定了坚实的基础。

钱先生分析科学与工程伴随历史的发展从合到分再到合的过程后指

① 部分摘自《钱学森论工程与工程科学》，《力学进展》2009年39卷第6期；参考《郑学敏学习钱学森技术科学的体会》，《力学进展》2001年第4期。

出："在科学发展的早期，科学家与工程师是不可分的。当年的牛顿不但发现了力学上的三大定律，奠定了理论力学的基础，同时他也是一位结构工程师，设计了一条在英国剑桥大学校址中的木质结构桥。欧拉是一个大数学家，同时他对工程结构的稳定问题也做出了重大贡献。但是在19世纪中，科学家与工程师又开始分手了，科学家忙于建立一个自然科学的完整体系，工程师们则忙于用在实际工作中所积累的经验来改进生产方法。究其分手的深层原因，当时科学的发展还没有达到一个完整的体系，各部门中有些部分建立起来了，但另外一些部分又是模糊的、不明确的。自然科学本身还有不少漏洞，还不是严实的结构，还不能作为工程技术可靠的基础。但是到了20世纪，自然科学发展很快，以电磁学和力学为例，当时正在兴起的电机工程和航空工程，工程师们为迅速发展这两门技术便求助于电磁学和力学，以电磁学和力学作为电机工程和航空工程的理论基础，这样又一次证明了自然科学与工程技术的密切关系。也正是这个时代，物理学、化学等自然科学很快发展为现代科学，弥补了它们以前的缺陷。所以在今天看来，我们对物质世界的认识，只要是在原子核以外，除开个别几点，是基本上没有问题了。在原子和分子世界中，有量子力学；在日常生活的世界里，有牛顿力学；在大宇宙的世界里，有一般相对论的力学。只有原子核内部的世界现在还没有一定的看法。因此我们也可以说，对工程师说来，自然科学现在已经很完整了，它已经是一切物质世界（包括工程技术在内）的可靠基础。"

钱先生认为："从这个事实出发，有许多科学家认为：一切工程技术可以看作是自然科学的应用，而一个工程师的培养只要在他的专门业务课程之外，再加上自然科学就行了，就可以保证他在以后工作中有解决新问题和克服困难的能力。在四十几年前的美国，他们的确是这样的看法。有名的麻省理工学院就是建立在这个原则上的。把工程师的培养和技术员的培养分开来，把工程师作为一个科学的应用者，这在当时是一个带有革命性的改革。这个改革在一定程度上是成功的，而这种培养工程师的方法也就被其他学校和其他国家中的工程技术学校所采用，逐渐成为一种典型的工程技术教育。由这种课程所培养出来的工程师比起老一辈的工程师来，的确有科学分析的能力，在许多困难的问题上不再完全靠经验了，能用自然科学理论来帮助解决问题。但是这不过在一定程度上如此，至于课程改革原来的目的，把工程技术完全建立在自然科学的基础上的这个目的，是没有完全实现的。我们先看一看课程的组成。这种课程是四年制，前两年着重自然科学，后两年着重专门业务，但是这两部分之间没有能结合起来。有人说以这个办法受教育的学生，前两年他是一个学者，追求着自然界的真理，运用理论的分析而且做严密的实验，确是在高度学术空气中生活着的。但是一过了两年，进入后一阶段的教育，他又忽然从学术空气中被赶出来，进入了工程师们所习惯的园地，放弃了分析方法，去研究经验公式了。我们知道这样培养出来的工程师一进入实际工作中，不久就把他们学过的自然科学各个学科的大部分都忘了，数学也不大会用了，只不过还会运用自然科学的一般原则来帮助他们的思考罢了。要真正以科学的理论来推演出他们在工作中所需要的准则，他们还是不能做到的。”

钱先生指出：“其实这种困难是可以理解的，因为美国麻省理工学院对工程技术的看法是有错误的地方的。错误在什么地方呢？我们可以这样看：自然科学的研究对象并不是大自然的整体，而是大自然中各个现象抽象化了的、从它的环境中分离出来的东西，所以自然科学的实质是形式化了的、简单化了的自然界。因此，虽然关于原子核以外的世界，现在已经发现了许许多多的自然规律，但究竟自然科学还是要不断发展的。在任何一个时代，今天也好，明天也好，一千年以后也好，科学理论决不能把自然界完全包括进去。总有一些东西漏下了，是不属于当时的科学理论体系里的；总有些东西是不能从科学理论推演出来的。所以虽然自然科学是工程技术的基础，但它又不能够完全包括工程技术。如果我们要把自然科学的理论应用到工程技术上去，这不是一个简单的推演工作，而是一个非常困难、需要有高度创造性的工作。我们说科学理论应用到工程技术上去是不合适的，确切地说，应该是科学理论和工程技术的综合。因此有科学基础的工程理论就不是自然科学的本身，也不是工程技术本身；它是介乎自然科学与工程技术之间的，它也是两个不同部门的人们生活经验的总和，有组织的总和，是化合物，不是混合物。这样显然我们不可能要求一个高等学校的学生仅仅用四年的工夫就能把这个非常困难的工作做好。他们最多只不过能把科学和工程混在一起，决不能让两者之间起化合作用，所以美国麻省理工学院式的教育决不能完全达到它预期的目的，要做综合自然科学和工程技术，要产生有科学依据的工程理论需要另一种专业的人。而这个工作内容本身也成为一个新部门：技术科学。它是从自然科学和工程技术的互相结合所产生出来的，是为工程技术服务的一门学问。”

这是钱先生当时的技术科学思想和教育理念。当今世界，随着科学技术的突飞猛进，技术科学的领域已经有了极大的拓展，将世界带入了信息科学技术、纳米科学技术、生物科学技术和智能科学技术的新时代，技术科学的内涵更加丰富。①

二、技术科学的特征、性质、规律及其教育理念

从以上钱先生对技术科学思想和教育理念形成与发展分析，我们能够比较明确地认识到，技术科学并非某个部门科学，它是处于基础科学与工程技术之间的桥梁，是横跨众多部门科学一类大的科学层次。

① 参考《钱学森文集》卷一，国防工业出版社，2012 年版，第 208 页。

技术科学与自然科学即基础科学和工程技术之间的区别，简单地说，自然科学即基础科学是认识客观世界的科学；技术科学是沟通自然科学即基础科学与工程技术之间的桥梁，是一门具有创造性的知识体系，它属于基础应用科学层次；工程技术则是直接改造客观世界的学问。它们三者之间的区别也说明，技术科学不是自然科学即基础科学本身，那么，它研究问题就不可能像自然科学即基础科学那样，以研究其精确而又普遍的客观规律为目标，设法把研究对象孤立起来，置于最单纯的条件下以求精确解。

技术科学也不是工程技术本身，技术科学研究的对象是工程和其他方面的应用。但是它又不是研究某项工程某个方面应用的理论，而是研究工程技术中带共性普遍性的问题，是服务于工程技术的一般理论。也就是说，是为工程技术提供有科学基础的工程理论，进而带动和领导产业的快速发展，因为自然科学即基础科学研究主要是为了理解和认识客观世界的规律，它不强调应用，只有当自然科学即基础科学成熟到一定程度，其成果才有可能得到应用。而技术科学强调的是应用，所以也称作应用科学。这是技术科学不同于自然科学即基础科学非常重要的方面。

技术科学在多数情况下，它的研究对象处于复杂、受多种多样因素影响和约束的环境中，如果它像自然科学即基础科学研究那样过分简化就失去了真实，也就达不到应用的目的。技术科学是研究工程环境下的复杂系统，揭示带有工程共性的实用规律，创造性地解决复杂问题，它强调对问题物理本质或者说机理的理解和认识，强调抓主要矛盾和矛盾的主要方面，忽略次要矛盾和矛盾的次要因素，它追求复杂条件下工程精度所允许的近似答案。也正是因为技术科学的研究对象是工程，它就必然带有一定的经验性，它所给出的结论或者说解答是带有一些局限性的近似解，这也是技术科学工作者必须十分警惕的。

既然技术科学是为工程和应用服务的，就与工程有着不可分割的密切联系。当我们对所研究的工程和其他应用问题有了基本认识以后，紧接着就是研究创造过程了。钱先生早年技术科技思想形成时，是受到朴素辩证法因素所影响的，回国后，他系统学习和掌握了马克思辩证唯物主义世界观和方法论，所以更加强调科学理论与应用实际的密切结合。技术科学这一概念的形成，就是具体解决理论与实践如何结合的问题。毛主席的《实践论》，从原理上深刻阐明了理论与实践的辩证关系，所以钱先生后来一直强调理论要与实践密切结合。但是理论与实践怎样结合？钱先生认为，不能刻板行事，要在技术科学的研究中，把理论和实际灵活地结合起来，这个灵活结合理论与实际也就是辩证唯物主义的真髓了。由此钱先生推论说："我以为世界上第一流的技术科学家都是自发的辩证唯物论者。"

因此，技术科学强调从应用中来又回到应用中去，强调掌握和应用自然科学即基础科学理论和基本规律，深入工程应用实际中去摸索掌握大量研究与实验的信息和数据，注重分析研究和把握问题的重点和主要因素，忽略次要因素等。也就是说，从纷繁复杂的实际应用中捕捉住主要矛盾，经过反复循环创造性的研究和大量精密细致的演算推导，尽可能得出与观测或实验相一致的结果，提炼出清晰的物理机制，建立起符合工程客观实际的数算模型，从工程或其他应用所需解决的问题中提炼出科学理论问题，并通过研究解决这些科学理论问题来促成工程实际问题的解决。技术科学只有从科学的高度上完成了这个循环，才能说技术科学工作者为应用做出了贡献，才有望推动甚至带动工程技术和产业的进步。同时技术科学工作者也在不断完成一个个这样的循环中，在不断地以更高的科学水平解决实际问题的过程中，促进了技术科学本身和科学总体的发展进步。

钱先生技术科学思想的明显特征，就是特别强调科学理论和工程技术灵活性地结合。这个灵活性结合，不仅仅是以简单的推演将自然科学即基础科学理论应用到工程技术上去，而是通过高度创造性的工作将科学理论和工程技术进行辩证的综合，融会贯通地“化合”，绝对不是将两者堆积起来的“混合”。

钱先生技术科学思想的深化源于他创造的工程控制论，工程控制论的鲜明特征或优势，就是能使我们可以有更加广阔的眼界、更加系统的方法观察分析提炼工程中的一般问题，得到更加有效的解决旧问题的新方法，并能根据工程现状和发展的趋势，高瞻远瞩、统观全局地开展超前研究。钱先生技术科学思想不断深化，也得益于他在航天工程领域一系列高质量、高水平高层次的开拓性研究。所以一个优秀的技术科学工作者，必须具有超前的战略眼光，随时预测现代科学与工程技术的发展趋势，有远见地选定前沿研究课题，不断开拓新的研究领域，并以自己所掌握的新概念、新理论、新技术、新方法武装引领和推动工程技术不断发生质的飞跃。所以技术科学工作者必须致力于创新，努力有所发现，用新概念、新理论、新途径、新方法、新工具去推动产业的发展。技术科学工作者的最高目标是用理论和技术上的创新和科学的预见，去领导产业的发展与创新。20 世纪的航空、航天产业和信息产业就是非常典型的例子。

技术科学首先在自然科学即基础科学和各类应用之间起着桥梁的作用。然而技术科学发展到今天，它的领域已经有了极大的拓展，已经不只是起桥梁作用，它同时也是人类认识的源泉。自 20 世纪 40 年代 V. 布什有广泛影响的报告《科学—无尽的前沿》发表以来，人们往往认为自然科学即基础科学是人类认识的唯一源泉。20 世纪 90 年代以来，美国等西方国家一些科学权威，经过多年的重新研究，才认为技术和应用也同样是科学认识的源泉。

这一种观点，其实钱先生早在 1957 年《论技术科学》的论文中就已经明确提出：“我们前面已经提到自然科学、技术科学和工程技术之间的相互影响和相互提携，这也就是说，我们不能只看到自然科学作为工程技术基础这一方面，而忽略了反过来的一面，也就是技术科学对自然科学的贡献。”钱先生以工程控制论和运筹学为例，指出它们在自然科学领域里是没有祖先的，而由技术科学所发现的规律也可以为生物科学和社会科学做出非常重要的贡献。起源于通信领域的信息论也是一个非常典型的例子，它把人类的知识领域从传统的物质和能量一下子扩大到物质、能量和信息。所以说，技术科学和自然科学即基础科学具有广泛的共同之处，它们都是人类认识的源泉，都是在发展科学。

随着科学技术的发展，在国内深化改革和国际竞争日益激烈的当今社会，自然科学即基础科学的成果与应用间的距离在日益缩小，技术科学应运而生，不断拓展，包括技术科学在内的科学已经成为富国强民之本，我们党和国家已经将科学技术摆在优先发展的战略地位。同时，随着科学技术的不断深化，基础科学、技术科学、工程技术已经形成一个互相联系、互相支撑、互相作用的严密的现代科学技术体系。2021 年 5 月 28 日，习总书记在两院院士中国科协代表大会上的讲话充分肯定了技术科学在现代科学技术体系中的地位和价值。习总书记指出：“现代工程和技术科学是科学原理和产业发展、工程研制之间不可缺少的桥梁，在现代科学体系中发挥着关键作用。要大力加强多学科融合的现代工程和技术科学研究，带动基础科学和工程技术发展，形成完整的现代科学技术体系。”

钱先生在分析和指出技术科学的特征、性质并揭示其规律后，提出作为一名优秀的技术科学工作者应具备以下素养：

一是必须具备雄厚而又坚实的科学理论。要有渊博的知识，不仅要学习掌握基础科学、技术科学和工程技术方面的知识，还要学习掌握自然科学、社会科学、系统科学等方面的知识，要了解和熟悉现代科学技术体系，具有宽广、深厚、扎实的科学理论基础。

二是必须努力学习和掌握辩证唯物主义世界观和方法论，要深刻懂得这不仅是一个科技工作者开展科学研究的法宝，也是改造客观世界和主观世界锐利的思想武器。

三是必须牢牢掌握现代计算机这门科学工具，数学是技术科学不可缺少的重要工具。因为技术科学的数学演算比自然科学即基础科学多得多，所以每一个技术科学工作者都必须充分掌握数学分析和计算的方法，随时注意数学的新发展并加以利用。随着电子计算机科学的发展，对技术科学的研究有着深刻而广泛的影响，起着巨大的作用。

因为计算机快速准确的计算，以前有许多因为计算太复杂而用实验方法来解决的问题，现在用计算机就可以解决了，而且精确度比过去高得多，又节约了大量的人力物力和时间，所以技术科学工作者必须将计算机作为重要工具并牢牢掌握。但是计算机不能带给人们深刻的数学理念与方法论，这一点又是不能忘记的。数学对技术科学工作者来说毕竟只是工具，数学能使我们的分析和论证更加严密，研究结果得以量化，但不能替代对问题的真正的认识。

对于一个复杂的问题，应该做哪些计算，计算结果反映了什么本质的规律性的东西等，往往是深刻的理论课题，其正确解决才具有真正重要的认识意义和实用价值。同时，我们又不能把数学看作一成不变的工具，应该在应用中发展数学工具，创造出好的算法。例如，运算微积分、摄动法、能量法、有限元法、差分法等都是在技术科学的研究中创造出来的。所以技术科学工作者必须将数学和计算机作为重要工具并牢牢掌握。

四是必须掌握工程设计的原理和勇于实践。技术科学既然是为工程技术服务的，就必须对工程技术有足够的认识与理解，要学习有关的工程技术知识，要善于与工程师交朋友，勇于参与他们的工程实践活动，与他们有共同的语言，有共同的工程观点；了解他们的领域，熟悉他们的问题以及需要，听取他们的见解、评价和意见，以便切实地为他们和他们所代表的产业服务；对工程问题要有数量的概念和一定的判断能力。这些能力素养都需要从学习领会工程设计原理和实践的过程中逐步获得。

总之，作为一名优秀的技术科学工作者，要有坚实的科学理论，智慧的大脑，科学的思维，理论与实际密切联系的科学作风，高超的计算能力，勇于实践的精神，很强的创新意识、创新精神和创新能力。①

三、以技术科学思想构筑办学育人模式

钱学森回国后，随即担任中科院力学研究所所长。在钱先生的主导下，力学研究所与清华大学联合，将技术科学思想成功地应用于我国第一代高级力学人才培养，钱先生亲自拟定培训方案，亲自授课指导学生。1958 年，钱先生参与了中国科技大学的筹建并兼任力学系主任，继续以技术科学思想办学育人。应该说，这些都是钱学森早年技术科学思想在办学育人上的成功运用，也初步形成了钱学森技术科学教育观。

二十多年后，即 1978 年 6 月，钱先生奉命主导在长沙工学院基础上改建国防科技大学。此时，钱先生的技术科学思想已经炉火纯青。钱先生以技术科学思想全方位全领域全过程历时四年改建这所大学，全面确立了钱学森技术科学教育观。

以技术科学思想构建“按学科（技术学科）设系、理工结合、加强基础、落实到工”的办学育人模式，在当时学校争论还是比较大的。那么，钱先生为什么仍然坚持这样做呢？他是基于这样的考虑：首先，根据国务院、中央军委〔1978〕110 号文件规定，学校人才培养目标，是为发展下一代战略武器培养高质量、高水平的国防科技尖端人才。在钱先生看来，

① 参考《钱学森文集》卷一，国防工业出版社，2012 年版，第 208 页；根据国防科技大学档案馆钱先生在 1978 年 6 月改建学校时的讲话录音整理。

所谓高质量、高水平的国防尖端人才，就是科技创新拔尖人才，所以钱先生多次对学校和各个系的领导以及各学科的主要专家教授即领军人物反复强调：“毫不客气地讲，我们培养的人才就是要拔尖。”按照这样的人才培养标准要求，就必须立足于具有高度创造性的技术科学领域。

其次，技术科学几乎涵盖了培养国防科技尖端人才的主要学科专业领域，随着国防科学技术的发展，下一代战略武器将会有更多的高新技术含量，因此只有立足具有高度创造性的技术科学领域办学育人，才能适应这种迅速发展的形势需要。

最后，总结学校过去办学的经验教训，必须从根本上改革过去那种办学与人才培养模式。学校的前身是赫赫有名的哈军工，当年是在苏联专家的指导下，按军兵种设系，以武器装备设专业，轻视基础课教学，特别注重专业教学与训练。虽然也培养出了大批人才，为我国航天科技的发展做出了重要贡献，但是随着科学技术的发展，这种办学体制与人才培养模式的弊端也越来越明显地暴露出来。由于过分强调以专业为主，教育教学和训练总是跟着武器装备后面跑，新的武器装备一出现，学生以往所学的那些专业知识就过时了，造成人才和办学资源的极大浪费，尤其是一些按武器装备配套所设的专业，有的甚至只对着一个武器的配件，所以造成专业林立，专业课程特别多，学生学习负担非常繁重，学生们总是在那儿被动地应付学习和考试，天天在那儿死记硬背，非常不利于学生创造性思维和创新能力的培养。另外，按军兵种设系，哪个系都有同样的专业，造成专业重叠。

钱先生是世界知名的技术科学大师，又被称为“中国航天之父”，作为我国航天科学技术的主要开拓者和奠基人，他深知发展国防尖端科学技术尤其是发展下一代战略武器装备，需要的是具有扎实而又深厚基础理论和很强的创新精神、创新能力的科技创新拔尖人才。而按专业设系立足工程技术层次办学育人，重专业轻基础理论，显然是不符合现代科学技术发展的趋势和要求的。所以按技术学科设系，以理工密切结合的技术科学来改建这所大学，构建办学与人才培养模式也就顺理成章了。

钱学森在几千人的关于改建学校的动员大会上，就技术科学的发展、学校肩负的使命、教学与研究领域的一些重大问题、改建中涉及的相关问题等，结合自己多年从事技术科学研究与教学的实际，进行了比较系统深刻的阐述。

钱学森的开场白："到国防科学技术大学来了十几天，初步了解了一些情况，但是了解还是很不够的。感到在党的十一次代表大会、五届人大、军委全会，在全国科学大会、全国教育工作会议以后，学校认真传达学习了这些文件，整个形势气氛很好，我觉得很受鼓舞。现在我们又正在改制成为中国人民解放军国防科学技术大学。真是热气腾腾啊！我趁这个机会讲几个问题供大家参考。

"第一点，为什么我们要按技术科学思想办学育人呢？我们要办的是一所高质量、高水平的理工结合的科学技术大学，而理工结合是技术科学的内在规律，理工结合是前人经过长期办学实践的不懈探索而形成的。世界上第一所工程技术学校是法国的拿破仑在军队办的工兵学校，那个时候实际上所谓工程师的教育是没有的。西方资本主义国家的所谓大学，不是培养工程师的，而是培养律师、文学家、诗人、语言学家等，资本家需要技术人员，就办一些初级的相当于现在的技校，顶多是中专来解决。

"美国那个时候是后起的资本主义国家，美国的资本家看到，要超过欧洲的老牌资本主义国家就要培养工程师，大学水平的工程师。大约一百多年前，像麻省理工学院就是第一个成立的，培养高水平工程师。后来别的国家就学了，德国也办了高等工业学校，英国也办了，法国也办了。但是那个时候的这些学校，基本上是工，所谓理呢，当然得有基础课嘛。再一个呢，除了毕业论文、简单的毕业答辩之外，没有什么研究工作。这个情况到了本世纪就逐渐变化，带头的也是麻省理工学院增加了理，即基础课。而且随着科学技术的发展，越来越加重了理的这一部分，变成理工科的高等院校。应当说，这是划时代的改革。后来世界上都纷纷仿效，在新中国成立以前，我国的一些理工科高等学校，像清华大学、上海交通大学呀，就是按照美国的这一类的理工科高等院校的模子干的。所以，理工结合就成为世界理工大学办学的共同规律。但是事物是发展的，到了 30 年代末，美国又一个学校就是加州理工学院成立了。这个学院一成立，又有所创造，觉得光是从前一般办理工科高等院校还不够，要大大地加强研究工作，它的研究生和本科生数目差不多，研究生还略有超过，它所有的教学人员都做研究工作，就是不断探索新理论和新技术。也可以说，这是在更高层次上的理工结合。”

所以，钱先生认为，理工结合不是一般的结合，更不是将理工知识堆积起来的“混合”，而是科学理论与工程技术高度创造性的结合，也可以说是科学理论与工程技术的综合，是融会贯通的“化合”。

钱先生在谈到计算机这一技术学科的建设与发展时指出：在计算机这一学科，有无线电电子工程师、有电路网络专家、计算数学专家和数理逻辑专家，等等，如果只是把这些不同专业的人拼凑在一起，他们只能形成一个“混合体”，是不会有效开展工作的。而只有当这几方面的专家互相了解彼此的专业、达到专业知识互相贯通后，这个结合就可以成“化合”了，也就是将各个不同的专业变成一个共同的学科，即计算机学科，并推动这门学科的发展，培养高质量、高水平的计算机科学创新拔尖人才，同时研制出高质量的计算机成果。

“第二点，就是关于国防科技大学的使命任务。”究竟要将学校改建成一所什么样的大学，培养什么样的人，怎样培养人呢？当时钱先生作了这样一个比较："国防科技部门需要一般水平较高的科学技术人才，全国28所重点理工大学可以培养，国家统一分配到那儿就行了，用不着你们学校来培养。国防科技部门需要对口的一般水平较高的国防科技人才，有北航、哈工大、西北工大等全国好几所国防工业口的院校来培养，也用不着你们学校来考虑。那么，你们国防科技大学的任务就是要为发展下一代战略武器装备，培养未来国防尖端科技发展能够当先锋、打头阵的领军人才，也就是科技创新拔尖人才。"钱先生说："像你们这样的学校，与国家的战略任务联系这么紧，我敢说在全世界也是没有的。"

钱学森指出："国务院、中央军委110号文件上是这样说的：'主要是为国防尖端技术即发展下一代战略武器培养高质量、高水平的研究、设计、生产、实验、使用人才。'"钱先生提醒与会者注意，"人才"后头就是一个分号，接着又说："'同时负担战略武器实验，使用部队各级技术指挥干部的轮训和在职技术干部的进修任务。'其专业根据需要设置。"

钱学森说："这里我为什么强调这个分号呢？这恐怕是两个不大一样的要求，就是前一段是培养高质量、高水平的研究、设计、生产、实验、使用的人才，这是一个要求。下面分号以后呢？是指各级技术指挥干部的轮训和在职技术干部的进修，这个提法是不一样的。那么咱们国防科技大学完成这样的任务，到底设置什么专业，这是根据需要来定的。这个需要又不是固定的，因为事业在发展，各个不同的时期有不同的需要。这几年重点在这儿，再过两年重点又在那儿，所以，培养什么样的人才要有针对性、目的性。"

钱先生指出："专业根据需要设置，我理解就是每一个时期设置什么专业，不一定一样。有的同志提出来，这不得了啊，又是研究，又是设计，又是生产，又是实验，又是使用，这面很宽啊！我说你别着急，它根据需要嘛，不会是这五个方面一起来，但五个方面有一个共同的要求，就是加强基础与专业基础训练。”这里钱先生指出了专业与基础的关系。专业是随着国家发展随时有变化的，所以办专业要有针对性，而基础与专业基础是相对稳定的。

钱先生特别谈道：“以前有的同志跟我这样说过，你老说什么尖端、尖端，是不是不太谦虚，总是想冒尖？你老这么说，要注意哟，不要刺激人。我理直气壮地回答大家，这不是我说的嘛，尖端两个字是毛主席制定的，毛主席对于我们搞的这些东西概括起来称为尖端技术，就是有别于国防常规的技术。所以我是有依据的，不是我杜撰的，我学习了毛主席这些指示的意义，我觉得，毛主席也不是随随便便提国防尖端技术的。在我们社会主义国家，对国防尖端技术各个方面的要求跟国防常规技术是不一样的。”“我们经常也说嘛，打常规战争，打核战争，国防尖端技术就是搞核弹等技术的嘛。周恩来总理阐述国防尖端技术的时候讲，我们国家搞国防尖端技术在质量方面，就是技术的水平方面，一定要力争赶超。周总理也明确指示，我们搞这个，不是在量的方面跟人家比。这就很清楚了，常规武器，那少了是不行的，那要一定的数量。但是，国防尖端武器、国防尖端技术不是在量的方面跟人家搞什么竞赛，而是力求高速度的发展，在不远的将来，赶上和超过先进国家。所以这个很不一样。”

钱先生要求：“你们学校现在的使命任务，就是联系国防尖端技术，为发展下一代战略武器，按技术科学要求培养国防尖端技术的科技拔尖人才。所以对于毛主席亲自制定的国防尖端技术这词还要很好地学习、领会。”

钱先生强调：“所谓国防尖端技术，这不是随随便便制定的一个词，它是明确的，而且是有深远意义的一个词。我们干的就是国防尖端技术，所以我们要很好地学习再学习。”这是钱先生借用毛主席和周总理关于尖端技术这个词，阐述技术科学对于发展国防尖端科学的重要性。

钱先生继续说："再说这分号以后，各级指挥干部的轮训，这个跟分号以前的培养是不一样的。在职技术干部这些同志的专业知识、具体设备的知识、实际操作的经验是很丰富的，恐怕比我们老师要熟得多。我们接触到基地一些在职的技术干部，他们就是这个情况。但是他的困难，他深深感到的是业务理论基础和专业基础这些方面以前没有学或者学得不够，或者有点荒疏，需要再进修，补充解决他们的基础跟专业基础不足的地方。一旦他们掌握了这些，加上专业具体设备的知识和经验，那就如虎添翼了，就可以使实验任务执行得更好，排除故障排除得更快，而且可以改进他的设备。所以，对在职各种技术干部的进修，我认为，主要是解决他们基础和专业基础不足的问题，他们需要我们学校来解决的就是基础跟专业基础。把这个说清楚，就是说分号以前跟分号以后，虽然要求不一样，但是对我们学校来讲，没有必要搞另外的一套。因为咱们主要培养分号以前的，高质量、高水平的人才即创新拔尖人才，这是需要更加注重基础跟专业基础课教学训练。一旦有了这样一个基础跟专业基础课的体系，那么这些进修同志来，也一样地可以解决，学校的主要工作重在教给他们基础和专业基础。所以我们这个教学制度、教学体系，恐怕就有了一个更清楚的概念了。不是说我们要搞一个为了高质量、高水平的研究、设计、生产、实验、使用人才的教学的一套，同时分号以后再搞一套，不是这个意思，也没有必要，这是一致的。"

钱先生非常明确地告诉大家，培养技术科学工作者与培训一般的工程技术人员虽然各有不同，但都必须学好基础与专业基础理论。这是各类科技人才培养中个性和共性的问题。

钱先生重点谈道："第三点，关于教学与研究的领域问题。"钱先生说："在讲这个问题以前，我们还是要注意两个方面的共性的东西，就是政治理论课的学习。我们习惯叫政治课，政治课里头包括哲学，包括哲学运用到自然科学技术的自然辩证法（科技哲学）。”钱先生强调：“马克思列宁主义、毛泽东思想是我们一切工作的指导。我们对于毛主席的思想要全面地、正确地理解，要强调政治理论课的极端重要性。”

钱先生指出：“我们搞科学技术的、搞国防尖端科学技术的，对自然辩证法更应该努一把力。以前我们哈尔滨军事工程学院（国防科技大家前身），成绩是很大喽，培养了很多很好的学生，我接触到很多以前哈军工毕业的同学，技术是很好很专业的。但有时候钻牛犄角，钻到里头就出不来，什么问题呢？就是辩证法少了一些吧。所以像我们这样搞国防尖端技术的，不懂得辩证法是要吃亏的。”

钱先生强调：“我主张在座的都要学习和研究马克思主义辩证法原理，这是无止境的，我们掌握得越好，我们的工作做得就越好。再一个方面就是外语课。这个重要性我就不必讲了，一个是英语，再一个是日语，这个要抓紧。世界的形势也是在变的，五十年前除了英语之外，还有德语、法语。现在除英语之外，日语也比较有用。学习掌握多种外语知识，对于我们培养的这些将来从事国防尖端技术的，接受国际前沿的东西大有好处。”

钱先生指出：“除以上之外，教学跟研究在我们国防科技大学有哪些方面呢？我考虑了很久，可能有这么几个方面：第一，关于应用力学这门学科。应用力学、燃烧现象这一类的现代力学，在国防尖端技术新的武器装备方面的研究与应用。第二，物理、核物理和技术物理在国防尖端技术领域的研究与应用。第三，自动控制方面，或者叫控制论跟各种制导技术、自动控制技术在国防尖端技术领域的研究与应用。第四，电子技术研究跟电子技术在国防尖端领域各个方面的应用。第五，化学、推进剂、各种材料工艺，还有方毅副总理在科学大会上讲的材料科学里面的尖端，就是分子设计，我们要设计它的分子结构。第六，是方毅副总理在科学大会上强调的计算机科学技术及其在国防尖端领域的研究与应用。还有一个，就是我现在总是宣传的系统工程，系统工程跟数学的一些新的发展有密切联系，所以第七是系统工程和数学在国防尖端领域的研究与应用。还有机械技术工艺现代化及其在国防尖端技术领域的研究与应用，等等。”

钱先生说："我讲的这几个方面，不单单是教学，因为我们国防科技大学教学跟科研的工作都要展开。高等院校，尤其是像我们这样的重点大学中的重点，教学是一个重要方面，同时也是科学研究一个重要的阵地。另外，从国防尖端技术的发展上说也必须要求要搞研究。这也是理工结合的技术科学的内在要求，光搞教学，不搞研究，你那教学就会越来越差劲，就跟不上科学技术的发展，你老在那个书本上转来转去，那是不行的。就是要搞研究，而且不是搞那个容易搞的，要搞难的。你不是搞尖端吗？研究也得搞尖端，搞最新的最前沿的研究工作，倒不一定就非大不行，这个大跟尖不完全是一回事。但是你要搞攻关的那些具有高度创造性的研究工作，这样教学工作就会生龙活虎，有了强大的生命力。”钱先生指出，这就是培养技术科学工作者必须遵循的特点与规律。

钱学森非常幽默地说："我把教学和研究归纳为这么几个方面。这里，我好像有意地避免提几个系，大家听出来了，也有点像，也有点不像。因为大家对这个问题的意见还不很一致，所以我也不要过早地把倾向性的意见说出来。有两种意见，有的同志主张，系主要还是按学科建设，也有的同志不大同意这个意见，说我们搞国防尖端技术最后要出具体的装备啊，怀疑按学科来分系合适不合适，主张用过去老一套。同志们既然有两种意见，这几天，我也是老琢磨这个问题，但还是有点倾向性，也老老实实地承认，我是倾向于按学科分的（技术学科）。为什么呢？道理就是因为我们总结了过去的经验。我们要使国防尖端技术快速发展，要培养高质量、高水平的人才即科技创新拔尖人才，首先要看到的就是加强学生的数理化与生物基础跟专业基础，这个是非常非常重要的。经验说明没有很好的数理化与生物基础跟专业基础，将来应付不了，跟不上国防尖端技术的高速度发展。既然要在数理化与生物基础课与专业基础课方面努力、使劲，那么这个系用学科来划分就有道理了。”

钱先生同时指出：“还有一个理由，就是过去我们的高等院校的做法，教数理化与生物基础课的老师跟教专业课的老师，好像各教各的，接触不多。我觉得那样子教基础课的老师恐怕也很苦恼，长年累月就是那一本东西，今年这样教，明年还这样教，后年还这样教，教来教去新的东西、发展的东西不太接触，这样教基础课我看是教不好的，他没有一个更广阔的眼光，能知道现在在发展什么新东西吗？这样子把基础课教得很呆板、不生动，我不太主张这样。

“我们的教学人员跟研究人员应该是统一的，既是教学人员也是研究人员，这样才能使我们的教学很生动。而研究人员去教教书也有好处啊，有些自己以为清楚的事，经不住学生问呢。这个我是有经验的，自己以为搞清楚了，上去讲一课，唉！学生从另外一个角度提出问题来了，傻了眼了，将我的军哪！这个好处大得很，对我是很大的促进，所以这是好事啊，教书是大好事。

“不但如此，而且在我们的教师里面，教基础课、专业基础课、专业课，应该是灵活的。今年教基础课，明年教专业课，后年又教专业基础课，这样眼界就开阔了嘛，大家都来嘛。当然要达到这个水平确实有一定的难度，很多同志跟我反映了，说你这只是一个理想，现在办不到。我承认这句话，但是我说，你既然说理想嘛，你也同意嘛。如果哪天你达到这么个水平，又能教数理化与生物基础课，又能教专业基础课，又能教专业课，你就达到了世界水平了。因为我知道世界水平的那些教授啊，那是没有什么不能教的，这些名教授呀，教基础课也行，专业基础课也行，专业课也行。咱们国防科技大学，我们的教授、副教授、讲师、助教，能做到这一点那就是世界水平，我们应该努力嘛。人家可能是名教授做到的，我们普遍做到了，那我们就超过它了。要以此为目标，奋斗啊！”

钱先生认为：“要做到这一点，那就得有点措施了。这个措施之一，就是把基础课编到系里面去，不要单独地把它孤立起来——这好像扔了一个炸弹了，大家研究嘛。所以刚才我在说这个的时候，即教学与研究的几个方面，我把物理、核物理、基础物理搞到一起去了，我把化学跟推进剂、特种材料工艺以及分子设计搞到一起去了，我把数学跟系统工程搞到一起去了，这也是故意这么说的，请同志们研究。”这是钱先生吸取了当年麻省理工学院将理工分院设置，致使自然科学与工程技术两类课程绝缘分开，不利于培养理工密切结合的技术科学人才的教训后采取的一个重要举措。

钱先生还指出：“再有一点呢，就是我觉得，在上完了基础课跟专业基础课，我们如果是四年制，那最后一年搞的专业，应该灵活一点，不要年年老一套，因为专业根据需要设置嘛，需要是不会年年一样的。从前，我们有这个教训，同学们刚入学就宣传热爱专业，我热爱专业，然而到四五年以后毕业了，原来教学的需要、计划也变了，结果热爱了半天专业，毕了业又改了行，学生和他们的家长意见都很大，社会上也反映强烈，很浪费人才嘛。所以我主张专业要专，到了第四年要分专业的时候可以考虑有点预分配性质，就是准备让这个学生到哪个单位去，看这个单位当时需要哪个专业，我就培养他干这个专业——这又扔了个炸弹了。实际上我自己的经验就是这样，当年专业课是经常改的。”

钱先生两个多小时的报告风趣幽默，形象生动，引人入胜。

钱先生在大量调查研究的基础上，通过专家教授们反复的科学论证和大量深入细致的思想政治工作，最终正式确定“按技术学科设系、理工结合、加强基础、落实到工”的办学体制和人才培养模式。并围绕发展下一代战略武器装备，设立了应用力学、技术物理、控制论、电子学、应用化学与材料燃料、电子计算机、系统工程科学、制造艺术科学等八个技术科学为主的系和二十多个宽口径的专业。

应该说，钱先生这样做是当时对国防科技大学办学和人才培养目标的精准定位。特别是钱先生当年为了使理工密切结合在一起，将基础和专业都组合在一个系，钱先生说，这是世界办学史上没有先例的。但是，钱先生也十分清楚，四年的本科教育，要使理工结合真正起到“化合”融会贯通作用，即使将理工结合在一个系也是比较困难的，所以他当年设想延长两年学制或以培养研究生为主来解决这个“化合”的问题。①

“第四点，学科建设以世界一流为目标，以发展国防尖端技术为方向。”钱先生指出，学科建设是建设一流大学的基础，它涉及人才培养、科学研究、师资队伍，等等，其重要性不言而喻。而这几个方面又是相互联系、相互支撑、相互作用的。钱先生要求学科建设目标要瞄准世界一流，建设方向是为发展国防尖端科技服务，为发展下一代战略武器服务。钱先生认为，这个目标和服务的大方向，必须十分明确，这既是国家的战略需求，也是办学的原则，不能有半点含糊。

钱先生指出，学校是按技术科学所设的学科专业，技术科学是应用科学，不是搞纯理论研究的，这一点也非常明确。技术科学的研究就是将科学理论与应用实际密切地、灵活地、创造性地结合。

钱先生说，学科建设的具体任务，从目前来看，一是要培养高质量、高水平的国防尖端科技人才，即创新拔尖人才；二是要在国防尖端科技领域开展高水平的预先研究。这两个任务实际上又是相互联系在一起，是一致的。高水平的教学需要高水平的科学研究，高水平的科学研究又能提高

① 根据国防科技大学档案馆资料整理。

教学水平，目的都是培养高质量、高水平的人才。

钱先生特别谈到科学研究对推动学科专业建设的作用。钱先生指出："几年来，学校的科研工作是很有成效的，出了不少成果，对推动学科专业建设，对提高教学质量和服务国防尖端技术事业的发展都起了积极的作用。但是也存在一些不容忽视的问题，一些科研项目和科研规划需要进一步清理调整。"

钱先生要求：（1）要充分发挥学校应用基础研究的优势，积极参与下一代战略武器的预先研究，在攻克核心关键技术上下功夫，力争尽早完成新一代变推力姿控发动机的研制等多项重要任务；继续开展其他方面更深入的研究；为提高无线电制导的精度，开展组合制导系统工程研究。（2）开展计算机前沿科学技术的研究。在完成亿次机的基础上，开展百亿次、千亿次、万亿次超巨型机的预先研究和计算机网络系统的新技术、新机理、新结构的研究。（3）积极开展新一代信息科学和人工智能的研究。（4）积极开展激光技术和激光破坏机理的研究。（5）积极开展计算机应用技术的研究。

钱先生认为："这五个方面的科研方向是可以的。但是，我感到你们科研管理有些松散，有的项目方向不明确，有的已经难以做下去了。根据这些情况，我建议和要求学校开展科研，必须紧密结合学科专业建设、结合教学人才培养进行。可以分为三种类型：一类是国家下达的国防尖端技术的型号任务，如亿次机、探空火箭等。这是硬任务，要组织全校的力量来完成，应单独拨款，不然就会把其他科研项目的经费挤掉。这类项目要搞经济核算，校内的协作也要合理收费。经费开支也要有个严格制度，多了上交，不够就申请。第二类就是结合教学开展的新武器预研项目，探索新概念、新机理、新技术。这对学校来说是主要的一类，基本由学校自主安排。有些项目也可以由国防科委下达指标。现在看来，这类项目要集中一下，要组织好团队进行攻坚，人力物力分散，不容易做出成绩。这类科研项目属于应用基础类的研究项目，研制周期比较长，要单独拨款。确保研究经费相对稳定，研究队伍的相对稳定，要有政策上的支持，不能起伏太大。第三类就是有余力时也可以搞些外协项目，哪个单位给任务，哪个单位给钱。但是这类项目要尽量少做，不能影响我们分内的主要工作。”

为了确保预研经费，钱先生亲自给国防科委常委做专题汇报，给学校积极争取预研经费，从第一年300万元开始，第三年追加到1000万元。以后的二十多年，年年如此。这在四十年前的学校能有这么大一笔研究经费实属不易，对推动学科专业发展和人才培养起到了极其重要的作用。

钱先生还一个系一个系地调研指导学科专业建设。他对应用力学系（一系，现在为航天航空学院）格外重视，1978年6月和1979年12月先后两次到这个系调研指导学科专业重点发展方向。钱先生指出：“力学范围很广，你们要根据国防尖端科技发展需求选定主攻方向，制定五年十年或者更长时间的发展目标和方向。国防科技大学有的系方向比较明确，有的系还不明确。有的系花样太多，不能集中力量，不利于提高学术水平。应用力学系是以力学为基础的，要为国防尖端技术服务，服务就得是具体的，不能空，设置的专业要推动促进国防尖端技术向前发展，要根据这些发展需求来办这些专业。你们现在所设的气动力学、飞行器固体力学、水力学等专业，要根据国防尖端科技发展及时调整更新。气动力学，特别是超高速气动力学，包括热力学，学校应该深入研究。我们研究的气动力学不是一般的气动力学，而是研究弹头再入的气动力学，弹头再入也是化学流体力学、断裂力学。现在有很多猜测，但是没有解释，最好能有理论，这也许就要搞一点微观、细观的东西。只要问题存在，就不要因为它复杂而回避，总有主要矛盾。只要抓住主要矛盾，总可以解决，不能因为工程问题大体可以过去，于是在理论上就不那么感兴趣了。搞搞理论，能使性能更好地提高。”

钱先生提出：“关于燃烧，第二次世界大战后搞了一点，当时比较热闹，液体火箭发动机的高频振荡究竟是什么原因引起的？当时我以为是旋转爆震，不知是否有人继续做下去，加铝粉为什么有改善？到底是什么原因？磁流体力学为什么又停了？ 20 年前提出的方向是对的，而且重要，却为什么没有继续做下去呢？我一直觉得是个谜，希望你们能解开这个谜。”

钱先生说：“我现在正在琢磨现代力学这个概念，但还不成熟，就是怎样利用计算机和信息技术来推动传统力学发展。现在要求结构强度，要计算机化，设计、研制、试验，甚至生产都要计算机化。目前航天部门的人了解计算机的还不多，如果你们输送的人有这方面专长那就正好了。要培养具有这方面能力的人啊！希望老师们得懂点未来学，否则毕业的学生老是赶不上趟。”

钱先生同时指出：“还要注意你们的力学专业与其他大学力学专业的区别，不能雷同，其他大学，有的偏理，有的偏工。而我们是理工结合，你们主要培养能解决问题的，能在未来国防尖端技术领域做领军人物的。”钱先生说：“学生将来干的，不一定都是老师教过的，你教的是分析问题、解决问题的方法嘛！所以教学要注重抓住关键。”钱先生指出：“加州理工学院像我们，理工结合，麻省理工学院更像对型号的，我两处都待过。加州理工学院后建设的，但发展非常快，50 年代已有定论，后来麻省理工学院也跟着变了。我们要以理工结合，培养带头的工程技术人员，要能在集体里抓关键带着大家一起前进，所以有所为只好有所不为。”

钱先生强调：“理工结合是学校的大政方针，不能动摇。四年制的本科，头三年系统学基础与专业基础，再后一年，根据国防尖端科技发展的实际需要有针对性去进行专业培养。但工程试验概念太少，建议学校把

‘飞行器概论’扩大为‘国防尖端技术讲座’，每周讲一次大课，尽可能让所有学生都参加。高级科普，利用电影配合，影片国防科委很多，你们可以充分利用。”

1978 年 6 月 26 日上午，钱先生来到电子技术系（四系），他在详细考察各教研室、研究室、实验室的情况，听取了陆仲良等系领导和部分专家教授的汇报后，在肯定成绩的同时，对四系存在的问题进行了严肃的批评。钱先生指出：四系是个大系，实力雄厚，有 170 多名教师。电子学是一个很大的领域，四系到底该怎么办？如何把 170 多名教师捏成一团，选准一个共同的奋斗目标进行攻坚？你们现在的搞法，花样实在太多，是一个多样化的系。系是一个集体，但你们是一个人把一小摊，这值得研究。这样下去能产生科学家吗？现代科技有一个明显特征，就是学科专业越来越相互交叉向综合的趋势发展，像你们这样是不利于系发展的，我们的教师要当科学家，不要光当专家。光钻你那么一点点业务，现在 40 来岁，还有十年二十年，那后十年就没法过。科学是互相渗透的，面太窄了不行。要不要深下去？要深下去。但同时又有第二个目标，那怎么办？一个人一个小土堆，小土堆能与喜马拉雅山珠穆朗玛峰比吗？系的领导要积极宣传引导做工作，要看长远一点，不能满足每年出一篇论文，这篇论文到底对现代化建设有何价值，不求有大功，但求无大过，这对我们国家发展、对学校发展、对你们系的发展都是不利的。

钱先生说：不能否认，我们现在是努力了，但只是单干努力，没有集体努力，你们是不是受陈景润的影响？他是个别现象，科学技术 99.9% 是集体创造的，陈景润是千分之一。丁肇中的加速器班子就有 200 多人，其中中国人有 27 个，另外还有不少具体协作的工作人员。个人努力要在现代化科学技术中求得大结果很难，要培养一个集体精神，四系的努力方向是什么？看了你们的教学计划，四系专业最多。系要有一个系的专业方向，没有系的方向，只有教师的个人方向，170 多个方向是不行的。四系搞三大方向：电磁电波、信息、电子系统。题目很好，但还是散。系的主力要用在哪里，抓哪个方向，你们好好地深入研究一下，要在全国抢占一个制高点，让人家承认你。比如电子计算机系兼研究所到处挨人家骂，骂得厉害，说巨型机是国防科委抢的，尽管挨骂，但我们国家最快的计算机是计算机系即六系做出来的。

1978 年 6 月 26 日晚上，钱先生来到应用物理系（二系），围绕应用物理如何为新概念武器做出科学判断这一主题进行座谈。钱先生在听取了该系领导和部分学科专业带头人的汇报后指出：“对粒子束武器，有两种截然不同的看法，一种认为物质从原子再往下分，可以搞粒子束武器；另一种认为粒子束、激光武器完全是不可能的。”

钱先生说：“有一次，毛主席找我到中南海，说原子弹也不可怕，一可以钻地下，一可以反导弹，有矛也要有盾。意思是要搞反导弹。”“反导，我们没怎么搞，美国花了不少钱，反导弹也不行，人家一下子来那么多导弹，你能一个一个地打掉吗？能不能搞反导，我们应该持科学的态度，进行科学的分析，科学判断（实际上毛主席很早就提出研制反导系统）。”“究竟粒子束能不能成为武器，二系可以研究，从科学规律出发看是否有道理，要进行论证。反正头一步也不怎么花钱。”“粒子束与物质的相互作用，物理系也应该有所研究，提出意见和建议。这个粒子束武器究竟要不要搞，我们国家有没有必要搞，能不能搞成，有什么科学依据。我的意见并不是什么时候交出一个答案来，而是要研究粒子束。”“国防尖端武器，现在是导弹、原子弹，将来总会有很大变化，要发展新的武器。新武器的概念出来了，我们要把任务交给相应的系来研究分析它的可能，看是否符合科学的规律。有人提出气象武器——人造台风、强电磁波武器，等等。这是人的幻想，是否符合科学的道理？国防科技大学要对一些新武器概念是否符合科学道理，有无可能，论证是否能成为一种武器，都应做出科学的判断。”

1978 年 6 月 27 日上午，钱先生来到材料燃烧系（五系）调研，考察了实验室，听取了系领导和部分化学基础课老师和材料专家的发言后，钱先生指出："普通化学课上不上，学校领导和各个系的领导要负责，不能愿意上的可以上，不愿意上的就不上，这怎么能行？化学基础课非常重要，实际上我们研究的很多问题都涉及化学基础。学校党委定了的，不能众说纷纭。发扬民主，要有集中。你们系要腰杆子硬一点。”

钱先生指出："五系有两个任务，一是化学基础课，二是材料。材料怎么搞？办法是从微观到宏观，当然中间加个细观也可以。目前是使用材料但不搞材料本身的研究是不行的，航天部门还是 20 世纪的做法（指只使用材料），我们要考虑的是发展下一代战略武器，要面向 21 世纪，搞分子设计。系的领导如果能看到了这点，就是目光远大。但有一部分人不能接受，领导要做宣传教育工作，许多同志对分子设计不了解所以不同意。分子设计是个借用词，分子设计不是单纯与分子打交道，包括力学都在里面，如果用别的词也是可以的。将来结构设计与材料设计是一致的，也就是宏观要深入微观。”

“材料要逐步走向科学，人类要主观能动地改造客观世界。”“我们要提出一个系的总目标，有的同志只考虑自己搞的那点专业，系里一定要做工作，不能简单地捏在一起。一是要个别地做工作，二是要每周搞一个学术报告，介绍材料学的发展趋势和目前的有关问题，把全系同志团结在总目标、总方向上来。110 多位教师都围绕一个目标，是可以把这个系搞好的。”

“搞材料要少量的化工产品，是否就叫精密化工？精密化工概念成立不成立，你们写个材料向化工部提一下，成立一个精密化工局，关心一下国防工业。”

“材料系的方向，应用化学为基础，努力发展分子设计。这个方向有生命力，这个方向好，要与航天部门、科学院进行配合。”

“化学技术课内容要改革，如何改？现在学生水平不齐，怎样因材施教，化学基础课怎么调整？不要等到全国的意见统一起来才动。国防科技大学可以根据自己学科专业特点进行调整，不能等到全国通用的教材我们才参考，我们要有自己编写的教材和讲义。”

钱先生指出：“学校要打破常规，如数学卡住了，别的课不能上（指衔接），数学可以先单上，多上一些，一入学就多上数学。数理化三门课的协调，可以不按传统的衔接，数学可以先上一些，要解放思想。”

1978 年 6 月 28 日晚上，钱先生来到电子计算机系兼研究所（六系），考察了正在研制的亿次巨型电子计算机和部分研究室实验室。听取了该系领导和部分专家教授的汇报后，钱先生兴致勃勃地谈到了这个系兼研究所的发展。钱先生说：你们这个系兼研究所，在慈云桂教授的率领下，从研制第一台电子管计算机，第一台晶体管计算机，第一台集成电路计算机，第一台超大规模集成电路巨型计算机，总是走在全国研究计算机的前列，为发展我国的计算机事业做出了重大贡献，也使你们的计算机学科稳居全国高校同行的前列。

钱先生指出：同样是国防科技大学的一个系，为什么你们一直能取得这么骄人的成就，我总结了一下，有这样几点是值得全校学习的。一是有一种强烈的开拓创新精神、顽强的攻坚拼搏精神；二是有一个非常好的领军人物，这个领军人物就是慈云桂教授，他不仅具有宽厚坚实的科学理论基础，而且具有超前眼光，随时看到世界计算机发展趋势，及时抓住发展机遇，并且善于组织大规模的团队攻坚；三是具有团结协助的集体主义精神，研制亿次巨型计算机有来自全国科研院所 1000 多号人，大家都能在慈云桂的带领下互相支持互相帮助，的确不简单。

钱先生要求："要及早地为下一个计算机做准备，要搞预先研究。"对下一个机器怎么做预研，钱先生认为："预研人数不宜多，有几个十几人的小组就行，可以有几个方案，20亿次、80亿次都可以作为方案。胆子也可以再大一点，因为计算机发展没有止境，1亿次、10亿次、100亿次、千万亿次、万万亿次，我们以后都可以研制。"

钱先生指出："我们还要清醒地看到短板。一是软件要大大地加强，光八室（软件研究室）不行，软件不能少于搞硬件的力量。实际上软件在国际上也是落后的，计算机硬件次数越快，软件就越复杂，罗马尼亚搞软件的人要占了人口的2.5%。我们需要要大大地发展软件，人工智能也要考虑，智能计算机可能是将来发展的一个重要方向。二是元器件（计算机芯片），要组织强有力技术力量攻克核心关键技术。"这是钱先生四十多年前的设想。

1978年6月29日上午和1979年12月26日，钱先生先后两次来到系统工程与数学系（七系）。系统工程是钱先生最先在全国高校设置的一个学科，他分别与该系各位领导和两个学科专业的带头人座谈，研讨这个新兴学科的发展重点和方向。

钱先生强调："系统工程要造气氛，全国系统工程都看着咱们。咱们要在'四化'的潮流之中成为一个弄潮儿，系统工程系的全体人员要有一股子闯劲，敢于创新，没有事事犹豫的必要，尤其是千万不要站在旁边看。系统工程处在潮流之中，弄不好很危险，搞好搞坏，对全国关系很大。"钱先生要求积极开展学术活动，集思广益。争取每周搞一次，周周如此。将系统工程的概念内涵、人才培养目标、科学研究方向等一些主要问题搞清楚。钱先生指出："在学术问题上要开阔眼界，有些问题表面上看好像与我们关系不大，但是实际上不完全是这样。不能简单地认为与自已有无关系，即使现在无关，将来是会有关的，因为深与广是相辅相成的，广了也会促进深，多听听别人的演讲、意见、建议，是有启发的。”

钱先生要求：“应用数学要考虑结合系统工程，大家都来探索。应用数学面广，全国搞得也不少，既然七系搞系统工程，就要考虑结合系统工程。应用数学既然是应用就不能脱离实际，从实际中产生问题，结合系统工程中的问题开展应用数学研究。”

1978 年 6 月 29 日晚上，钱先生来到精密机械系（八系）与系领导和部分专家教授座谈到深夜。在听取了大家的汇报后，钱先生指出：“机械是一个传统学科，你们现在搞的计算机控制的机械加工，这是一种新的探索，路走对了。传统学科怎样焕发青春？就是要走现代机械的路子。”

钱先生说：“你们系为国防尖端技术服务，目前有个很好的机遇，七机部（航天部）要用计算机进行技术改造，任务大得很，投资很大，你们一定要参与进去，和七机部（航天部）结合一起搞技术改造。抓住这个难得的机遇，全系几十个教师都要参加进去，与七机部一起去调研，共同提出技术改造方案，与七机部保持密切联系，而且始终紧紧抓住这件事不放。这样你们系的制图、电工、电机、设计课程和教研室都要纳入整个体系中去，结合到这个总方向中去，全系团结一致，认定这个方向，共同努力，结合起来培养学生，这样就把这个学科带上去了。而且你们还要积极宣传，七机部今后只有走这条技术改造更新的路，才能大大缩短研制时间，降低成本。”

钱先生指出：“教师不要怕干大任务，不要怕压，压是压不垮的，要用任务来把教学科研带上去，最好的办法就是以任务带学习，为迎接这方面的任务，你们要组织全体教师进行集体学习，带着任务学习新知识、新技术。要求教师英语都要过关，而且要规定过关的时间。要出一些学术思考题，引导教师深入思考一些重要的学术问题。每个教师轮流做学术报告。”

谈到外出调研，钱先生认为：“要带着问题去，首先在家里做好调研的功课。其实并没有那么多的东西可以调研的，在向外面学习方面，不一定寄托过大的希望，往往跑得很累，学不到很多东西。请外国人讲，往往不一定是我们需要的内容，我不反对向外国人学，但主要应靠自己学，这是最靠得住的。我认为看书、看文献资料也是一种引进。一种是听人讲，一种是看书，区别并不太大。总之要组织起来学习，先学习，做好准备，然后去参加七机部的技术改造工作。这样，我相信你们系是能够搞好的。”

时任精密机械系教研室主任、后任系主任的戴学耕教授，曾经两次都参与了钱先生对精密机械系的考察调研，聆听了钱先生的教诲。戴教授回忆：当年钱先生反复强调，按技术学科设系与专业，从客观上必然要求我们紧随现代科学技术的发展前沿，不断开拓创新。钱先生当时对精密机械系的同志反复强调：“你们这个传统的机械专业要活起来、蓬勃发展，就必须加大知识创新、技术创新力度，要将机电结合在一起，将传统理论与当代新技术结合在一起。”钱先生明确提出：“精密机械系按照技术科学的要求，发展方向是机电一体化。”他要求把计算机应用放在重要位置。钱先生指出：“计算机的出现，是与蒸汽机、电气的出现一样，具有划时代的意义，甚至会带来新的技术革命。”钱先生提出：“一专业可以叫计算机管理的机械制造系统专业。”

戴教授说，我们按照钱先生的要求，积极推动创新发展，充分发挥计算机的作用，先后购置了一批当时最先进的计算机，每个教研室、研究室都有专用机房。确定本学科的两大专业，一专业的性质是“以计算机应用为核心，机电结合，以机为主”。二专业的性质是“以计算机为核心，机电结合，以电为主”。两大专业都瞄准科学技术前沿开展人才培养和科学研究。至 1993 年，建系 12 年，我们就培养出了一批具有本学科特色，很受用人单位欢迎的本科生和研究生，完成了十多项获国家发明奖、国家科技进步奖等一批成果。如今这个传统学科欣欣向荣，硕果累累，已经进入国家A级重点学科行列，并拥有一个国家级国防重点实验室。那么，其他几个在技术学科领域所设的系和专业如今又怎么样呢？经过几十年的创新发展，又生长出了一批交叉学科、新型学科专业。如今这些学科专业大部分已经进入国家重点学科行列；拥有5个A^+级、4个A级国家一流学科，一批省部军队重点学科。有两个国家重点实验室，五个国家级国防重点实验室，若干个省委部和军队重点实验室，这些重点实验室都分布在全校信息学科群和航天学科群内。学校遵循技术科学的特点与规律办学育人，先后培养出了中国载人航天工程总设计师、副总设计师周建、张柏楠，“天河”千万亿次巨型计算机总设计师、中科院院士杨学军等一大批具有创新精神创新能力的优秀人才，取得了包括“银河”“天河”系列巨型计算机在内的五千多项自主创新成果。

四、努力实现基础课教学现代化

钱先生指出，要敢于在技术上创新、突破、冒尖，必须具备雄厚而坚实的基础与专业基础，这是技术科学内在的必然要求。所以钱先生在四年的学校改建期间，非常重视基础课和专业基础课教学。

钱先生认为，加强基础与专业基础课，既是技术科学的内在要求，也是技术科学工作者必须具备的最基本的条件。可以说，强化基础，加强基础与专业基础教育训练是钱学森技术科学教育观最具鲜明的特色。在钱先生早年写的《工程与工程科学》以及后来的《论技术科学》，都有比较多的篇幅论述这个问题。在改建国防科技大学时，根据学校档案馆现存保留的钱学森5万多字的文稿中，有近1万字是专门讲这个问题或涉及这个问题的。

起初，钱先生在讲基础时，所指的基础只是自然科学基础和社会科学（马克思主义哲学为主的政治理论课）基础，后来又扩展到了数学、系统科学、思维科学等。钱先生所讲的专业基础就是各系按照技术科学所设的宽口径的大类专业基础，比如：应用力学、技术物理、控制论、电子学、运筹学、信息学、计算机等。

钱先生当年在讲基础与专业基础时有许多非常经典的句子，他说："总结过去的经验，要使国防尖端技术快速发展，要培养高质量、高水平的科技创新拔尖人才，首先要看到的就是加强它的基础与专业基础。没有雄厚而坚实的基础与专业基础，将来很难在技术上突破冒尖，也应付不了、跟不上国防尖端技术的高速发展形势。"

钱先生强调："学好基础和专业基础，意义是非常重要的，要冒尖，要对任何尖端技术问题没有什么畏难情绪，就一定要扎扎实实地打好基础与专业基础。只有把基础与专业基础学好了才行，才能垒得上去，才能有信心、有底气、有胆量、有勇气去冒尖和创新，没有深厚而坚实的基础知识不行。知识面要宽，没有广度就没有深度，没有广度和深度，培养的人是脆弱的，不能研究新的东西，流于一般，联系实际也不会深刻。"

钱先生以自己的亲身经历告诉大家："我先后改行八次，早年在交通大学学的是机械专业，到美国后改学空气动力学，后来又搞弹性力学、物理力学、火箭与火箭发动机、工程控制论。回国后搞导弹与航天，现在又搞系统工程和系统科学。但是，我每次改行都比较顺利，其中的主要原因是基础与专业基础打得扎实。"

钱先生说："多年来我一直注意基础与专业基础的学习。在上海交大，我利用课余时间在图书馆阅读了大量自然科学和航空理论与技术方面的书籍，在麻省理工学院和加州理工学院，我的研究工作有许多涉及数学和物理的问题需要解决。我在学习工程技术之余，不仅选学了量子力学、统计物理、复变函数等数理课程，又多次参加其他学科理论学术研讨，受益匪浅，这为我日后的研究工作奠定了比较厚实的基础。所以，我在跟我的导师冯·卡门一起进行科学研究时，冯·卡门对我深厚的理论功底赞不绝口，他说：‘我发现钱的想象力非常丰富，既富有数学才华，又具备将自然现象化为物理模型的高超能力，并且将两者有机结合起来。’”

钱先生要求大家：“必须从科学规律和系统性上理解基础和专业基础。”他形象地比喻：“在科技领域，一切都在发展变化，不变的只是客观规律本身，好像太阳天天从东边升起。”钱先生认为：“讲基础，就是要有一个科学理论的系统性，电与力学有一定联系，科学的概念是一个完整的、系统的体系；学基础，就是把科学系统的理论贯穿进去，有了这个东西就可以举一反三。”

钱先生说：“我为什么一再强调要学好基础理论？因为任何尖端的问题无非是一种自然现象，都离不开物质运动的基本规律，就是几万度高温的气体，它的单个粒子的能量，也不过是几伏的电量而已，都是可以认识的，所以对任何尖端的问题都不会有畏难情绪，再加上我们政治教育的作用，我们就一定能够敢于创新、冒尖、突破。”

钱先生明确规定：改建后的学校基础课与专业基础课的课时必须占总课时的75%以上。钱先生要求学校成立以曹鹤荪教授（钱学森早年在上海交大的同学，上海交大教务长）为组长的基础课改革领导小组，在全校范围内挑选基础好、热爱基础课教学、教学水平高的老师组成基础课教学队伍。钱先生亲自与这些基础课老师谈话。钱先生说：有些西方国家的大学，比如说德国的所有大学都是用最好的教授讲基础课的。钱先生鼓励大家加强学习，不断拓展知识的广度和深度，提高教学水平，努力争做学校甚至全国全世界最棒的教师。

当时“文革”刚结束，基础课教材普遍比较陈旧，内容老化。钱先生要求在国家统编教材还没有出版之前，尽快组织力量编写新教材或者新的讲义，要求不能再用那些老掉牙的教材了。钱先生说："如果你们讲原子物理还是从最原始的那个物理讲起，我看你们的学生还有十年也毕不了业，所以要单刀直入，从最现代的物理讲起。所以在编写教材或讲义时，一定要将目前国际上最前沿的新概念、新理论、新知识、新技术、新信息尽可能地吸收到新的教材和讲义中来。"

钱先生指出："基础课教学学校和系都要重视。数、理、化等基础课教学要改革，要有一个现代化概念，就是基础课教学怎么实现现代化，这个概念目前还没有，那么我们就从教材、教学内容和教学方法开始探索，逐渐创造形成基础课教学现代化。"

钱先生亲自抓基础课教学。他了解到当时特别受冷遇的化学基础课教学，却有一位 1956 年毕业于北京大学化学系的中年教师周世光化学基础课讲得好。钱先生让学校教务处安排他亲自去听听周世光的课。那天一大早，钱先生提前来到了上基础课的 409 大教室后排坐下，周世光讲授的是"电解质溶液与离子平衡"一章的部分内容。

周世光面对这位世界级科学泰斗，心里难免有些打鼓，显得忐忑不安，生怕讲不好，但是他尽量保持平静心态。周世光平时将这门基础课研究得比较透彻，并随时将学习掌握的一些新体会、新观点、新信息、新思想、新理论补充到讲义中，将一些古代有关化学经典故事和现实生活中的化学现象，也结合穿插到了课程内容中，心里有底气。周世光在讲授时，理论密切联系实际，由浅入深、引经据典、抑扬顿挫、绘声绘色，将比较抽象的化学原理讲得非常形象生动，课堂鸦雀无声，深深地吸引着钱先生和 200 多名听课的学生。当周世光讲到有序变无序时，举起一个烧杯往水泥地上一摔，学生们瞧着满地的碎片玻璃，"啊"的一声，都说："懂了。"

下课后，钱先生走近周世光，紧紧握着他的手，连连说："讲得好！

讲得好！你讲授这堂课是高水平的。早年我在美国也听过类似的课，可以说，你的授课达到了世界先进水平。”钱先生还听了政治理论课教师刘建统讲授的也是同样精彩的自然辩证法一课。钱先生深情地说：“讲好一堂内容有些枯燥的基础课不容易啊！真可谓台上一分钟，台下十年功啊！”

随即，钱先生召集校系领导、基础课教师、专业课教师和政治理论课教师参加现场教学推介会，让周世光和刘建统分别介绍他们的基础课教学理念、教学方法和授课艺术，并请他俩做现场示范教学。然后，钱先生根据自己调研所了解到的情况进行讲评。

钱先生说：“通过听课查课，我发现你们有些课讲得比较好。但是问题也不少，共性的问题是‘满堂灌’，理论不联系实际，学生听起来，感觉枯燥；其次是基础课尤其是数学课教学安排没有突出重点。比如，计算机系的数学课应该多讲一些、讲深一点。”钱先生特别看重数学这门基础课，他说：“数学对于我们学生将来在国防尖端科技领域从事科学研究十分重要，为什么呢？一是随着科学技术的发展，数学已经广泛地应用到众多科学与工程领域了，某种程度可以说数学是科学的皇后；二是数学不仅能够培养学生的数理逻辑思维，数学中蕴含艺术和方法，也可以培养学生的形象思维，以及创造性思维；三是要确立现代数学观念，将数学与正在蓬勃兴起的计算机科学与工程密切结合起来，闯出一条技术科学新路来。”所以钱先生要求教师们再不能只是将数学仅仅作为一门计算工具，要认认真真、扎扎实实地学好数学、用好数学，打牢数学基础，掌握并创造新的数学方法；要求学校必须加大数学基础课教学力度，而且将打牢扎实的数学基础作为每个学生必须具备的基本条件之一。钱先生建议学校利用计算机学科优势，在全国高校中率先成立计算机教学与实验中心，而且确保学生有足够的上机课时，同时成为全国高校中最早实现计算机联网的高校之一。

钱先生强调：我们是培养创新拔尖人才，所以必须将培养学生创造性思维和创新能力贯穿教育教学人才培养全过程。要从根本上改变填鸭式的满堂灌，要认真研究调动学生内在学习积极性、启发学生创造性思维的教学方式。钱先生认为，提高教学艺术是启发学生灵感，激活学生大跨度的形象思维，培养学生创造性思维的好方法。

五、提倡厚基础、宽口径、活专业

钱先生在注重基础与专业基础教育训练的同时，也重视专业教学。当时在学校教师队伍中对基础与专业的关系有几种不同程度的认识，有的认为，学校一会儿强调基础与专业基础如何重要，一会儿又强调以工为主，专业重要。到底是哪个重要呢？还有的认为只要打好了基础与专业基础，在实践中将科学理论应用到工程上去就行了。还有的教师将基础比作根，专业比作叶，认为根深就能叶茂了，等等。

为了让全校教职工正确认识和处理基础与专业的关系，钱先生建议在全校教职工中开展一次学术研讨。那次学术研讨会开了整整一天，大家七嘴八舌，争论很激烈，并没有取得基本一致的意见。钱先生针对以上问题谈了他的看法，钱先生说：根据我们学校肩负的使命任务和办学原则，我们搞的是理工结合，而不是搞那种单纯的理论工作。我们学校的理工结合与中国科技大学的理工结合也有所不同，他们是为中科院培养人才的，所以他们的理工结合适当偏理一些，而我们的理工结合，就是将科学理论与工程技术密切结合，最终是要拿出武器装备产品来的，所以我们的理工结合就适当地偏工一些，落实到工又是必然的。

钱先生认为：大家必须加深对技术科学内涵的理解。我们不否认技术科学是应用科学，但它又不是简单去应用，将科学理论与工程技术简单地对号入座。我们是将科学理论与工程技术灵活性地创造性地结合，将两者辩证地结合，融会贯通地“化合”，创造出新的带有共性的工程理论去解决工程方面的实际问题。

钱先生指出，将基础比作根，专业比作叶，形象倒是有了，但应当从唯物辩证的认识论上来看这个关系问题。随着科学技术和社会经济的发展，专业随时都在发生变化，基础则是相对稳定的。钱先生要求大家带着这些问题认真学习辩证唯物主义哲学原理，系统辩证地理解和认识这些问题，统一全校人员的办学思想。

钱先生说：“我是主张和提倡厚基础、宽口径、活专业，实际上我将基础、专业基础和专业设置在一起，就是根据这个要求做的，各个系的专业口径是比较宽的。有的系甚至只有两大专业。”所以钱先生在强调打好自然科学基础的同时，也强调打好宽口径的专业基础。而对于宽口径专业以下的一些小的专业方向，钱先生则主张，积极适应科学技术和经济社会快速发展以及国家与军队的需求，随时进行专业调整或增设新的专业方向。对于四年制的本科，头三年学完基础课与专业基础课以后，第四年学专业，也不要总是年年老一套，可以考虑让学生相互轮流多学几个专业，多掌握几手本领。

钱先生指出，可能大家担心你今年是这样办专业，明年又是那样办专业，专业课老师没有这么多，做不了，所以建议从国防科技工业部门聘请各类专业的专家来做专业老师。钱先生说：“这里各方面的专家多得是，他们也愿意做兼职的专业老师，让这些专家来讲专业，因为他们长年累月就是干这个的，讲起来头头是道，恐怕比我们的专业教师强多了。我们将这些专家聘请过来教专业课，学生毕业的时候给他们戴上大红花，把劲头鼓得足足的，让他们有一种荣誉感和成就感。”

钱先生认为：“同时为了增长专业的针对性和实用性，你办哪个专业，看哪一个单位擅长的，又愿意接受你们，你们就连人带马，搬到那个地方去办学，派出小分队，到那儿干。至少在我们国防科委系统是可以这样干的。我举个例子，如果将来我们要搞空气动力专业，最后那一年你可以到那个空气动力基地去。那儿的设备是全国甚至世界一流的，从低速到高速、超声速一直到上百倍千倍的声速，人家哪一套都有。那是全国最高水平的风洞跟空气动力学的测量工作，而且还有做理论工作的人。你要找专家，那儿多了去。我们完全可以到那儿办嘛。我们国防科委系统里还有比较多的这种情况，所以这又是一个好办法。总之要将专业办好。”①

① 根据国防科技大学档案馆资料和陈启智教授、方子丰教务长等人的回忆整理。

第三章

钱学森系统工程与系统科学教育观

国防科技大学召开教学代表会议，国防科委主任钱学森在大会闭幕式上讲话。

钱学森在改建国防科技大学的四年间，第一次成功地将系统工程与系统科学用于办学治校育人，形成了钱学森系统工程与系统科学教育观。

这里应当指出，钱学森技术科学思想与系统科学思想是相互渗透交叉发展的。钱学森在中学时代主要是学理工的，但是他善于博览群书。进入大学，尤其是在美国从学从教从研，钱先生始终注重跨学科、跨领域、跨层次学习与研究。所以他的知识面具有宽、广、厚三个维度。

钱先生早年形成的理工密切结合的技术科学思想与他一直注重跨学科、跨领域、跨层次学习与研究所形成的系统科学思想是相互渗透交叉发展的。钱先生研究的《工程控制论》，既深化了他的技术科学思想，同时也启发了他的系统科学思想。《工程控制论》是对世界著名系统科学家维纳《控制论》这门学科的深化和发展。《控制论》所讨论的主要问题是一个系统各个不同部分之间互相作用的定性性质，以及整个系统总体运动状态。《工程控制论》所研究的是控制论这门学科能直接应用在工程上涉及被控制系统或被操纵系统的那些部分。所以，维纳的《控制论》是系统科学的技术科学，钱先生的《工程控制论》也是系统科学的技术科学。

钱先生长期在技术科学等多学科领域耕耘，不仅丰富和发展了技术科学思想，也丰富和发展了系统科学思想。同时他的技术科学教育观与系统科学教育观也是相互联系、相互渗透、交叉发展的，他在以技术科学思想指导办学治校育人的同时，也在以系统科学思想指导办学治校育人。

一、第一次提出以系统工程理论与方法办学治校育人

钱先生回国后主要精力是率领千军万马开创我国的航天伟业。这是超大型的科学技术工程，具有高度的跨学科、跨领域、跨层次的系统综合性，需要广泛应用自然科学、技术科学等多种学科与技术综合集成到工程实践中。

由于钱先生所具有的宽、广、厚的渊博知识和高瞻远瞩的科学智慧以及对系统科学的深刻认知，使得他始终处在航天科技主帅的位置上。钱先生团结带领广大航天科技人员在极端艰难的条件下，研制出了一系列火箭导弹和卫星等。同时开创出了一整套集研究、规划、设计、试制、生产和试验一体化，实行总体设计部抓总，行政、技术两条指挥线，具有中国鲜明特色又有普遍科学意义的系统工程管理方法与技术。

钱先生把科学技术创新、组织管理创新与体制机制创新有机结合起来，实现了综合集成创新，走出了一条发展我国航天事业的自主创新道路。可以说，这是钱学森系统科学思想在巨大科学工程上的成功应用，极大地丰富和发展了他的系统工程与系统科学思想。

1978 年 5 月 5 日是革命导师马克思诞辰纪念日。国防科委举办科技讲座，钱先生作为第一主讲人，密切联系自己几十年波澜壮阔、丰富多彩的航天科技工程的伟大实践，由浅入深、生动形象、全面系统地阐述了系统工程理论与方法。当时钱先生将系统工程定位为管理技术。

这次讲座在国防科委引起很大反响，时任解放军副总参谋长兼国防科委主任张爱萍将军听了讲座后十分高兴地说："好啊！就是应该这样做。"时任国防科委政委的李耀文将军听了讲座后，不仅称赞钱先生讲得好，同时提出开办一个系统工程学科，专门培养这方面的人才。

当天晚上，钱先生又应邀先后赴成都、昆明继续以讲座的形式宣讲系

统工程理论与方法，而且一次比一次讲得系统、深刻、生动，由于各种媒体广泛传播，很快在全国各行各业各领域掀起了一股系统工程热。

就是在这样的背景下，时隔一个月，即1978年的6月，钱先生奉命来到了古城长沙，在原长沙工学院的基础上改建国防科技大学，在全国高校最早设立了系统工程学科，并以系统工程理论和方法改建这所大学。

这所学校是1970年哈军工的主体南迁古城长沙，更名为长沙工学院，“文革”中在办学体制、教育教学、科学研究、基础设施等方面都遭受了严重破坏。钱先生认为，按照建设现代化大学的标准要求，改建这样一所大学相当于重新建设一所大学，涉及方方面面，是一项复杂的系统工程。

钱先生一到学校，就要求成立一个在学校几大机关之上的改建工作总体办公室，选择有系统思维、全局观念、工作能力强的同志抓总，负责了解学校全局、调查研究、掌握动向、提出建议、统筹协调学校方方面面的工作。

钱先生为了深入地了解和掌握学校全面情况，精心设计和规划改建发展蓝图。他深入各系，各教研室、研究室、实验室，各学生宿舍、食堂，各外场实验中心等，足迹几乎踏遍学校每个角落。钱先生分别与校系领导、学术学科带头人和部分教职员工谈话，考察了解学校各类办学的基础设施和仪器设备，详细了解教育、教学、训练、科研、管理等各方面的情况。

在广泛深入调研中，钱先生发现学校管理比较混乱，部分干部管理水平低，存在比较严重的松散、无序和各自为政的现象。以承担教学科研为主的系所，吃喝拉撒睡样样都管，而学校有些带有全局性的工作本来可以集中统一管理的却撒手没有管，有些工作虽然管了却没有管好；全校相同的专业几个系都同时在办，而且办的质量不高；全校相同的实验室几个系都有，仪器设备普遍比较陈旧，实验室建设普遍水平比较低，学校基础设施既缺乏统一规划统一布局，又普遍比较陈旧老化；学校本来用房比较紧张，上百名本科生上公共基础课挤在一间很小的教室，过道上坐满了学生，却又有部分营房在那儿闲置着；有的系所某个教师或某个教研小组争取到了一个研究课题，就只能是这个教师或这个教研小组来做，其他任何人不能碰。

钱先生严肃地指出：这些松散、混乱、无序现象，是小生产、小作坊式、小炉灶式的做法，是小农经济思想，这些思想不利于改革创新，办不了大事，更谈不上创建现代化大学。所以钱先生认为，以系统工程理论和方法办学治校育人是当务之急。

当时的校系领导和多数的专家教授并不了解系统工程的理论和方法，更不会运用系统工程的理论与方法办学治校育人。钱先生先后几次在校系领导和专家教授中，围绕教育这个大主题并联系学校实际积极宣传系统工程理论与方法。

钱先生说：大家听说系统工程觉得很玄，其实系统这个概念一点也不神秘，自从人类有生产活动以来，无处不在与自然系统打交道。中国许多古代典籍也有这方面的记载。比如，对农业的种植、地形、土壤、灌溉、施肥、季节、气候等各种因素的关系都有一些比较朴素辩证的叙述。许多人所了解的《黄帝内经》就强调人体各器官的有机联系、生理现象与心理现象的联系、身体健康与自然环境的联系等。春秋末期，著名思想家老子特别强调自然界的统一性。一个典型的例子是四川都江堰。这是公元前250年由李冰父子设计建造的，它包括“鱼嘴”岷江分水工程、“飞沙堰”分洪排沙工程、“宝瓶口”引水工程三大主体工程，以及120多个附属工程，形成一个相互联系、协调运转、恰到好处的巨大总体工程。这就不自觉地运用了系统工程方法。

南宋的理学家们称理为天地万物之整体。古代中国如此，其实古希腊的一些唯物主义哲学家也强调“世界是包括一切的整体”“宇宙是个大系统”，等等。所有这些都说明系统的概念很早就存在。但是，这些只不过是系统思想的萌芽，是朴素的系统概念。科学的系统思想理论是马克思、恩格斯创立的。近代自然科学的发展为马克思主义哲学提供了丰富的材料。马克思、恩格斯辩证唯物主义认为，物质世界是由无数相互联系、相互依赖、相互制约、相互作用的事物和过程形成的统一整体。辩证唯物主义体现的物质世界普遍联系及其整体性的思想，就是系统科学思想。

钱先生指出，系统科学是从整体与部分、局部与全局的关系及其层次上研究客观世界的。系统科学运用到工程实践上就是系统工程，系统工程的技术科学理论是运筹学、控制论、信息学。系统工程应用到教育上就是教育系统工程，它的基础理论是社会科学教育学。

钱先生认为，教育作为社会大系统的子系统，与社会这个大系统中的经济、政治、科技、文化、环境等子系统之间存在内在的必然联系。教育不仅受到一定的社会经济、政治、科技、文化等方面的制约，同时又对一定的经济、政治、科技、文化发展起到推动和促进作用。也就是说，教育既要“受制约”又要“起作用”，这就是教育的外部关系规律。

首先，经济与教育的关系。钱先生认为，经济对教育的影响与制约最为明显、最为直接。办学校搞教育，尤其是办高等教育是需要大笔经费的。现代化的教育基础设施建设、高水平的教育教学科研条件与手段建设，都与经济社会生产力的发展密切相关。目前，我国改革开放刚刚起步，国家财政不富裕，还拿不出很多钱来办教育，所以我们只能在有限的财力物力条件下有所为有所不为，尽可能地为国家现代化建设培养人才，等将来国家经济有了大的发展，财力雄厚了，就会拿出更多的钱来办教育。钱先生指出，有一点需要提醒学校，国家确立以经济建设为中心，无疑是正确的，但必须明确教育中心任务是为国家培养现代化人才，而不是将教育作为发展经济的一门产业。利用办学搞科研赚钱，如果这样做路子就走歪了，教育质量肯定会大大下降。

其次，科技与教育的关系。作为以培养科技人才为主的院校，科学技术的发展对科技人才培养模式的确立、学科专业设置、教材教学内容选择、科研实验手段改进都具有一定的制约和影响。尤其是随着以信息科学为代表的现代科学技术的迅猛发展，对以上方面的影响和制约就显得更加明显了。高新技术的发展不仅为教育本身的发展，也为教育服务经济社会发展做出了贡献。高新科技教育不仅可以为社会发展输送高质量、高水平的科技人才，而且还能为社会发展提供高水平的科学研究成果。

再者，政治与教育的关系。政治更多地体现在教育方针、办学体制与制度上，它对教育的制约是决定性的，规定了办学方向、办学方针、人才培养目标和政治思想教育教学内容等。作为社会主义国家的教育，必须遵循党和国家的教育方针、政策原则和制度，培养政治上合格的社会主义事业的建设者和接班人。

最后，文化与教育的关系。文化对教育的制约是潜在的、深层次的。先进文化尤其是革命文化的影响是正能量的积极因素。传统文化的影响有积极因素，也有负面消极因素，比如：封闭、保守的思想文化观念等。还有外来文化，积极的因素也有一些，但是负面、消极的因素多。钱先生说：这些日子，我一直在想，我们的国门刚刚打开，西方国家许多负面、消极的东西也会随之而来，无疑会对青年学生价值观、人生观、思维方式造成影响，这是应当引起我们高度关注的，我们必须做好引导工作，不然是非常危险的。

此外，还有民族、宗教、地理、环境、人口等因素，对教育发展也有局部的、直接的或间接的影响。

钱先生指出：你们整个学校也是一个大系统，你们有成千上万号人，有大量的教学科研实验仪器设备，有大量的供教学科研工作学习生活服务的基础设施，以及其他各个方面大量的办学资源。从办学层次上看，学校下面的八个系所是子系统，系所下面还有教研室、研究室、实验室、校系办的工厂，还有学校横向管理的训练部、政治部、校务部等几大学校机关；从办学内容上讲，有学科专业建设、教育教学教材与训练、实验室建设、思想政治建设、科学研究、行政管理、后勤服务保障、器材装备与基础设施建设，等等。还有学校内部与外部各个方面的联系。钱先生说，学校这个大系统说简单也简单，说复杂也很复杂，因为凡是涉及这个系统的方方面面、上上下下、左左右右的关系都是相互联系、相互支撑、相互作用、相互制约的。

钱先生说：管理好这样一所大学并不亚于管理好一个复杂的大型企业。钱先生指出，你们学校的各级领导和各个机关部门的人员，大多是从事学校管理工作的，系统工程就是一门管理技术，你们做管理工作的，实际上天天都遇到这类问题，你们有比较丰富的管理工作经验，但不能只是凭这些老经验办事，甚至靠拍脑袋做出决策，随心所欲地做事情干工作。所谓科学管理，就是你们要把这些经验上升到科学理论的高度，用系统工程的理论与方法指导工作。比如：你们如何把学校的人、财、物管好用好，提高效率；把成千上万号人的学习工作与生活安排好组织好；学校又是培养人才和出科研成果的组织，怎么把教学科研人员的积极性创造性充分调动起来，把学员的聪明才智发挥出来；最大限度地提高各类办学资源的使用效率，等等。这些都可以运用系统工程理论、运筹学、控制论、信息学和系统工程的方法来处理。钱先生指出，做好管理工作也需要其他方面的理论支持，比如做人的思想工作，我们还必须懂得思想政治工作学和教育心理学等。

钱先生指出：现在计算机发展很快，而且你们学校又有这方面的优势。你们应该尽快将计算机技术用到管理上来呀！这几天，我所看到的，你们的训练部横向纵向的事情很多很杂，你们人手也不算少，但是大家都显得特别忙乱。那为什么不能将有的事情借助计算机通过数据分析进行编程？上计算机运算，结果不就很快出来了吗！比如做教学计划、排课表，你们有那么多层次类别的学生，哪个专业、哪个年级、哪种类别的学生，什么时候在哪个教室上课，老师是谁，编个程序上计算机一运算，结果不就出来了吗？省时省力还快速准确。还有全校各类比较大的规划、计划、方案，一些大型的教学科研或工程项目管理，涉及多方面因素，你们完全可以以系统综合分析和论证的方法，通过计算机进行数学建模仿真，这不比你们总是开会讨论来讨论去好多了吗？这样做既科学又省时，还能免除一些人为的因素，实际上这就是科学管理嘛。

钱先生说：我天天宣传系统工程，就是要求大家以系统工程理论与方法管理学校。系统工程的基础理论，有特殊的数学理论运筹学，有控制论，因为自动控制是建立在系统概念之上的；有关于信息传递理论的信息学；还有科学理论工具强有力的运算手段——电子计算机。所以，钱先生一再强调学校必须以系统工程理论与方法办学治校育人。

钱先生要求，用系统工程理论与方法管理学校，必须实行全校一盘棋，统一指挥、统一协调、统一分工，分工之上又有抓总的，就是总体办公室，负责统筹协调全校方方面面的工作。钱先生要求校系领导，学会毛主席十个手指弹钢琴的工作方法，学习周总理抓住工作要点，少走弯路的工作方法。钱先生说，毛主席周总理的工作方法就是科学管理方法。钱先生要求学校领导尤其是主要领导要善于抓总，学会十个手指弹钢琴，统筹协调全校各方面的工作；要求负责学校部分或者局部工作的单位和个人，必须具有系统思维和全局观念，以学校整体利益这个大局为重，学会处理系统的整体与部分，局部与全局及各种层次的关系，积极主动地支持和配合学校的全面建设，推动学校整体工作的全面发展。强调切不可以自己的小集体小单位利益为重，或者以自我为主，甚至唯我独尊，过分强调本部门本单位和局部工作如何重要，只顾及本部门本单位或个人利益，这样会影响学校整体全面发展。钱先生说，这是不符合系统科学思想要求的。

钱先生认为，系统科学强调的是系统的整体优化。钱先生在谈到系统整体优化时，曾经这样比喻："今天天气很热，这间房子温度很高，正好屋子里有一台电冰箱。于是有人提议，将冰箱门打开，不是可以放出冷气吗？但是这个意见是错误的，因为你在通过电冰箱不断向屋内输送能量，也许你站在电冰箱门口会感到有些凉意，但整个室内温度必然升高。这就是局部和整体的关系，局部优化不等于整体优化，总体规划与设计的任务，就是做到整体优化。"①

钱先生指出，对于你们学校来讲，所要求的系统整体优化，就是要在现有的人力、物力、财力等办学资源的情况下取得 1+1 ＞ 2 的办学效果。所以你们必须以系统思维，以改革创造精神，以创办现代化大学的要求，遵循高等教育规律，统筹协调兼顾学校的各项工作。但统筹兼顾并非样样工作都全面发力，而是有主有次，有轻有重，有共性和个性的区别。学校的中心任务是培养高质量、高水平的科技创新拔尖人才，这是全局性的工作，毫无疑问，其他工作都必须服从和服务这项中心任务。我们强调系统科学思维和系统工程方法，就是辩证唯物主义的系统观。只有这样，才可能实现系统的整体优化。至于具体工作，我们要以科学理论为指导，就是说我们在做工作规划、计划、方案、决策时，尤其是在提出学校下一步发展战略时，要自觉地在科学理论指导下，通过广泛深入系统的调查研究，充分听取各方面专家教授的意见建议，民主协商，反复论证，权衡利弊，

① 摘自《钱学森创新教育思想解读》，高等教育出版社，2014 年版，第 14 页。

然后通过数学建模，上计算机模拟仿真，看看是否符合学校的客观实际。

钱先生要求学校找准办学定位，真正办出自身的特色。钱先生认为这也是系统优化的要求。钱先生指出："你们不完全是办像北大、清华那样的重点大学，也不是办像北航、北理工那样的国防工业口的重点大学，你们要办的大学与国家战略任务结合那么紧，这在世界上也是少有的，你们将来就是要解决国家还没有解决的国防尖端科技问题，办国防科技尖端技术方面还没有的专业，培养能够作为将来若干年后向国防科技现代化进军的先锋部队、领军人物。"钱先生鼓励全校教职员工："一定要有勇气、有信心、有能力敢于创办我们国家和世界上从来没有办过的大学。"

钱先生还要求学校要处理好本校内部与外部之间的关系。一是处理好学校与所属的上级领导机关的关系，主动向上级机关汇报请示工作，争取上级领导和机关对学校工作的支持；二是处理好学校与国防工业基地和科研院所的关系，争取利用他们高水平技术人才和高质量的仪器设备作为学校难得的办学资源；三是处理好学校与当地政府的关系，积极主动请求当地政府解决学校难以解决的问题和困难；四是处理好学校与兄弟院校的关系，虚心学习和吸取兄弟院校的办学优势与经验，取长补短，主动互派访问学者。

钱先生身体力行，亲自指导校系领导机关和专家教授，以系统工程理论和方法，着眼全局、统筹兼顾、整体优化，精心谋划和设计学校建设与发展蓝图，既注意近期建设，又注重长远发展；既注重中心任务，又兼顾一般工作，合理布局学校人力、物力、财力等各类办学资源，充分发挥其最佳办学效益。同时注意挖掘办学潜力，为学校可持续发展奠定坚实基础。指导学校制定门类齐全、相互贯通的措施制度，科学安排全校教职员工尤其是专家教授们的学习工作和生活，积极调动他们办学育人的积极性和创造性。着眼 21 世纪世界教育与科技发展趋势，根据国家下一代战略武器发展与军队建设需求，分层次、按类别系统构建应用力学、应用物理、自动控制、电子技术、材料燃料、电子计算机、系统工程与数学、精密机械等八个系和二十多个前沿专业；并将相同和相近的专业以及教研室、研究室、实验室整合到一起；做大做强为全校公共基础课和专业基础课服务的教学科研实验中心；牢固确立以人才培养为中心的办学地位，围绕中心以系统优化的理念，整体设计和构筑科学规范、分工明确、相互联系、相互支撑的教育教学教材训练科研实验体系；并添置一批先进的教学科研实验仪器设备与教材图书资料；重建大型图书馆与学生课外活动和文化活动中心；在全国高校中最早构建计算机教学试验网络中心和大型电化教学试验中心等。所有这些都为学校的发展打下了雄厚坚实的基础。①

二、以系统科学思想构筑科技创新拔尖人才培养体系

当年钱先生改建国防科技大学时，特别强调以系统科学思想构筑高质量、高水平的科技创新人才培养体系。

钱先生曾经与协助他改建学校工作的时任训练部部长的陈启智教授，围绕怎样以系统科学思想构筑高质量、高水平科技创新拔尖人才培养体系这个主题，在学校招待所钱先生的住处探讨了三个多小时。钱先生说，国务院、中央军委〔1978〕110号文件，要求学校为发展下一代战略武器培养高质量、高水平国防尖端科技人才，我理解就是要培养科技创新拔尖人才。因为只有科技创新拔尖人才，才有可能突破下一代战略武器的核心关键技术，适应国防尖端科技快快发展的需要。

钱先生反复强调，辩证唯物主义体现的物质世界普遍联系及其整体性的思想，就是系统科学思想。将系统科学思想贯穿到人才培养中，就是要

① 根据国防科技大学档案馆资料和原国防科技大学副校长张文峰提供的资料整理；参考《钱学森讲谈录》系统工程一章，九州出版社，2009年版。

充分考虑涉及人才培养方方面面的工作怎样形成一个相互联系、相互贯通的体系。而这个体系既是有机结合、科学严谨的，又必须是灵活的，不能刻板行事。

钱先生认为，下一代战略武器与传统的武器装备相比，各种高新科技含量很高，会涉及更多的学科专业领域和更多的高新技术，是一个跨学科、跨领域、跨层次的综合体系，所以要求我们必须以系统科学思想指导构筑一个高质量、高水平的人才培养体系。

钱先生指出，按照中央提出的人才培养目标和系统科学思想的要求，目前我们所面临的困难和问题很多，需要解放思想开动脑筋努力去破解。首先从办学体制看，现在虽然恢复了“文革”前的那些做法，但是仍然是苏联的那一套，比较死板。体现在专业设置上，针尖对针尖，注重还原论。虽然从目前我们学校看所设的八个系，学科专业面是宽的，而且将基础与专业组合在一个系，这是基本符合未来国防科技发展新趋势的。钱先生说，从现阶段来讲也只能是这样。但是，按系统科学的要求，从培养创新拔尖人才的标准和目标看，还是有比较大的差距的。

钱先生指出，从学生学习掌握知识系统、结构层次看，我们需要他们跨学科、跨领域、跨层次地学习知识，实现知识宽、广、厚的三维层次结构，只有这样，将来他们才会更有信心、有勇气、有能力去创新拔尖，努力开拓一片新天地。可是按照四年制的本科制以及目前的办学体制的要求，又难以做到这一步。

钱先生问陈启智教授有什么改革的新招和好办法，陈教授摇头，没有回答钱先生的提问。钱先生指出，能否将学制再延长两至三年，或者以本硕连读的形式来解决这个问题呢？陈教授回答说，目前国家恐怕不会出台这些政策，这个设想很好但难以实现。所以当年钱先生就尽量在课堂教学改革，营造学生学习氛围上下功夫。钱先生要求老师在课堂上讲重点、讲要点，精讲、少讲，但是授课内容要连贯，尽量争取给学生留出一些自学空间。钱先生积极提倡学生自学，同时要求学校扩建图书馆，增加学生阅览图书座位，要求各系新建图书室，方便学生随时学习和查阅各种资料。鼓励学生尽量在有限的时间内，跨学科、跨领域自学一些新知识、新理论、新技术，并注意随时了解世界范围内发生的新信息，不断拓宽知识面，改善知识结构。

钱先生强调，学生全人格教育，德智体美全面发展。钱先生总是从系统科学理念来思考这个问题。钱先生指出，德智体美这几个方面本来就是一个人格健全的人相互联系、相辅相成的有机整体。但是，我们往往在人才培养时却人为地将它们分隔开了。所以钱先生要求学校各级领导和广大教职工深刻理解和贯彻系统科学思想，努力构筑德智体美全面发展的高质量、高水平人才培养体系，真正实现全人格教育，促使学生全面协调均衡和谐地发展，提高学生的整体素质和能力，真正培养一流科技创新拔尖人才。

钱先生指出，我们的学科专业在设计上围绕发展下一代战略武器，已经基本形成了一个有机体系，但是在学科专业建设上能否确保这个体系有效运转呢？钱先生要求学校采取一些有效的制度措施。钱先生充分肯定学校提出的“五个育人”，即教书育人、科研育人、管理育人、服务育人、环境育人。但是，钱先生指出，这个提法虽然好，关键在于如何将这“五个育人”形成一个相互联系、相互贯通、相互支持、相互作用的有机的动态网络体系。钱先生要求学校必须制定一整套行之有效的制度措施。钱先生特别提到课程建设，他说：我已经多次强调，要将公共课（包括政治理论课、外语课、体育课、文艺美育课等），基础课，专业基础课和专业课以及必修课与选修课等，作为一个相互衔接的有机体系，统一进行设计和安排。但是学校好像没有完全做到。

钱先生说：我为什么多次讲这个问题呢？要求不仅基础课本身要形成合力，基础课与专业基础课也要形成合力，因为它们本身就是有内在联系的。教数学与物理、化学有关系，讲物理与数学、化学也有关系，基础课与专业基础课都是内在联系在一起的。

钱先生指出，我们教学，无论是课堂教学、实验教学、实习和社会实践也要贯通形成一个有机结合、相互联系的体系。钱先生说，这样做大家可能觉得太麻烦，带来了很多工作量，这就涉及科学管理问题。钱先生认为，这些工作都可以用系统工程理论与方法进行管理，用计算机来进行操作，可以事半功倍。钱先生要求一定通过这次改建改革，将涉及人才培养方方面面的工作构筑形成一个相互衔接、紧密联系的科学体系。①

三、提出理工结合加社会科学培养科技帅才

钱先生改建国防科技大学的四年，也是他进行系统工程与系统科学研究不断深化的四年，随着研究的深化，同时也在不断完善他培养人才的理念。

简略地回顾一下钱先生系统工程与系统科学思想发展的路径。1978年6月，也是在改建国防科技大学的第一年，钱先生最早提出系统工程这个概念，并将系统工程称为一门管理技术，指出其应用基础理论是运筹学、控制论、信息学，提出系统科学是从部分与整体、局部与全局及其关系的角度去研究客观世界的。

同年的9月27日，钱先生与王寿云、许国志在《文汇报》发表了《组织管理技术——系统工程》一文，在理论上进一步系统化了。后来钱先生又进一步明确指出，在系统科学中，直接改造客观世界的技术是系统工

① 根据国防科技大学档案馆资料和陈启智教授的回忆整理。

程，指导系统工程带有普遍性、理论性的基础理论是运筹学、控制学、信息学等，这些学问是属于技术科学性质的，是直接为系统工程服务的理论。而根据系统工程的种类不同还有其相关理论，如教育系统工程理论还有社会科学的教育学等。

再后来，钱先生回到北京与他的研究班子继续深入探索和建立系统科学的基础理论系统学。这是研究系统的结构与功能一般规律的学问，这些学问还要有一个“桥梁”，即系统论，与马克思主义哲学联系起来。

从系统论到基础科学系统学，再到技术科学运筹学、控制学、信息学等，再到直接改造客观世界的技术系统工程，这一整套学问就称之为系统科学，它是有别于自然科学、社会科学的、独立的一大科学技术部门。

笔者认为，系统科学研究的是一个系统的内部结构，各分系统之间相互联系和协调互动的发展关系，以及系统和其外部环境之间的相互影响，强调的是系统各部分之间的有机联系和协调发展。所谓系统是由一些相互联系、相互作用、相互影响的组成部分构成并具有某些功能的整体。系统是客观世界普遍存在的。钱先生正是从这个系统思想出发并结合现代科学技术的发展，提出系统科学是以事物的整体与部分，局部与全局以及关系的角度来研究客观世界。也是从系统的角度来研究客观世界。系统有系统结构、系统环境和系统功能三个概念。系统结构是指系统内部，系统环境是指系统外部。系统有一个重要特点，就是系统在整体上具有其组成部分所没有的性质，这就是系统的整体性。系统整体的外在表现就是系统功能。系统的这个特点意味着对系统的组成部分都认识到了，并不等于认识到了系统整体，因为系统整体性质不是它组成部分性质简单“拼盘”，而是系统整体“涌现”的结果。这就是系统整体优化，实现1+1≥2的结果。以钱先生为代表的中国学派的系统科学思想总的学术观点是辩证唯物主义的，外国人也搞系统科学研究，也有一些学派，其中也不乏有成就者。

之所以称钱先生的系统科学思想为中国学派，是因其具有鲜明特色：其一，始终坚持以马克思辩证唯物主义为指导。钱先生 1982 年 7 月 10 日在北京“系统论、信息论、控制论中的科学方法与哲学问题”学术讨论会上，谈到系统科学的发展时，引用恩格斯在《路德维希·费尔巴哈和德国古典哲学的终结》这篇论著中的一段名言：“一个伟大的基本思想，即认为世界不是一成不变的事物的集合体，而是过程的集合体。其中各个似乎稳定的事物以及它们在我们头脑中的思想反映即概念，都处在生成和灭亡的不断变化中。在这种变化中，前进的发展，不管一切表面的偶然性，也不管一切暂时的倒退，终究会给自己开辟出道路。”① 钱先生认为：“这就是现代科学的系统思想，是马克思主义哲学的系统思想。系统思想在历史上的发展，实际上也是哲学发展到辩证唯物主义这样一个过程。”②

可以说，钱先生系统科学思想的形成源于马克思主义哲学指导，而他的系统科学思想的丰富和发展也始终坚持以马克思主义哲学为指导，他的整个系统科学思想体系更是充满马克思主义辩证唯物主义的精髓。

其二，钱先生系统科学思想强调系统的整体优化，致力于建立优化的系统。钱先生在 1978 年提出系统的应用基础理论是运筹学、控制论、信息论，后来他吸收了张锡纯先生的研究成果，将论改为学，并增加了事理学。那么，系统科学技术的理论就由原来的三门改为四门，即运筹学、控制学、信息学、事理学，而这四门系统科学的技术科学都是提供优化的理论。运筹学是在一定外部规范及信息条件下，使系统取得最佳运行状态；控制学是强调系统成员关系的人为调控以达到系统整体运行的优化；信息学是研究系统成员之间信息网络建立、沟通与优化；事理学则是专门研究系统内部各种条件和法规，使系统运行更加优化有序。

---

① 《马克思恩格斯文集》卷四，人民出版社，2009 年版，第 298 页。

② 《钱学森文集》卷三，国防工业出版社，2012 年版，128 页。

其三，钱先生系统科学思想具有鲜明的时代性、前瞻性，是自主创新的伟大成就。综观钱先生系统科学思想不断拓展深化的发展过程，正是处在世界科学技术迅猛发展，国内改革开放蓬勃兴起，经济全球化、信息网络化时代。钱先生始终把握时代脉搏，立足科技前沿，坚持以马克思主义理论为指导，充分吸收古今中外特别是我国改革开放的海量信息知识进行融会贯通，不断开拓新领域，提炼出新概念、新思想、新理论，使他的系统科学思想达到了前所未有的新境界，具有很强的前瞻性。

其四，理论紧密联系实际。钱先生密切关注国际上的政治、经济、科技、教育、文化发展变化，紧密联系我国社会主义现代化建设各个方面的改革创新建设与发展的实际，其系统科学思想既来自实践，又指导实践，并在实践中接受检验，而且不断丰富和发展。1978 年，钱先生提出系统工程的理论与方法之时，也是我国改革开放迈步兴起之时，当时在全国各行各业、各条战线推广系统工程可谓如火如荼，钱先生充分把握这一发展势头，不断向系统科学新的领域开拓进取，并以新理论指导新的实践，使系统科学具有鲜明的实践性和强大的生命力。①

随着钱先生系统科学思想不断丰富和发展，他的教育理念也更加具有系统性、前瞻性、时代性和创新性。

钱先生改建国防科技大学，主要是以理工结合的技术科学构筑的人才培养模式和学科专业体系。但是在整个改建工作中，又始终贯穿和体现了他的系统工程和系统科学思想。钱先生积极提倡学生跨学科跨领域跨层次学习，要求学生不仅要扎扎实实学好理工方面的知识，还要认真学习社会科学方面的知识。当时钱先生虽然没有明确提出理工结合加社会科学的人才培养模式，但是在设置八个理工方面的系所时，一再要求和提出增设社

① 参考上海理工大学车宏安等著：《钱学森系统科学思想的形成与发展》，新浪网，2013 年 1 月。

会科学系。钱先生说，即使我们不能培养这方面的专门人才，至少可以加强社会科学方面的教学，扩大学生知识面，改善学生知识结构。

为了增设社会科学系，钱先生在多次调研的基础上，专门召开了一个有从事社会科学教学和理工科教学的教师以及校系领导等二十多人参加的座谈会。他之所以如此慎重，是因为这是当时在全国理工科大学第一次提出设立社会科学系，需要广泛听取各方面的意见和建议。

座谈会上，钱先生要求大家畅所欲言。多位教师尤其是从事社会科学教学的教师争先恐后地发言，座谈会显得很活跃。他们普遍认为目前的理工科大学学生对人文社会科学知识了解太少，对社会发展问题的理解认识也很偏颇，甚至极端，很有必要多学点人文社会科学方面的知识，这些教师寄希望这次改制增设社会科学系。但也有不主张甚至反对增设社会科学系的教师。有一位钱先生在学术上比较赏识的，在计算机科学领域知名度比较高的专家的说："现在学生课时太多，他们能把这些理工方面的知识学好就行了，哪还有时间去学习人文社会方面的知识？理工科大学有个政治教研室，十来个教师就足矣！完全没有必要趁这次改制的机会搞个什么社会科学系。"

钱先生静静地听着，并没有打断大家的发言，但表情很严肃。他听完各位老师和学校领导的发言后，谈了自己的想法。钱先生从教育面向未来、面向世界、面向现代化的高度，从改革办学体制、完善人才培养模式、改善学生知识结构、适应现代科学技术发展趋势、创建现代化大学、培养科技创新拔尖人才等几个方面，比较系统地谈了成立社会科学系的必要性和重要性。

钱先生说：在以理工为主的大学设立社会科学系，理工加社会科学，这是我一直在思考的一种新的培养人才模式。我一直主张学生要跨学科跨领域地学习，不断拓宽知识面，知识越宽越广越厚，对学生未来的发展就越有好处。钱先生同时指出：社会科学与自然科学都是现代科学技术体系中的一部分，它们都是科学，只是从不同的角度认识客观世界而已。由于涉及编制体制等多方面的因素制约，钱先生的这个愿望当时没有实现，但是他离开学校后却一直关注这件事，也与多位教师深入探讨过这件事。

1991 年 6 月 18 日，钱先生给时任国防科工委科技委主任朱光亚先生写信，又提出在国防科技大学试点，采取“理工结合加社会科学”培养科技帅才。（参见本章附录：钱学森给朱光亚的信）

在这封信中，钱先生回顾了一百多年来科技高等教育的历史，在 20 世纪下半叶正式开始了工程师教育体系，即培养有科学基础的工程师。大学四年是头两年学数理化，后两年学工程技术。典型的是美国的 MIT 的学制，这是理工分院设专业的。直到 20 世纪 30 年代这套学制是公认的，也很成功。但是到了 30 年代以后，由于科学技术的迅速发展，新技术需要更高的基础科学知识，进行新技术开发的科技人员要有自然科学和工程技术方面的能力，由此出现了美国 CIT 学制，理工结合，重点培养博士生。现在这个体制也已在全世界推广，在我国也纷纷设置理工大学。为了迎接 21 世纪社会主义中国建设的需要，有必要考虑在 MIT 的时代及 CIT 的时代之后，再创造一个高等教育的新时代：培养科技帅才的时代，不但理工要结合，还要理工与社会科学相结合。

钱学森认为，1978 年至 1981 年改建的国防科技大学学制比较先进，要求按照这种新的人才培养模式在这所大学试点，并提出吸收一些搞定性到定量综合集成技术的专家参加。

为什么钱先生一再提出这种“理工结合加社会科学”的人才培养模式呢？实际上这是钱先生在不断深化系统科学研究时提出的一种新的人才培养模式。1994 年 2 月 7 日，钱先生致钱学敏教授的一封信中又谈到了这个问题。钱先生说：“我从学从教从研几十年都是理工结合，用‘理’去解决‘工’中出现的新问题。50年代中叶回归祖国，也是搞理工结合的国防尖端技术共二十多年。‘文革’使我觉悟，感到只是理与工是不够的，不懂得社会科学不行，所以开始下功夫学社会科学，也涉及哲学。当然这时早已懂得只有马克思列宁主义毛泽东思想才是真理。终于在80年代中叶，认识到要建立以马克思主义哲学为最高概括的科学技术体系。”①

“理工结合加社会科学”培养科技帅才，是钱先生伴随他系统科学思想发展长年艰辛探索的结果。

钱先生认为，从系统科学的观点看，我国现代化建设事业不仅需要大量的各类科技专门人才、科技将才，而且也需要相当数量能从整体上考虑问题，善用综合集成技术，做好科技组织领导工作并为党和国家当参谋的科技帅才。这是钱先生从国家现代化建设战略全局系统思考科教兴国、人才强国问题。而科技帅才，不只是一个方面的专家，他要全面组织指挥协调某项巨大的科学工程，这就必须具备跨学科、跨领域、跨层次的系统广博的知识，全方位的素质能力，而且还能敏锐地看到未来发展。也可以说，这是培养科学家、思想家和工程师的高级复合型人才。

钱先生以系统思维从知识结构能力素质等诸多因素提出了培养科技帅才的系列要求：（1）要学习马克思列宁主义、毛泽东思想。因为马克思主义哲学是人类智慧的结晶，所以帅才要在学习马克思列宁主义、毛泽东思想上下功夫。（2）要了解整个现代科学技术体系的发展情况，掌握世界科学技术发展的新动态。从世界科学技术发展的新动态中发现科技发展新动向，然后组织人去研究，帅才必须具备这样的素质。（3）要学习世界的知识，如要了解局部战争的起因、历史等，这样才能迎接世界的挑战。（4）当今是一个激烈竞争的时代，竞争实际上就是打仗，所以，要学习军事科

① 《钱学森书信》卷八，国防工业出版社，2007年版，第58—59页。

学知识，也包括组织管理方面的知识和才能。（5）学点文学艺术，它可以培养一个人从另一个角度看问题，避免“死心眼”和机械唯物论，要学习和掌握综合集成技术。（6）帅才还要身体健康。[①]

钱先生培养科技帅才的要求，包括从整体上考虑问题，有系统广博的知识，懂得综合集成技术，能敏锐地看到未来发展，具有系统思维、掌控全局有办大事的能力，有为党和国家当高级参谋的本领，具有马克思主义理论素养，具有综观世界现代科学技术发展状况、把握世界科技发展新动向并组织力量攻关突破的能力与素质，具有从多个角度看问题的辩证科学思维，具有竞争意识和组织指挥等多方面的能力与素质等等。这是钱先生以宏观系统的视角和思维，顺应时代，高瞻远瞩，综观全局，从整体上设计构筑的高层次高水平高质量科技领军人才培养模式，是钱学森系统科学教育观的创新发展。

四、首次在全国理工大学设置系统工程学科

1978 年 6 月，钱先生改建国防科技大学，刚到学校的当天晚上就找有关领导和专家教授商讨如何设置系统工程学科的事。这是钱先生改建学校做的第一件事，也是钱先生第一次在全国理工大学将系统工程正式确定为培养高级管理人才的学科专业，也是第一次尝试将系统工程与数学结合到一起，可以说钱先生创造了古今中外办学史上的奇迹，体现了钱先生在中国和世界教育史上自主创新的巨大勇气。

钱先生亲自召集校系领导和系统工程与数学两个专业的十多位专家教授座谈，讨论系统工程学科怎么建，两个专业以什么方式实现有机结合，怎样培养人才，怎样组建教师队伍，怎样开展科学研究，怎样编写教材，

① 上海交通大学编：《智慧的钥匙——钱学森论系统科学》，上海交大出版社，2005 年版。

怎样开展学术活动等等，讨论了三个多小时。

钱先生说，系统工程不仅在我们中国，就是在国际上也是一门新兴学科。虽然国际上也有这方面的研究和专著，但是作为一个学科专业培养人才，至少目前还没有。可以说我们在这个专业上还是一张白纸，现在不仅全国都在看着我们，世界也在看着我们。我们必须勇立现代化建设潮头，做改革创新的弄潮儿。钱先生指出，系统工程这门学科正处在探索之中，在理论与方法上有待我们进一步研究、拓展、深化，使之更加完善。

当时钱先生只是将系统工程称作一门管理技术，指出它的应用基础理论是运筹学、控制论、信息学。钱先生当时做的第一件事就是组建高水平的两个专业交叉融合的师资队伍。钱先生亲自在全校选调飞行器总体专业、电子信息专业、计算机专业的部分骨干教师，连同学校原数学教研室全体教师为基础构建该系师资队伍。选择早年留美博士、大数学家华罗庚先生的得意门生、国内知名数学家孙本旺教授担任系主任，作为本学科的学术带头人，聘请中科院著名系统科学专家许国志先生兼任副主任。钱先生认为，这个学术团队的学历、知识、年龄、教龄结构是合理的，学术水平在全国高校也是比较高的。钱先生寄厚望尽快将这个新兴学科建设发展起来。他要求数学与系统工程两大专业的教师相互学习、取长补短，将理工密切结合在一起，充分发挥学科交叉的优势，搞系统工程的认真学习、掌握、研究和运用好数学方法，搞数学的注重贴近系统工程实际。

钱先生当时根据国防科技尖端技术发展需求，先从飞行器系统工程与信息系统工程入手创建专业。他亲自选定了国际上最新出版的这两个专业领域权威理论专著，要求全系教师结合中国实际进行认真研读。并规定全系两大专业每周举行一次学科交叉学术研讨会，围绕系统工程基础理论支撑、专业发展内涵与方向、教育教学、科学研究、教材编写、实践创新等主要问题展开学术研讨交流。要求每次学术研讨预先安排一名教师重点准备做中心发言，然后大家一起围绕主题开展热烈讨论争论，畅所欲言。最后由主持人小结 15 分钟。坚持每周一次，周周如此。直到搞清楚这些主要问题再组织力量编写教材，撰写教学提纲，制定人才培养方案和教学计划。

钱先生指出，系统工程是一门实践性很强的专业，他一再强调：“系统工程学科建设不能坐而论道，必须走出去，到实践中去，边实践，边探索，边提高。”钱先生要求教师们要主动与航天部以及军队有关部门和单位加强密切联系，相互派人定期进行学术交流，共同立项开展科学研究。

任何新事物起步往往都是艰难的。系统工程学科开拓者们当时按照钱先生要求，成立了若干课题小组，兴致勃勃地走了出去。首先来到了主要对口单位—当时的航天部一院，大家寄希望于和一院合作开展课题研究，为系统工程发展闯出一条新路。可是，当时一院正在忙着一项大的工程任务，无暇顾及他们，课题组在这里一待就是好几天，什么课题也没有争取到，无奈空手而归。

1978 年 11 月，课题组的周曼殊教授在北京参加全国系统工程学会的年会。周教授在这次会上宣读了题为“现代化、大系统、系统工程与系统科学”的论文，引起了与会者的强烈反响。由于这篇论文也谈到了运用系统工程开发农业问题，与会的中国科学院农业现代化研究中心总工程师杨挺秀专门找到周曼殊，杨总工程师说：“听了您的学术报告，使我们很受启发，看来运用系统工程方法研究开发农业现代化问题很有必要。”杨挺秀代表中科院农业现代化研究中心，邀请周曼殊到他们正在试点的湖南桃源县和黑龙江海伦县办班授课，培训农业系统工程人才。

真是“有心栽花花不开，无心插柳柳成荫”，这使课题组的老师们既看到了希望，又有些担心。希望是系统工程又有了用武之地，担心是他们这所国防和军队的大学去农村做项目似乎有点不务正业。当时，周曼殊领着大家重温钱先生关于建设系统工程学科的一系列谈话与指示，认为系统工程在其他领域的应用还是一条从来没有人走过的路，又怎么知道哪条路走得对，哪条路走得不对呢？钱先生不是要求老师们大胆地闯吗？那就试试吧。

周曼殊请示了系领导汪浩后，率领课题组立刻去了中科院试点的桃源县，先后在桃源县和海伦县办了三期培训班，结合农业农村种植生产规划以及气候、种子、施肥等实际讲授系统工程理论与应用方法，培训了1000多名农业系统工程人才。参加培训的都是农业技术人员，他们具有比较丰富的农村农业方面的实际工作经验，学习掌握了系统工程理论和方法后，如虎添翼。将过去孤立地依靠单项农业技术进步，转变为以系统工程方法进行综合开发，有力推动了农村经济协调有效的发展，产生较好的经济效益。桃源和海伦的做法很快引起了全国很多市、县的高度关注。

钱先生了解到这件事后，非常高兴，先后八次给周曼殊等人写信给予指导、支持和鼓励。钱学森在信中指出："系统工程运用到农业上，就叫农业系统工程；运用到社会，就叫社会系统工程；运用到军队，就叫军事系统工程。系统工程在农业农村中的应用是大有前途的，一旦群众看到实际效果，一定会爆发极大的积极性。"

在钱先生的鼓励和支持下，系统工程的开拓者们先后到全国其他二十多个省、市、县继续办班培训农业系统工程人才。系统工程一度在农村这个广阔天地火了起来，周曼殊等课题组成员被中科院授予"农业系统工程的开拓者"。

运用系统工程理论与方法为地方编制社会经济发展规划。1983年，时任全国系统工程学会副理事长汪浩教授率领课题组，应邀到革命老区浏阳县编制社会经济发展规划。他与课题组先后在浏阳翻山越岭调研长达半年多，足迹踏遍浏阳的山山水水，他们目睹美丽的浏阳，山清水秀，自然资源丰富，花炮、夏布等传统产业长盛不衰。汪教授等课题组成员经过调查研究，收集了海量数据。他们运用系统工程理论和方法以及信息技术、计算机技术，从定性到定量，再从定量到定性，综合分析和研究浏阳方方面面的情况，既注意深化传统产业的开发，更注重全县社会经济的综合集成、整体优化、全面发展，然后建立起数学模型上计算机仿真，比较科学客观地制定了浏阳经济社会十年发展规划。规划实施三年，浏阳的经济发展迈出了三大步，社会和谐稳定，人民更加安居乐业。这个规划为全国区域规划提供了新的样板模式，在全国许多省、市、县进行了推广。这一重大成果在中国软科学领域第一次获得国家科技进步二等奖。

系统工程的开拓者们勇于向各行各业各个领域进行开拓创新。他们长年累月坚持与多家国防科技工业信息部门合作开展众多项目的科学研究，在军队高层率领机关联合开展综合信息化作战训练咨询研究，在各军兵种和武警部队联合开展综合性联合演习训练和作战防卫训练系统研究，在军队各级指挥机关联合开展指挥自动化系统研究，在军地各级领导机构联合开展现代化科学管理系统研究，在国家和军队高级干部人事管理机关联合开展各级各类干部人事科学配备与管理系统研究，在军队后勤保障部门、装备采购管理部门、财务收支管理部门联合开展物资、装备、财务科学供需管理系统研究，在国家和军队各级机关联合开发办公自动化系统，在各类企业联合开展现代管理与经营信息系统研究等。他们的足迹踏遍祖国大江南北，各行各业各个领域。他们还坚持先后二十多年用系统工程理论与方法为驻地湖南省每年为期四个月培训县处以上领导干部，共培训2000多人，受到中组部表扬。

系统工程的开拓者们一路披荆斩棘，取得230多项国家和军队以及省部级系统工程理论和应用研究成果。他们注意将教学与研究密切结合，随时将研究成果充实到教材和讲义中，不断提高人才培养质量。四十多年来，他们始终牢记钱先生当年的教诲，开拓出了一片系统工程学科的新天地，培养出了一批各个行业优秀教学科研人才和管理人才；出版有关教材与专著200多部，在国际和国内的顶级刊物发表高水平论文230篇，SCI检索论文846篇；创建了国家级国防信息系统重点实验室；学科内涵已经由当年的飞行器系统工程和信息系统工程两个本科专业，发展为指挥信息系统工程等六个获国家评估的一流本科专业，以及大数据工程、作战运筹与规划工程、装备采购管理工程等多个交叉融合的本科专业方向。整个学科拓展为管理科学与工程一级学科。在国家第四次“双一流”学科评估中，管理科学与工程、系统科学两个一级学科都被评为A^+学科（世界一流学科）。[①]

附录：钱学森给朱光亚的信

朱主任：

这是向您报告我近来对培养科技帅才的想法：

（一）回顾一百多年来科技高等教育的历史，在19世纪下半叶开始了正式工程师教育体制，即培育有科学基础的工程师，大学四年是头两年学数理化，后两年学工程技术，典型的是美国MIT的学制。这是理工分院设专业的。直到20世纪30年代这套学制是公认的，也很成功。

但到了30年代以后，由于科学技术的迅速发展，新技术需要更高的基础科学知识，进行新技术开发的科技人员要有自然科学和工程技术两方面的工作能力。由此出现了美国CIT的学制，理工结合，重点培养博士生。现在这个体制也已在全世界推广，在我国也纷纷设置“理工大学”。

（二）国防科学技术大学在改革学制时也有创新，即不设学院，按现

① 根据国防科技大学系统工程学院提供的资料以及汪浩教授、周曼殊教授、谭跃进教授、张维民教授的回忆综合整理。

代科学技术体系三个层次的中间层次技术科学（居于基础科学与工程技术之间）设系：一系为力学，二系为技术物理，三系为控制论，四系为电子学，五系为应用化学，六系为计算机科学，七系为系统工程科学，八系为制造工艺科学，现在又加了一个九系，专门用于各基地科技人员的再教育及深造。

汪浩在任国防科技大政委时，曾提出把政治课归入十系，即社会科学系，但未实现。

（三）为了迎接21世纪社会主义中国建设的需要，我想有必要考虑在MIT的时代及CIT的时代之后，再创始一个高等教育的新时代：培养科学技术帅才的时代，不但理工要接合，要理工加社会科学。

（四）具体怎么办？我认为可以先在国防科技大学进行博士生试点。因为：①国防科技大学现有教学体制比较先进，这是前几年国家教委黄辛白同志在视察该校时肯定了的。②国防科工委对科技帅才的需要体会最深，见聂帅接见新华社记者郭殿成的讲话（《人民日报》1991年6月14日）。

为了组织这个博士生试点，似应考虑以下几项工作：①成立原来汪浩同志建议的十系。该系与学校的政治部可以有明确的分工。②成立博士生试点筹备组。这个筹备组可以吸收一些在搞从定性到定量综合集成技术的专家参加。③在报刊上组织一些宣传国防科学技术大学的报道和文章。

以上当否？请指示。

钱学森

1991.6.18

第四章

钱学森大成智慧学教育观

国防科技大学召开教学代表会议，张衍做大会总结报告。

钱先生的大成智慧教育学是 1993 年 10 月 7 日，给中国人民大学钱学敏教授写信正式提出的。（参见本章附录 1：钱学森给钱学敏的信）

钱先生所说的“大成智慧教育学”就是培养 18 岁的大成智慧学硕士，这样的硕士必须具备：（1）熟悉科学技术体系，熟悉马克思主义哲学；（2）理、工、文、艺结合，有智慧；（3）熟悉信息网络，善于用电子计算机处理知识。

这“三个熟悉”“一个结合”，从文字上看似简单，实则博大精深。这是钱先生系统科学已经深入复杂系统科学研究阶段，系统科学与思维科学以及信息技术交叉发展，长期艰辛探索的丰硕成果，是钱先生创立大成智慧工程上升为大成智慧教育学这一理论最重要的实践形式，是高瞻远瞩的划时代的教育理念。

钱先生的大成智慧教育学，虽然是在他离开改建国防科技大学 12 年之后提出来的，但是当年钱先生就已经在结合办学育人实践进行艰辛的探索。根据协助钱先生改建学校的陈启智、汪浩以及田禾等多位专家教授回忆，钱先生多次与他们探讨培养高质量、高水平国防尖端科技人才，即科技创新拔尖人才时，讲得最多的话题常常是：怎样让学生更好地获取比较系统且带有层次结构性的知识体系，怎么培养学生的创造性思维，让所学的知识转化为智慧，提高分析问题和解决问题的能力，怎样让学生掌握获取知识的最佳方法与规律等。

一、艰辛探索获取知识和智慧的最佳方法与规律

协助钱先生改建学校的时任训练部长、后任校长的陈启智教授跟随钱先生时间比较长，对钱先生比较熟，现在已经是96岁的老人了。笔者先后六次走访陈教授，每次都有新的收获。

第一次走访陈教授，时年90岁高龄的陈教授提起钱先生，肃然起敬。陈教授从客厅走进他的书房，从书架上取出一本已经发黄的当年他念大学航空工程专业的英文教材。陈教授翻开其中的一页，指着“Karman–Tsien”（“卡门—钱”）公式对笔者说：“新中国建立前，我在大学念书时，就学习过钱先生创立的这个著名公式。那时，我和我的同学们都非常敬仰钱先生。钱先生比我年长十几岁，无论从哪个方面讲，他都是我最尊敬的老师。”

陈教授说，钱先生比较痛恨美国政治上那一套极端虚伪的做法，但是他对美国教育还是很欣赏的。钱先生多次讲他的母校加州理工学院怎样培养学生的创造性思维。钱先生指出，虽然理工结合是理工高等教育的普遍规律，但是真正实现理工密切结合是比较困难的，就是当年的麻省理工带头在全世界最早实行理工结合，也没有很好地解决这个问题。倒是加州理工学院做得比较好，加州理工营造了极其浓郁的跨学科、跨领域、跨层次交叉发展的学术氛围，真正实现了理工密切结合，所以培养了一大批具有很强的创新思维和创新能力的人才。钱先生说，这次改建你们学校，将基础与专业基础和专业编制在一个系，也是尝试将理工结合得更加密切一些。钱先生指出，所谓理工结合，就是要将理工知识进行综合，融会贯通“化合”，这样才可能培养学生的创造性思维，让知识转化为智慧和能力，而不只是将理工堆积起来“混合”。现在许多理工学校恐怕就是将理工知识堆积起来“混合”的做法。

钱先生说，他是积极主张学生多学知识，跨学科、跨领域、跨层次地学习，但是人类的知识浩如烟海，必须有一个科学的体系结构，这样学习和掌握起来就方便多了。这说明钱先生早在学校办学育人的实践中就已经在思考这个问题了。

汪浩教授回忆，钱先生几次与他们探讨构筑现代科学技术体系和人类知识体系的问题。汪浩说，一般都是钱先生讲，汪浩他们像学生一样认真听。钱先生认为，人类知识浩如烟海，怎么样去集大成得智慧，必须有一个结构严谨、科学严密的知识体系。这是集大成得智慧的科学基础和知识基础。

1981 年 4 月 13 日下午，钱先生专门给全校 2000 多名校系领导和教学科研人员做了一次学术报告。钱先生指出："现代科学技术体系的结构最上面是马克思主义哲学，因为它是一切科学的最高概括，下面是自然科学等。但是这个结构体系不是一成不变的。19 世纪以前，只有天、地、生、数、理、化等自然科学才算科学，别的都算不上是科学。至今还有一些人是这样认为的。到 19 世纪下半叶，马克思、恩格斯把社会主义从空想变成了科学，创立了真正科学的社会科学。由于自然科学的应用，工程技术也加入科学中来了。

"到 20 世纪初，由于航空科学技术的发展，又出现了应用力学，它既不同于工程技术，又不同于自然科学，而是属于技术科学。在不久的将来，科学技术可能有以下几个方面的变化：一个是在社会科学中应用数学的方法。马克思在《资本论》中是应用了数学方法的。20 世纪以来，数学在社会科学中的应用就更普遍了。新中国成立三十多年来对这个问题注意得不够。事实说明，不用数学方法解决社会问题是要吃亏的。比如在经济工作中不用数学方法就说不准，只好'拍脑瓜'，过了头就'左'了，差一点就'右'了。搞经济工作不进行计算，好比放卫星不算卫星轨道一样，一按电钮就不知要飞到哪里去。我认为数学要从自然科学中独立出来，成为数学科学。国外也已经出现这个问题了，哈佛大学一个社会学教授用数学方法证明资本主义国家的选举制可能把资本家不需要的人选上去，因此出了名。这说明美国搞社会科学的人，对数学也很精通。

“科学技术上可能发生的第二个变化（特别是在我们国家），就是用社会工程和社会技术来建设国家，就是社会主义建设计划要用工程技术的严格计算方法来搞，所以我们将它起个名字：‘社会主义建设的技术’或称‘社会技术’。按照客观规律改造社会，使之符合广大人民的利益。这个变化已经引起党和国家领导的重视。科学技术上可能发生的第三个变化，是在马克思主义哲学和自然科学之间，可能出现一架桥梁，就是自然辩证法；在马克思主义哲学和社会科学之间，可能出现一架桥梁，就是历史唯物主义……科学技术上可能发生的第四个变化，是将要出现三个新的科学部门——系统科学、思维科学和人体科学。”

钱先生认为：“系统科学不同于系统工程。系统工程是用工程技术来设计各种大的系统，是设计大系统的一种特殊方法，如设计导弹、卫星需要有总体设计专业，但是这个大系统的设计，光靠系统工程还不够，还要有别的系统工程专业，如信息系统工程专业等；而且还有经济管理、企业管理等另一种类型的系统工程，它们的基础理论有运筹学、控制论、信息论等。我们说的系统科学是指联系以上各专业、各学科的系统工程的共同的更基础的学科。这个更基础的学科叫系统学，大系统的理论，处理更复杂的大系统的问题。”

钱先生同时指出：“人到底有多少种思维形式？以前人好像只有逻辑思维——规规矩矩的思维，于是建立了逻辑学，包括形式逻辑和辩证逻辑，也有一支发展为数理逻辑。”“人是否还有别的思维？比如形象思维——艺术家的思维方法，当然科学工作者也运用形象思维。虽然在实际生活中经常用到，但我们对形象思维的研究很不够，还没有掌握它的规律，比如人是怎样认字的？还搞不清楚。前一段搞邮政编码，结果弄得一家方便万家难，实际上一家也不方便，因为邮政编码机认字的能力很低，即使书写得很工整的号码，最多也只能认识60%，还要人去帮助。这说明我们对形象思维不理解到了何种程度。外国人研究模式识别工作也还没有找到门道，所以形象思维到底是怎么回事，我们并不清楚。”

钱先生提出：“是否还有别的思维形式？灵感究竟是什么？说灵感是‘神灵的启示’，当然是胡说八道。为什么刚生下来的娃娃不能有灵感，只有经过艰苦的实践和积极思维之后才能产生灵感？不仅文艺创作中有灵感，搞科学研究、发明创造也有灵感。究竟灵感是怎样得到的？应该说它也是有规律的。如果把产生灵感的规律找到，人的创造才能就会大大发展，意义极大。研究思维科学，对语言、密码、图像识别大有好处。

“人体科学，就是人研究自己的科学。人体科学以前就有，应用部门有各种医学、生理学、解剖学、体育学、卫生学、防疫学，技术学科则有临床学。但是人对自己身体的研究是很不够的。一个长期从事医学工作的同志对我说：‘我们这些医生对人并不了解，差远了！’”

这就是钱先生当年在改建学校时对构筑现代科学和知识体系的艰辛探索。① 不久，钱先生完成改建学校任务回到北京，但是他与学校的多位专家教授仍然在持续探讨这个科学和知识体系结构。

1984年9月24日，也就是钱先生完成改建学校工作回到北京的两年多后，他给田禾教授寄来一篇题为“马克思列宁主义教学怎样面向现代化，面向世界，面向未来”的约2500多字的文章，首次提出一个核心、八个部门、八架桥梁的现代科学技术体系结构。（参见本章附录2：钱学

① 根据国防科技大学档案馆资料和汪浩教授的回忆整理。

森给田禾的信）

钱先生明确指出："什么是现代科学技术的体系？简单地说就是：现代科学技术要分成八个大部门，他们是自然科学、社会科学、数学科学、系统科学、思维科学、人体科学、军事科学和文学艺术的理论科学。这就把以前常说的自然科学和社会科学两个大部门扩展到八个！这八个部门之分并不在于科学研究对象之不同，而在于研究或看问题的角度不同；对象只有一个，即整个客观世界。

"从每一个现代科学技术的大部门到马克思主义的核心辩证唯物主义，都有一架桥梁。从自然科学到辩证唯物主义的桥梁是自然辩证法；社会科学引出的桥梁是历史唯物主义；数学科学的桥梁是数学哲学；系统科学的桥梁是系统论（有别于一般系统论，也有别于三论）；思维科学的桥梁是认识论；人体科学的桥梁是人天观；军事科学的桥梁是军事哲学；文学艺术的理论科学到辩证唯物主义的桥梁是美学；八架桥梁和一个核心又组成马克思主义哲学的体系。这样有结构、分层次了。"

钱先生晚年并没有就此停止对这个体系结构的继续探索，后来他又增加了行为科学、地理科学、建筑科学至十一大科学技术部门，增加社会论、地理哲学、建筑哲学至十一架桥梁，又从横向进一步明确了基础科学、技术科学、工程技术三个层次。钱先生认为，这个现代科学技术体系结构，只是根据现代科学技术发展到目前水平所做的划分。随着科学技术发展，还会产生新的科学技术部门。

这种科学分类法突破了18世纪卡尔·冯林奈按动物、植物、矿物等的构造或外部特征的人为分类法；扩展了19世纪恩格斯按照物质运动形式区分自然科学各门类的方法；深化了毛泽东关于矛盾特殊性是科学研究领域划分依据的思想。这个科学体系的最大特点是讲清了马克思主义哲学与现代科学技术之间的关系：所有科学技术研究都要接受马克思主义哲学从原则到具体的指导，同时，所有科学技术研究的新成果最终都会深化和发展马克思主义哲学。

这种科学分类法，从各个学科的横向结构上拆除了以往各门科学技术之间隔行如隔山，那种仿佛永远不可逾越的鸿沟，显示出各门科学之间原本就相互联系、相互贯通、相互促进、统一而又不可分割的动态网络关系。为广开知识之源，进行大跨度的创新思维，敞开了绿色通道。

每个科学技术部门都包含着认识世界和改造世界的知识。自然科学经过几百年的发展已经形成三个层次的知识结构，这就是直接用来改造世界的工程技术；为工程技术直接提供理论方法的是技术科学；再就是揭示客观世界规律的基础理论，即基础科学。

钱先生认为，现代科学技术体系所包含的知识只是人类知识的一部分，还有一部分可以称为前科学的感性知识、经验知识，比现代科学技术所包含的科学知识丰富得多。不过目前还不能成为科学，它们中的部分，经过研究提炼可以上升为科学知识，进入现代科学技术体系之中，发展和深化科学技术本身。所以人类不断的社会实践又会继续积累新的经验知识、感性知识，进一步丰富前科学。人类社会实践是永恒的，这个变化过程也就永远不会完结。

辩证唯物主义是人类对客观世界认识的最高概括，反映了客观世界的普遍规律。它不仅是知识，更是智慧。辩证唯物主义对科学技术的高度概括，它通过十一座哲学桥梁与十一个科学技术部门密切相关，既可以指导科学技术研究，又随着科学技术进步而不断丰富和发展哲学自身。这就把哲学和科学统一了起来，也把理论和实践统一了起来。从前科学到科学（即现代科学技术体系），再到哲学，这样三个层次的知识结构，就构成了人类的整个知识体系。这就是钱先生结合办学育人实践艰辛探索出的科学严密、结构严谨的知识体系，是集大成得智慧，培养创新拔尖人才的重要科学基础和知识基础。

1989 年，钱先生在参加《教育研究》杂志组织的教育笔谈时特别指出：教育是传授知识的，所以首先要搞清楚什么是知识和知识的体系。钱先生认为，人类知识有个科学技术体系，即自然科学、社会科学、数学科学、系统科学、思维科学、人体科学、地理科学、军事科学、行为科学、建筑科学和文艺理论等十一大科学技术部门，分为基础科学、技术科学和工程技术三个层次，以及自然辩证法、历史唯物主义、数学哲学、系统论、认识论、人天观、地理哲学、军事哲学、社会论、建筑哲学和美学等十一座哲学桥梁，都通向辩证唯物主义这个马克思主义哲学的现代科学技术体系。这是系统化的知识，在这个体系外还有许多不能拉入体系的片断、点滴知识。而且这个体系是开放、动态、发展的，随着人类社会实践活动的不断更新、充实，最终还会有结构性的变化。所以，这就给高等学校按老规矩设系和院提出了难题，将来会有上千个或几千个学科专业。这就需要更新教育观念，改革过去那种以还原论为指导、按学科划分院系、采取应试教育为主的办学体制和模式，而应当将还原论和系统论辩证地结合起来，采取一种新的办学育人模式。①

二、钱学森非常注重“集大成”的中华传统文化

学校政治教研室负责人田禾教授与钱先生联系比较多。田教授回忆，钱先生先后几次给他讲述“集大成”的中华传统文化。钱先生说：“我对智慧的领悟，与词典对智慧的注解有些不同。《现代汉语词典》解释智慧：是辨析判断、发明创造的能力。可是我认为，智慧不只是词典解释的这些，智慧是在人们获取经验、信息、知识、技能、智能之后，精通哲学、

① 根据国防科技大学档案馆资料和陈启智教授、汪浩教授、田禾教授的回忆以及他们提供的资料整理；参考于景元教授 2019 年在北京大学的授课讲义《钱学森系统科学思想的形成与发展》。

善用哲学集大成之后产生的，智慧与那些技能、智能、聪慧是不在一个层次上的。而真正有智慧的人才是具有创造性思维和创新能力的人，我们就是需要培养这样的人。”

钱先生认为，智慧的生成，在我们中国传统文化中早就有“集大成”得智慧的传统。钱先生指出：春秋时期，伟大的哲学家、思想家、教育家、智慧先师孔子，就是“祖述尧舜，宪章文武”，几乎综合总结了春秋战国以前的所有学说，成为儒家文化集大成者，孔子的智慧就是集中国上古知识之大成得来的。本来儒家在当时几大家之中地位并不算高，经过孔子集大成之后，成为中国几千年来的主流文化，完全可以说孔子是集大成的智慧之神，是具有大智慧、大仁心的圣人。

钱先生指出，凡是有大智慧的人，常常表现出大智若愚。这句话是出自春秋时期伟大哲学家、同样是智慧之神的老子。老子所著5000多字的《道德经》，高度综合概括了宇宙和人生哲理，字字闪耀智慧光芒，流传千古。《道德经》说：“天下皆谓我道大，似不肖。夫唯大，故似不肖。若肖，久矣其细也夫！”（六十七章）老子告诫世人，一般人关注自身与眼前的事，而大智者关注思考的是大事、大德、大情、大理，表面上看起来傻乎乎的，实际上是大智慧。

田禾教授回忆钱先生在他招待所的住处给他讲过一些典故。钱先生说，中国有文字记载和民间流传的数不胜数的成语典故，很多都是集大成出智慧的结晶。公元前614年，年轻的楚庄王继位，当时国家一片混乱，他先是将朝政交给宰相管理三年，楚国大臣们都不知道这个新国王这三年到底在干什么。实际上整整三年他都在韬光养晦，他联系楚国当时的国情，广泛学习深入研究历朝历代治吏经验和知识，集大成得智慧，把楚国的乱象摸得清清楚楚，然后制定了一整套治理楚国的策略。三年之后，使濒临灭亡的楚国兴旺发达起来。所以后人传说，楚庄王“三年不鸣，一鸣惊人”。

钱先生说，中国历史上有很多以智取胜的典故，最典型的是刘邦。短命的大秦帝国被推翻，参与反秦的项羽、刘邦都有独霸天下的野心。当时刘邦的势力比项羽小得多，其实刘邦也是个粗人，但他有个最大的优点，非常善于广泛听取文官武将的各种建议良策，然后综合分析，这就是集大成出智慧。当时刘邦接受了张良的计谋，在暂时领兵西上，开往郑南时，把一路走过的几百里栈道全部烧毁，迷惑项羽，使项羽相信刘邦再也不会回关中与他争夺天下。后来，刘邦又以韩信的计谋，派出几百名士兵修复栈道，装着要从栈道出击的样子，实际他统率主力部队，暗中抄小道袭击陈仓，进而夺取了三秦的关中地区，建立了兴汉灭楚的根据地。这就是历史上著名的“明修栈道，暗度陈仓”的典故。这是集大成出智慧的典型战例。

钱先生指出，东汉时期的科学家张衡，博学多才，不仅爱好科学，也爱好文学，花十年工夫创作了《西京赋》和《东京赋》；他擅长数学和天文学，他仔细观察研究，断定地球是圆的，月亮是借太阳的照射才反射出光来。这在近 2000 年前提出这样的科学见解，实在令人钦佩。他制造的浑天仪，刻上日月辰星等天文现象，借助水力转动仪器，使各种天文观象在仪器上看得明明白白。他发明的测报地震的地动仪，在 134 年 12 月的一天，地动仪正对着西方的龙嘴突然张开，吐出铜球，发出响亮的声音，预报将会发生地震。可在当时的皇城洛阳无人相信，甚至认为这是骗局。可是过了几天，在离洛阳千里外的陇西、金城一带真的发生了大地震。这时，人们才真正信服张衡。

南北朝时期的大发明家祖冲之，也是博学多才的集大成者。祖冲之特别爱好数学和天文历法的研究，他常年观测太阳和星球的运行情况，创制了《大明历》，测定每一个回归年（也就是两年冬至点之间的时间）的天数，跟现代科学测定的相差只有50秒，测定月亮环行一周的天数，跟现代科学测定的相差只有1秒。他对古代数学《九章之术》重新做了注释，又编写了一本《缀术》，他经过长年研究的圆周率，在3.1415926和3.1415927之间，成为世界上最早把圆周率数值推算7位数字以上的科学家。

钱先生特别指出，在近代史上，毛主席是中华文化集大成者，也是中国历史上少有的智慧大师。钱先生说，毛主席大智大勇大谋来自他一生博览群书，深谙中华文化的精髓。他当年指挥战争，运筹帷幄，总是料事如神、战无不胜，创造了许多世界军事史上的奇迹。钱先生认为，从集大成的观点看，毛主席的智慧主要来自实践，来自博览群书，来自中国古代哲学精华，更是来自马克思辩证唯物主义哲学的指导。毛主席的《矛盾论》《实践论》《人的正确思想是从哪里来的》等著作是充满智慧的强大思想武器。钱先生称赞周恩来总理是非常善于处理国内外错综复杂矛盾、具有集大成高超智慧的政治家。田禾教授认为，这是钱先生借古喻今，教育我们多多学习，集大成得智慧。

其实钱先生就是一位中西先进文化集大成者。钱先生早年在祖国系统接受了幼教、小学、中学、大学教育，随后又到美国接受了整整20年的西方文化教育。回国后继续博览群书，特别是系统研读了马克思、恩格斯、列宁、毛泽东等人的许多经典著作，是一位学贯中西、博古通今，知识非常渊博的大学问家。

钱先生给我们讲这些“集大成”的中华传统文化，从而深刻领悟集大成得智慧的道理。①

---

① 根据田禾教授的回忆及其提供的资料整理；参考蔡东藩著：《中国历史演义》，江苏凤凰美术出版社，2017年版。

三、大成智慧学是系统科学、思维科学和信息技术交叉发展的成果

钱先生学术思想非常活跃，科学研究的思路非常广泛。他提出的大成智慧学，实际上是他在办学育人长期艰辛探索的基础上，继续进行系统科学、思维科学以及信息技术等交叉研究的成果。

首先，说说钱先生对系统学的深入探索。系统学是系统科学基础理论，对创建系统科学体系是非常重要的。钱先生在20世纪80年代，以“系统学讨论班”的方式开始了创建系统学的工作。

据长期跟随钱先生参与研讨的于景元教授回顾，从1986年到1992年的七年间，钱先生参加了讨论班的全部学术活动。钱先生根据系统结构的复杂性提出了系统新的分类，将系统分为简单系统、简单巨系统、复杂巨系统和特殊复杂巨系统。如生物体系统、人体系统、人脑系统、地理系统、社会系统、星系系统等都是复杂巨系统。其中社会系统是最复杂的系统，又称作特殊复杂巨系统。而这些系统与外部环境有物质、能量和信息的交换，所以又称作开放的复杂巨系统。

钱先生明确界定系统学是研究系统结构与功能一般规律的科学。钱先生经过长达七年的深入研究探索，已经形成了以简单系统、简单巨系统、复杂巨系统和特殊复杂巨系统（社会系统）为主线的系统学基本框架，构成了系统学的主要内容，奠定了系统学的科学基础，指明了系统学的研究方向。

那么，对于简单系统和简单巨系统都已有了相应的方法论和方法，也有了相应的理论并在继续发展之中，但对复杂巨系统，尤其是社会系统却不是过去已有方法论和方法所能处理的，需要创造新的方法论和方法。所以，关于复杂巨系统的理论研究，钱先生又将它称作复杂巨系统学。

从近代科学到现代科学的发展过程中，自然科学采用了从定性到定量

的研究方法，所以自然科学被称为“精密科学”。从方法论角度来看，还原论方法发挥了重要作用，特别是在自然科学领域取得了很大成功。还原论方法就是把所研究的对象分解成部分，以为部分研究清楚了，整体也就清楚了。如果部分还研究不清楚，再继续分解下去进行研究，直到弄清楚为止。按照这个方法论，物理学对物质结构的研究已经到了夸克层次，生物学对生命的研究也到了基因层次。毫无疑问，这是现代科学技术发展的巨大成就。

但是现实的情况却使我们看到，认识了基本粒子还不能解释大物质构造，知道了基因也回答不了生命是什么。这些事实使科学家们认识到还原论的局限性日益明显。因为还原论方法由整体往下分解，研究得越来越细，这是它的优势方面，但是由下往上就回不来，回答不了高层次和整体问题，这是它局限性的一面。所以仅靠还原论方法还不够，还要解决由下往上的问题，也就是复杂性研究中的所谓涌现问题。

同样的道理，还原论方法也处理不了系统整体性问题，特别是复杂系统和复杂巨系统（包括社会系统）的整体性问题。从系统角度来看，把系统分解为部分，单独研究一个部分，就把这个部分和其他部分的关联关系切断了。这样，就是把每个部分都研究清楚了，也回答不了系统整体性问题。

更早意识到这一点的科学家是彼塔朗菲，他是一位分子生物学家。当生物学研究已经发展到分子生物学时，用他的话来说，对生物在分子层次上了解得越多，对生物整体反而认识得越模糊。在这种情况下，于 20 世纪 40 年代他就提出了一般系统论，实际上是整体论方法，强调还是从生物体系统的整体上来研究问题。但限于当时的科学技术水平，支撑整体论方法的具体方法体系没有发展起来，还是从整体论整体、从定性到定性，论来论去解决不了问题。所以钱先生指出：“凡现在不能用还原论方法处理的，或不宜用还原论方法处理的问题，要用或宜用新的科学方法处理的问题，都是复杂性问题，复杂巨系统就是这类问题。”系统整体性，特别是复杂系统和复杂巨系统（包括社会系统）的整体性问题就是复杂性问题。所以对复杂性研究，国外科学家后来也“采用了一个‘复杂系统’的词，代表那些对组成部分的理解不能解释其全部性质的系统”。

所以钱先生明确提出系统论是整体论与还原论的辩证统一。根据这个思想，他又提出将还原论方法与整体论方法辩证统一起来，形成系统论方法。在应用系统论方法时，也要从系统整体出发将系统进行分解，在分解后研究的基础上，再综合集成到系统整体，实现系统的整体涌现，最终是从整体上研究和解决问题。

由此可见，钱先生提出的系统论方法吸收了还原论方法和整体论方法各自的长处，同时也弥补了各自的局限性，既超越了还原论方法，又发展了整体论方法。这是钱先生在科学方法论上具有里程碑意义的贡献，它不仅大大促进了系统科学的发展，同时也必将对自然科学、社会科学等其他科学技术部门产生深刻的影响。

其次，说说钱先生的思维科学。钱先生改建国防科技大学期间就敏锐地发现，即将来临的以信息知识和信息技术为核心的新一代产业革命与思维科学具有密切联系。于是，他在北京开始组织队伍对思维科学展开研究，构筑思维科学大厦，同时也将思维科学应用于办学育人。钱先生在国防科技大学办学育人期间，一直强调要将培养学生创造性思维贯穿教育教学全过程。

以信息技术为核心的新产业革命与思维科学究竟有什么关系呢？钱先生认为，信息的社会化，将信息、知识、智力的重要性提到了一个前所未有的高度，当然与思维科学有密切的关系。当时在国外已经提出“信息圈”这个词，就是说我们已经生活在一种知识、信息的气氛中，也就是在思维、知识的气氛中，这对于思维科学太重要了。

所谓信息，钱先生认为，实际上也是知识，就是人通过实践，认识到的规律性的东西，也就是人类已经创造的而且还在继续创造的精神财富。在信息社会，人类的知识要变成生产力，尤其是现代化的生产力，没有知识是不可能的。

所谓知识，钱先生认为有两大部分：一部分是已经进入现代科学体系的，另一部分是没有进入科学体系的人类实践经验。这都与思维科学有关，因为这些都是人类认识客观世界的结果，而思维科学就是要解决人是怎样认识客观世界的，有什么客观规律。因为客观世界是无穷无尽的，人认识客观世界也是无穷无尽的。人现在认识的客观规律，不管是已经进入科学体系的，还是没有进入科学体系的前科学，都只是客观世界很小的一部分，而且情况还在不断变化。一部分前科学，将来条理化了，纳入科学体系，并不等于前科学的内容少了，因为人类还在不断总结自己的实践经验。所有这些都联系到了思维科学。现在人类已经进入以信息知识和信息技术为核心的产业革命，我们一定要从迎接新一次产业革命的角度认识研究思维科学的极端重要性。

钱先生构筑的思维科学大厦有四大基柱：社会思维学，抽象（逻辑）思维学，形象（直感）思维学，灵感（顿悟）思维学。

所谓社会思维学，钱先生认为，人的思维是集体的，因为人们认识客观世界，不但靠实践，而且还要利用以往人类创造出来的精神财富。思维质量的好坏，一靠社会实践，二靠知识。知识是人类社会实践一个非常重要的补充，所以人的思维是集体的。钱先生同时认为，人本身是社会的动物，人的发展不能脱离社会对人的影响，所以在思维科学的基础科学中，要研究集体和集体创造出来的精神财富对一个人思维的作用。同时，个人生活在社会中，对社会的集体也有作用，所以要研究个人跟集体和集体创造的精神财富在思维方面的相互作用。

所谓抽象（逻辑）思维，钱先生认为，抽象思维，有人也称逻辑思维，实际上抽象思维包括逻辑思维但又比逻辑思维广泛，而逻辑思维比数理逻辑又更广泛。譬如说多值逻辑，数理逻辑碰到多值逻辑，结构就变了。所以要研究抽象思维与数理逻辑的关系。抽象思维中有辩证思维，即辩证逻辑。辩证思维如何进一步规律化，这是抽象思维学需要深入研究的。目前，逻辑思维的东西可以上电子计算机，代替人的部分劳动，代替人的抽象思维，即逻辑思维。即使是被吹得神乎其神的图灵机也不过如此，因为人的思维范围太大。

所谓形象（直感）思维学，这是钱先生特别关注的，而且是到目前为止还没有找到规律的一门学问。钱先生多年从事技术科学研究，他认为，技术科学是把基础科学应用到解决工程技术工作中，这里不完全是逻辑推导、演算，有形象思维在起作用。有很多丰富经验的工程师常常处理一些工程问题，处理得很好，但问他为什么要这样处理，他说不明白。有人提出，这叫“相似论”，探讨相似在科学思维中的作用和规律。但钱先生认为，这还是形象思维。这个形象思维好像跟抽象思维的路子不一样，抽象思维是一步步推下去，是线性的，或者有分叉，是枝杈型的，而形象思维常常连一点来龙去脉也搞不清楚。

所谓灵感（顿悟）思维学，钱先生认为，灵感是形象思维扩大到潜意识。如果逻辑思维是线性的，形象思维是二维的，灵感思维则是三维的。所谓灵感，就是我们的中枢神经系统接受外界的信息，有几种可能，有没有意识到的，有意识到的。灵感是人脑有那么一部分对于这些信息再加工，它们在潜意识里加工来加工去，与显意识沟通了，得到了结果，找到了答案。但整个过程我们并不知道。这就是所谓的灵感，灵感常常发生在睡觉或者干什么其他事情时，忽然来了，就是来去无踪。实际上这是形象思维的扩大，从显意识到潜意识。所以灵感思维与形象思维有密切的关系。

思维科学的应用科学，钱先生认为，有情报科技学，就是把情报上升到理论、系统的学问；有自然语言学，人的自然语言不光是逻辑推理的问题，也有形象思维。科学的语言学研究，有助于形象思维学研究。信息学，这已经很热门了，究竟什么叫信息？现在有多种说法，但钱先生认为，信息是由一个点（信源）、一个传播渠道和一个接受点组成的。一切信息的传递都是物质运动，只不过我们怎样来认识这个物质运动罢了。钱先生要求紧密结合当前现实，深入开展研究，使信息科学化、定量化。

关于思维科学的结构体系，直接改造客观世界的是工程技术类型的学科，如情报技术等。指导它的理论是技术科学性质的学科，如情报学、信息学、自然语言学、神经网络学等。再把它们概括起来，就成为这个门类的基础科学。而所有的科学，最后最高的概括是马克思哲学的核心辩证唯物主义。思维学上升到马克思主义哲学的桥梁是辩证唯物论的认识论。还要结合心理学、人体学、脑科学、认知学、文艺、美学、特异功能和人工智能学等，开展对思维科学的研究。

钱先生一直高度关注信息技术人工智能的发展，因为它与思维科学的发展具有密切的联系。四十多年前，钱先生就要求国防科技大学密切跟踪人工智能发展，积极开展人工智能研究。正当钱先生在深入开展思维科学研究时，人工智能在世界范围内开始从“寒冬”往“初夏”发展，出现了给人治病的专家系统。

日本研制所谓第五代智能计算机，开发国家信息处理系统，让计算机识别图像，开发知识信息处理系统，让机器把知识库里的东西都利用起来，再加上专家系统，最后将这些系统结合在一起，与逻辑计算机联起来组成一个体系，引起了钱先生极大关注。钱先生当时认为，这个体系做出来，就不叫计算机了，因为计算机充其量只能把上升到科学的那部分知识利用起来，而对于没有进入科学的前科学那部分东西是没有办法处理的。为什么呢？因为那不是逻辑推理问题，而是形象（直感）思维问题。

图像处理系统中有前科学的经验成分，专家系统更是这样，有专家的经验。这些都属于形象思维范畴。现在把这些科学和前科学的东西都纳入一个系统，把人的知识都利用了起来。让这个系统处理的问题，就远远超出了科学的范围。钱先生说，这可以称为智能机了（实际上就是现在所谓的智能机器人）。钱先生也从这里看到了思维科学，特别是形象思维发展的曙光。

当时钱先生进一步设想，当今人类的精神财富量是巨大的，我们面临的困难是不能很好地利用它。一个人活到老学到老，所掌握的知识比起人类千百年积累起来的知识，只不过是沧海一粟。有了人工智能，智能机，我们就可以从繁重的脑力劳动中解放出来了，查阅资料用不着费脑子死记了。进一步发展，所有的情报资料，包括图书文献档案、文物档案、文学、绘画、音乐、录音、录像、造型美术等，通过全息摄影，所设计创造的知识体系可以包括人类千百年所创造的，而且还在继续创造的精神财富，利用人工智能、智能机供我们调用和享受。这不仅可以使我们从旧的劳动中解放出来，而且还会给我们带来一个从来没有过的高度科学化的崭新世界。这是翻天覆地的变化。

那么人的脑子从繁重的脑力劳动解放出来后，可以从事更多更高级的创造性脑力劳动，将智慧集中到整理人类的知识，全面考察，融会贯通，使人变得更加聪明，人类进步将进一步加快。钱先生认为，所有这些问题都涉及思维科学，特别是形象思维，还有灵感思维。钱先生寄希望于利用人工智能机加速思维科学研究，也通过加大思维科学研究，推动人工智能进一步发展。[1]

这是些都是钱先生三十多年前的设想，如今，人工智能已经在全世界方兴未艾。“阿尔法围棋”战胜了李世石和柯洁两位围棋高手，在机器人模仿人类智能方面取得了很大进展。人工智能、机器人在图像识别、物体识别、生物识别、人脸识别、语音识别等方面完全可以代替人的部分智力。在企业，智能机检测电子产品，手眼协调，人机语言交互流畅。在数据量应用比较大的领域，如信息、安防、金融、医疗、科研等行业，以大数据驱动的人工智能，其准确率大大超过了人，甚至可以引导和预测人和社会的需求。人工智能、智能机器人在一些高危行业的应用，可以帮助解决人工难以解决的一些问题等。

有的专家预测，当今科学技术的发展已经从认识客观世界、改造客观世界拓展到认识人类自身、认识人脑认知的新阶段，从发明动力工具拓展发明智能工具的新阶段。智能科学与技术，对于经济繁荣、国家安全、人体健康、生态环境和生活质量，对于整个人类发展起到了加速器的作用。还有的专家甚至认为，人类社会已经开始从信息社会向智能社会过渡。人工智能给人类带来的影响，将永远超过计算机和互联网在过去几十年间已经对世界造成的改变。人工智能、智能机器人将重构人类生活、生产、学习和思维方式。所有这些都大大推动了思维科学的发展，尤其是开拓出了形象思维科学的一片新天地。

但是，尽管如此，麦肯锡全球研究院的专家们认为，人工智能与智能机经过六十多年发展，虽然取得了巨大进展，但仍然有许多需要解决的难题。到目前为止，大多数进展都发生在所谓狭义的人工智能领域，即开发机器学习技术来解决特定问题。而更难的问题则被称为“通用智能”，就

① 参考《钱学森讲谈录》，九州出版社，2009年版。

是像人类一样能解决一般问题的人工智能，现在距离这样的“通用智能”的实现需要几十年甚至更长的时间。这就需要继续在思维科学，尤其在形象思维研究方面有新的更大的突破。同时要在脑科学与生物学、神经网络、数学与认知、量子计算与密码、心理学等领域有新的突破。

四、大成智慧学的形成

大成智慧学是钱先生在长期艰辛探索的基础上，尤其是从 20 世纪 80 年代末到 90 年代初开展复杂系统科学研究，提出系统论是还原论与整体论的辩证统一，创建了系统方法论。在此基础上，钱先生结合思维科学研究和现代信息技术的发展，又先后提出“从定性到定量综合集成方法”（Metasynthesis）及其他的实践形式“从定性到定量综合集成研讨厅体系”（Hall for Work Shop of Metasynthetic Engineering）。钱先生提出的 Metasynthesis，不仅是处理开放的复杂巨系统的科学方法论，也是处理智能系统的科学方法论。

关于综合集成研讨厅体系，这是到目前为止，还有许多人也包装学术界的所谓专家学者并不是太了解的一个非常重要的学术概念和科学方法论体系。据跟随钱先生多年参与研究的中科院戴汝为院士回忆，当时钱先生提出综合集成研讨厅体系，有许多学者不知道综合集成研讨厅是什么意思。Metasynthetic Engineering，就是一直跟随钱先生从事科学研究的王寿云也不清楚是什么意思。

戴院士说，实际上它就是大成智慧工程。Work Shop 就是厅，钱先生之所以将其命名为从定性到定量综合集成研讨厅体系，可以说这是核心。因为对复杂系统和复杂巨系统（包括社会系统）的研究，由于其跨学科、跨领域、跨层次的特点，对所研究的问题能提出经验性假设，通常不是一个专家，甚至也不是一个领域的专家们所能提出来的，而是由不同领域、不同学科的专家构成的专家体系，依靠专家群体的知识和智慧，对所研究的复杂系统和复杂巨系统问题提出经验性假设。运用综合集成法将厅里有的各种专家系统、信息系统、人工智能系统，通过硬件把这三者结合起来，实现人机结合、以人为主的智能系统。所以钱先生把它称为“厅”，是当今信息时代各类专家集体研究和研讨学术的一个综合平台。

戴院士认为，这个“厅”太重要了。这就是通过大成智慧工程，把思维、知识、智慧以及各种情报、资料、信息系统通过计算机集成，达到质的飞越，集大成得智慧啊！大成智慧工程居思维科学的工程技术层次，为思维科学的技术科学层次和基础科学层次提供营养。这是钱先生在 1992 年提出来的，至今为止，国内能理解它的人还不多，倒是在国外，Metasynthesis 说得就比较多了。①

钱先生认为，系统科学仍然要走“精密科学”之路，这个路就是人机结合、以人为主的思维方式和研究方式。采用“机帮人、人帮机”的合作方式，机器能做的尽量由机器去完成，极大扩展人脑逻辑思维处理信息的能力。通过人机结合以人为主实现信息、知识和智慧的综合集成。

综合集成方法的运用是专家体系的合作以及专家体系与机器体系合作的研究方式与工作方式，通过定性综合集成到定性、定量相结合综合集成再到从定性到定量综合集成这样三个步骤来实现的。这个过程不是截然分开，而是循环往复、逐次渐进的。这套方法是处理复杂系统和复杂巨系统（包括社会系统）的有效方法，已有成功的案例证明了它的科学性和有效性。综合集成方法的理论基础就是思维科学，方法基础是系统科学与数学科学，技术基础是以计算机为主的现代信息技术和网络技术，哲学基础是辩证唯物主义的实践论和认识论。

① 参考 2004 年 4 月 12 日戴汝为院士访谈录《从工程控制论到大成智慧学》。

钱先生开创复杂巨系统的科学与技术，实际上是由综合集成思想、综合集成方法、综合集成理论、综合集成技术以及综合集成工程所构成的综合集成体系，也就是复杂巨系统科学体系，在哲学层次上就是大成智慧学。这就把系统科学体系大大向前发展了，发展到了复杂巨系统科学体系。①

钱先生在构建现代科学技术体系和人类认识世界和改造世界整个知识体系后，又在继续探索怎样由知识体系扩展到智慧体系，构筑起一个智慧大厦，即大成智慧学。钱先生晚年多次谈到大成智慧学时，有三个关键词：一是现代科学技术体系和人类认识世界与改造世界的知识体系。这是大成智慧学的科学基础和知识基础。钱先生所说的集大成，也是集现代科学技术体系和人类认识世界与改造世界的知识体系之大成。没有这个科学和知识基础，集大成、得智慧就是无源之水，无本之木。二是马克思主义辩证唯物主义哲学。钱先生创建的现代科学技术体系，实际上就已经构筑了十一架哲学桥梁到最高层次的马克思主义哲学这个智慧体系，因为马克思主义哲学不仅是知识，也是智慧的结晶。现代科学技术体系是科学与哲学的高度融合，使哲学完全建立在科学基础之上，它既不是机械唯物论，也不是唯心主义，而是科学的哲学，当然也是科学的智慧。这个体系还强调理论与实践的结合。理论指导实践，实践检验理论，实践出真知，既能丰富理论，还可以上升为智慧。这个体系也强调科学与前科学的结合。所谓前科学的经验知识通过提炼也能成为科学理论，上升为智慧。三是大成智慧工程。大成智慧学是在大成智慧工程的基础上升华的。大成智慧工程为集大成、得智慧找到了最好的方法、技术和实现途径。这个方法就是“从定性到定量综合集成方法”；这个技术就是人·机结合、人·网结合的

① 参考于景元教授 2019 年在北京大学的授课讲义《钱学森系统科学思想的形成与发展》。

信息技术、人工智能技术和灵境技术；这个实践形式就是“从定性到定量综合集成研讨厅体系，两者的应用集体为总体设计部。它的实质是把专家体系、知识体系、智能体系、人的思维、思维的成果，以及各种情报、资料和信息统统集成起来，从多方面的定性认识上升到定量认识，再提升为智慧。

钱老所强调这三个关键词也体现了钱老所构建的大成智慧学体系和构筑的大成智慧大厦。

五、开展大成智慧教育

以钱先生的大成智慧学办学育人，相对于以还原论方法为主培养专门人才的传统教育而言，是一种划时代的全新教育模式。它的核心教育理念是以钱先生系统科学思想和现代科学技术体系的综合学科结构，以综合集成方法论，以系统工程方式，以通识教育为主，全方位知识融合跨学科、跨领域、跨层次研学的新型教育模式。

这是一种全人格教育，全道德育人，全方位知识结构学习，全面能力培养，使学生德智体美劳全面发展，造就出全才、通才、复合型人才、创新型人才、杰出人才的全新的教育理念。开展大成智慧教育，笔者认为要注重这些问题：

第一，学习掌握钱先生综合集成思想、综合集成方法、综合集成理论、综合集成技术、综合集成工程所构成的综合集成体系，这是大成智慧学思想、理论、技术与方法的源头。真正掌握了这个体系，才能有效开展大成智慧教育，培养新世纪的大成智慧学人才。钱先生生前对此寄予厚望，他曾经说：“我们若是把这件事做成了，将会是震动世界的，在科学史上的意义将不亚于相对论和量子力学。”钱先生指出，一定要让大学生懂得系统科学，让学生上系统科学的课程，把系统科学的最新成果教给学生，让学生对客观世界有一个整体的认识，对于不同类别的系统，知道用哪一类方法论去面对。

同时，还要将学习钱先生的系统科学体系及其综合集成体系与学习思维科学和信息技术结合起来。大成智慧工程与大成智慧学是系统科学、思维科学、信息技术交叉发展的成果。随着现代科学技术的迅速发展，思维科学和信息技术也得到了快速发展，特别是超算技术、微电子技术、纳米技术、传感技术、神经网络技术、互联网、大数据、云计算、机器人等人工智能信息技术的深度发展，可能带来新一轮产业革命，一些以往很难做或者无法做的事，利用现代人工智能技术却轻而易举地完成了。譬如：卷积神经网络算法，借助成千上万台的 CPU + CPU 服务器架构的超计算能力，通过大量数据样本做混合的大规模深度学习训练，可确定人工神经网络模型中几十亿个参数，这样制作的智能芯片用于语音识别、人脸识别等获得显著成效，证明机器智能获取人类已有知识的速度，会远大于生物智能。这就对思维科学中形象思维有新的突破。我们必须学习和运用这些新技术新知识，不断发展和完善大成智慧教育。

第二，要真正做到“三个熟悉”“一个结合”的大成智慧学，尤其要学习了解和熟悉现代科学技术体系结构，这是集大成得智慧的科学基础和知识基础，也是组织大成智慧教育的科学基础、知识基础和技术基础。现代科学技术体系结构的最大优势在于打通学科知识之间的壁垒、深度融合、交叉发展，为全面学习成才打开一条绿色通道。在组织大成智慧教育时，一定要按照钱先生要求：“我想大成智慧学，既不只谈哲学，也不只谈科学，而是把哲学和科学技术统一结合起来。”现代科学技术体系是在马克思主义哲学从原则到具体的指导下构筑起来的结构严谨的科学技术体系，要掌握它的精髓，必须将哲学与科学、理论与实践紧密结合起来。

钱先生要求开展大成智慧教育，要将形成智慧的性智与量智辩证统一起来。钱先生很重视熊十力先生的“性智”和“量智”的概念，熊先生认为人的智慧有两个方面：其一，文化艺术方面的智慧叫“性智”；其二，科学技术方面的智慧叫“量智”。①

钱先生从智慧的形成进一步阐述了这个问题。钱先生指出，他所提出的现代科学技术从自然科学到建筑科学十大部门，都是由量智和性智建立起来的，但表现出来的则是量智。而文艺美学虽然也是性智与量智并用，但表现出来的则是性智。贯穿这个体系的马克思主义哲学则是智慧的源泉。②

钱先生认为，但是从大成智慧学的观点看，马克思主义哲学要深化发展，也需要吸收中国古代哲学的精华，这也是综合集成。钱先生说，毛主席的智慧主要来自这方面。所以钱先生指出：人的智慧单靠一个方面不行，必须靠量与质两个方面。因为量与质是辩证统一的，人们对事物的认识和理解，有从量到质的变化，质也影响量的变化。只有量智，有时会犯机械唯物论的错误，所以需要量智与性智的集成统一，也就是说，表现量智的十大科技部门和表现性智的文艺美学必须综合集成统一，这就是大成智慧学的威力。从这里我们可以看出，钱先生之所以一直强调要学好文艺美学和社会科学，是因为文艺美学和社会科学是形成“智慧”半壁江山的“性智”。③

钱先生要求大成智慧教育要专博相济，注重专、深、博、广的统一。钱先生认为，从现代科学技术发展来看，一方面已有学科不断分化，越分越细，新学科、新领域不断产生，呈现出高度分化的特点；另一方面不同学科、不同领域之间相互交叉、结合与融合，向综合性、整体化的方向

① 参考《钱学森书信》卷七，国防工业出版社，2007 年版，第 262 页。

② 参考《钱学森书信》卷七，国防工业出版社，2007 年版，第 338 页。

③ 参考《钱学森书信》卷七，国防工业出版社，2007 年版，第 268—270 页。

发展，呈现出高度综合的趋势。钱先生指出，大成智慧教育是中国21世纪培养的全才通才的教育，但这个全才与文艺复兴时期的全才有所不同。究竟不同在哪儿？钱先生指出："这样的人是全才。我们从文艺复兴时期的全才伟人，走到19世纪中叶的理、工、文、艺分家的专家教育；再走到20世纪40年代的理工结合加文、艺的教育体制；再走到今天的理工文（理、工加社科）结合的萌芽，到21世纪我们又回到像西方文艺复兴时期的全才了。但有一个不同：21世纪的全才并不否认专家，只是他，这位全才，大约只需一个星期的学习和锻炼就可以从一个专业转入另一个不同的专业。这是全与专的辩证统一。"

这种全才通才教育，就是"三个熟悉""一个结合"的教育，即熟悉现代科学技术体系；熟悉马克思主义哲学；理、工、文、艺结合，有智慧；熟悉信息网络，善于用计算机处理现有知识。培养政治可靠、道德纯洁、文理并重、古今融会、中西贯通的全才通才，只有具备这样素质的博与专辩证统一的人才，这种全才加专家的创新拔尖人才，才会有战略眼光，才会有大成就。

钱先生要求大成智慧教育要文理并举，注重将科学与艺术结合起来，将培养逻辑思维与形象思维结合起来。钱先生认为："一个有科学创新能力的人不但要有科学知识，还要有文化艺术修养。""艺术上的修养，不仅加深了对艺术作品中那些诗情画意和人生哲理的深刻理解，也能学会艺术上大跨度的宏观形象思维。"钱先生认为，这些东西对启迪一个人在科学上的创新是很重要的。科学上的创新光靠严密的逻辑思维不行，创新的思想往往开始于形象思维，从大跨度的联系中得到启迪，然后再用严密的逻辑加以验证。

钱先生要求大成智慧教育要注重知与行的辩证统一。我们在这里所指的"知"，就是钱先生将现代科学技术同马克思主义哲学所构筑的严密的科学技术体系和人类知识体系，当然它也包括人的价值追求、理想、信仰、信念、精神、意志、品德、情感等。所指的“行”，就是实践。它包括行为、行动、毅力、意志力、心理控制力、思维创造力等。钱先生一贯强调知行合一，科学理论紧密联系实际，崇高理想、远大目标必须与实际行动结合。

钱先生认为，从认识论和实践论的角度看，智慧不仅仅来自书本知识，同时也来自实践认识。因为任何科学理论或知识既要指导实践，同时又必须接受实践检验，坚持在实践中创新发展，不断丰富和完善。人的价值追求、崇高理想、坚定信仰、执着信念、顽强拼搏精神、高尚品德、丰富情感等因素，是生成智慧的明确方向和强大动力。而人的价值观感等因素，是知识生成智慧，在思维结构中不可或缺的动力和控制力。思维是实现对知识的追求、选择、激活、转化、创新、提升的重要条件。古今中外，凡是具有大知大谋大智的人，无疑都具有大德大勇。钱先生同时要求培养大成智慧教育还要把微观认识与宏观认识结合起来，综合集大成得智慧。

第三，要组织高水平专家教授编写大成智慧教育系列教材，尤其是编写《钱学森系统科学体系概论》《钱学森综合集成体系概论》《钱学森现代科学技术体系概论》等。要组织大成智慧教育师资培训，在教育思想、教育理论、教育方法、教育手段、教育技术等方面进行全方位全过程的训练。这就涉及教育教学、教材、内容、方法、手段、学科专业等方面的系统全方位的改革创新。大成智慧教育，是培养全才通才的教育，4 岁至 12 岁是打基础的初级教育，12 岁至 17 岁是高中到大学的贯通教育，用 5 年时间完成“三个熟悉”“一个结合”的大成智慧学习，18 岁用一年时间完成毕业论文，成为一个方面的专家。

而传统教育从小学到中学 12 年都是打基础的教育，大学阶段是以还原论为主的专业培养，研究生教育更是针尖对针尖的专业学习。这样显然容易形成专业壁垒，制约人的全面发展。钱先生之所以构筑现代科学技术体系，就是要打破这种专业壁垒。设想如果我们继续走还原论按专业学习的传统路子，随着现代科学技术的发展，那可能达到成千上万个专业，几百个不同的院，几千个不同的系，几万个不同的专业方向。而且科学技术还在不断发展，将来的院系专业可能会更多。这样显然不符合新时代的人才培养模式。

第四，要缩短学制，贯通小学中学大学教育。要在全民真正确立培养18岁的大成智慧硕士，是在人类智力高峰期早成才的教育理念，也是符合人的生长规律和教育规律的。按照钱先生的设想，大成智慧教育大致分这样几个阶段：八年一贯制的初级教育（4—12岁）是打基础阶段；高中加大学五年的贯穿教育（12—17岁）完成大成智慧学的学习；最后一年是实习，学成一个行业的专家，写出毕业论文，获得硕士学位，年龄18岁。钱先生殷切期望，21世纪，我们中国青年，人人大学毕业，个个成为大成智慧硕士。

钱先生这个设想是有实践依据的。上海一所实验小学九年一贯制，北京景山学校十年一贯制，说明初级阶段的学制是可以缩短的。基于中科院心理研究所刘静和以辩证逻辑为指导，将过去只能在中学阶段进行的抽象思维教育提前到小学阶段，对小学生进行数学教学试验非常成功，并在全国办了上千个实验班，普遍反映好。目前教材已汇编出版。这为缩短小学学制提供了重要的理论和实践依据。钱先生以当年自己和同学们一起在北师大附中六年间轻松愉快地学完中学和大学一、二年级的课程，说明中学与大学是完全可以贯通缩短学制的。

钱先生提出这个学制比现行学制大大缩短，是一个超越前人的划时代的大胆设想。如果这个设想能够实现，可以跨越式地大大加快人才培养，为实现中华民族伟大复兴做出巨大贡献。然而，中国现行的从小学到大学“6 + 6 + 4”的学制，是在民国时期从美国移植过来的，一直坚持到现在。而这16年也只是完成了从小学到大学本科课程学习，如果再加3年的硕士研究生课程学习，则需要19年。从6岁入学到硕士研究生毕业25岁，比钱先生设想的18岁的大成智慧硕士多出了整整7年。实际上有许多有识之士已经看到这个问题，近几年，连续每年都有全国人大代表、政协委员在“两会”期间提出缩短学制的提案，但是并没有得到与会代表和委员的广泛响应，可见难度之大。

第五，大成智慧教育需要对传统的教育教学内容、方式手段、学科专业建设等进行全方位改革创新。大成智慧教育是培养全才的教育，是全方位全过程的贯通教育。传统教育从高中至大学，特别是大学阶段，非常注重以还原创为主导的专业培养，专业划分明显，学科建设任务清晰，尤其是进入研究生学习，专业面就更窄了。这样显然容易形成专业壁垒，制约人才的全面发展。所以必须按照大成智慧教育“三个熟悉”“一个结合”，培养全才的教育，打破这个专业壁垒和学科障碍，构筑理、工、文（包括社会科学）、艺结合，交叉融合的学科体系、教材体系和教育教学体系，培养新时代的全才通才。而这个全才，并不否认专才，是在博的基础上专，专的指导下博，博与专的辩证统一。

第六，充分发挥人·机结合、人·网结合的教育方法。这是当代集大成得智慧的最佳方式方法之一，也是缩短学制的方法。相对传统的集大成的学习和教育方式，这是带有里程碑式的变革。教育的方法因此要注意发挥人工智能教育的作用，也就是数字技术教育线上线下教育。传统教育是以课堂教学和自学为主，靠人脑记忆，一生苦苦求学，“皓首穷经”。大成智慧教育要求熟悉信息网络，善于用计算机处理知识，充分发挥人工智能的作用，实行人机结合、人网结合、以人为主的学习教育。

钱先生生前一直关注人工智能的发展，早在四十多年前，当人工智能发展处于低潮时，有人攻击它是唯心主义，钱先生针锋相对地批评“这是胡扯淡”。他要求学校组织一定力量开展人工智能研究。晚年他在进行系统科学、思维科学、人体科学、脑科学研究的同时，也同时在开展人工智能研究。当他发现人工智能由“低潮”开始升温，出现了能代替人的一些思维的专家系统和信息系统时，马上意识到这些智能系统的出现将对激活人的创造性思维，迅速将知识、信息生成智慧产生不可替代的作用。钱先生认为，人工智能的进一步发展将对教育产生巨大影响。

当下，新一代人工智能在全球范围内蓬勃兴起，正在深刻影响和改变着人类的生产生活学习方式。人工智能是第四次产业革命和科技革命的重要驱动力。近年来，世界各国都在纷纷开始部署人工智能发展战略，抢占新世纪科技的制高点。2017 年，我国政府已经制定了《新一代人工智能发展规划》(简称《规划》)，力求2030年成为世界主要人工智能创新中心。《规划》特别强调，要完善人工智能教育体系，使我国成为人工智能人才高地。2019 年 5 月 16 日，由我国政府和联合国教科文组织共同组织的国际人工智能与教育大会在北京召开。来自全球一百多个国家、十多个国际组织的约五百多名代表汇聚一堂，共商全球教育的未来发展之路，通过了《人工智能北京共识》。

人工智能教育已经从钱先生四十多年前的设想成为现实。人类已经开始从传统教育传授知识、发明工具、认识和改造客观世界，拓展到人脑自身如何认知、如何再塑造的新阶段。这种新的发展趋势必将改变传统教育教学的内容和方式。学生更加便于按照大成智慧学的要求借助智能机查阅和存储各种知识和信息，将更多的时间和精力放在创新思路、创新思想和创新方式上。

第七，必须从根本上更新教育观念。大成智慧教育是激活人的创造性思维，培养新时代全才的教育，这也是建设现代化强国，为实现民族复兴培养复合型人才。但是这种教育与当下仍然盛行的应试教育是一种不同的教育理念。推行大成智慧教育，必须从根本上更新教育观念。

中国的应试教育，在隋唐时期就开始了，而且历朝历代都是如此，到了清朝更有甚之。这种流传了近 2000 年的应试教育文化，在中国历史上曾起到过积极作用，统治者选拔治吏人才主要依赖这种教育，一代又一代的学子为了应试求取功名走向仕途，发奋读书。不仅官家子弟如此，部分平民子弟也可以通过应试获取功名从而走上仕途。可以说，这种传统应试教育文化基因在中国人血液里是根深蒂固的。尽管各级党组织和政府教育部门采取了一系列克服和消除应试教育弊端的措施，但效果并不是十分明显。

在现阶段，我们可以采取稳中求进的教育改革方针，选择一个学校或一个地区种“试验田”，总结经验，逐步推广。形成一种勇于进取、博采众长、全面开放的教育理念。大成智慧教育是改革开放、与时俱进的教育理念，必须善于吸收各个时代各个国家先进的教育理念、教育思想和教育方法，博采众长，不断完善和发展自己。

附录 1：钱学森给钱学敏的信

钱学敏教授：

我在这几天又在想中国 21 世纪的教育，我 1989 年的那篇东西不够了，是要人人大学毕业成硕士，18 岁的硕士，但什么样的硕士？现在我想是大成智慧学的硕士。

具体讲：

（1）熟悉科学技术的体系，熟悉马克思主义哲学；

（2）理、工、文、艺结合，有智慧；

（3）熟悉信息网络，善于用电子计算机处理知识。

这样的人是全才。我们从西方文艺复兴时期的全才伟人，走到 19 世纪中叶的理、工、文、艺分家的专家教育；再走到 20 世纪 40 年代的理工结合加文、艺的教育体制；再走到今天的理工文（理、工加社科）结合的萌芽，到 21 世纪我们又回到像西方文艺复兴时期的全才了。但有一个不同：21 世纪的全才并不否定专家，只是他，这位全才，大约只需一个星期的学习和锻炼就可以从一个专业转入另一个不同的专业。这是全与专的辩证统一。

大致可以作为下面这几段教育：

（1）八年一贯制的初级教育，4 岁到 12 岁，是打基础。

（2）接着的五年（高中加大学），12 岁到 17 岁，是完成大成智慧的学习。

（3）后一年是“实习”，学成一个行业的专家，写出毕业论文。

这样的大成智慧硕士，可以进入任何一项工作，如不在行，弄一个星期就可以成为行家。以后如工作需要，改行也毫无困难。当然，他也可以再深造为博士，那主要是搞科学技术研究，开拓知识领域。

这个大胆设想，您看如何？新一次的“文艺复兴”啊！

此致

敬礼！

钱学森

1993.10.3

又：也要考虑用医学去提高人的智力，如第四医学。

附录2：钱学森给田禾的信

《湖南省高等院校马列主义教学研究会1984—1985年度工作纲要设想》明确提出："邓小平同志提出的'教育要面向现代化，面向世界，面向未来'，指明了我国社会主义教育的新方向，是整个教育的指导方针。我省高校的马列主义教学，也必须贯彻'三个面向'的方针，开创新局面。"怎样才能使马列主义教育做到"三个面向"呢？因为《马列主义教学研究》是湖南省高等院校马列主义教学研究会办的，在刊物上讨论一下这个问题是适宜的。我在下面就提点个人看法，求教于同志们。

（一）

有些同志认为现代科学技术的发展方向是自然科学与社会科学的互相渗透和交叉。我以为这样说不那么恰当，因为自然科学和社会科学都属于整个现代科学技术体系的一部分，不能为了说明它们有相互关联就讲什么相互渗透和交叉。例如人的头和手臂，同属于一个人的身体，头和手臂的关系也是密切的，但总不能说头和手臂是"相互渗透和交叉"的吧。我在这里强调的是现代科学技术的体系，当然也与马克思列宁主义的体系有关，因为马克思列宁主义是科学的。

人们常常说马克思列宁主义有两大部门：科学的社会主义和马克思主义哲学。科学的社会主义讲革命的道理，当然包括社会科学，特别是政治、政治经济学等。而马克思主义哲学就是辩证唯物主义、历史唯物主义、自然辩证法、认识论，等等。我认为这种看法是有道理的，是历史发展中形成的；但从现代化的、展望未来的观点来看，它又是陈旧的，应该革新。我们在马列主义教学中做到"三个面向"，就应该首先从我们的认识上，进行这项改革。

什么是现代科学技术的体系？我以前也讲过，简单地说就是：现代科学技术要分成八个大部门，它们是自然科学、社会科学、数学科学、系统科学、思维科学、人体科学、军事科学和文学艺术的理论科学，这就把以前常说的自然科学和社会科学的两个大部门扩展到八了！我又认为部门之分并不在于学科研究对象之不同，而在于研究或看问题的角度不同；对象只有一个，即整个客观世界，人也是客观世界的一部分。什么不同角度呢？自然科学用的角度是物质运动；社会科学用的角度是人类社会的发展运动；数学科学用的角度是质和量的对立统一、质和量互变；系统科学用的角度是系统或整体与局部的统一；思维科学用的角度是人认识客观世界的过程；人体科学用的角度是通过人这个着眼点；军事科学用的角度是集团之间的斗争；文学艺术理论科学用的角度是美。也许有同志会问：怎么社会科学也是研究整个客观世界呢？是的，整个客观世界：人的活动已涉及整个地球，地球的上空，现在已扩大到太阳系，将来还要扩展。又有同志会问：怎么军事科学也是研究整个客观世界呢？是的，整个客观世界：集团之间的斗争是广泛存在的，除了使用枪炮武器的战争外，现在不是有同志提出“知识战”和“贸易战”吗？那么文学艺术的理论科学也研究整个客观世界吗？是的，因为美与丑是无所不在的呀。

从每一个现代科学技术的大部门到马克思主义的核心辩证唯物主义，都有一架桥梁。我认为从自然科学到辩证唯物主义的桥梁是自然辩证法；社会科学引出的桥梁是历史唯物主义；数学科学的是数学哲学；系统科学的是系统论（有别于“一般系统论”，也有别于“三论”）；思维科学的是认识论；人体科学的是人天观；军事科学的是军事哲学；文学艺术的理论科学到辩证唯物主义的桥梁是美学。八架桥梁和一个核心又组成马克思主义哲学的体系；有了结构了，分了层次了。

八个部门，八架桥梁，一个马克思主义哲学的核心辩证唯物主义，全部构筑成现代科学技术的体系。这是人类认识客观世界的总和了吗？是人认识客观世界的学问，即条理系统化了的那部分的总和。但人通过实践累积的经验，还没有系统化为学问的，不在内，那可以称是知识，不算是现代严格意义的科学。这种知识很重要，但暂时还不能纳入科学，因为有局限性，用它时要注意，弄不好会犯“经验主义”，出差错。将来条理系统化了，进入科学，就可以摆脱这种局限性。经验知识变成科学，“知识”少了一块吗？不会的，人的实践是无穷的，认识也是无穷的，科学技术和知识都是运动着的，发展的，变化的。

（二）

上面就是我的看法，也许同志们觉得我这样“改革”，未免太大胆。但我也找到一条依据：我国马克思主义哲学家、理论家、老前辈李达同志早在1948年写的一本《法理学大纲》中就明确地把“科学的世界观”作为借助于人类知识全部历史的成果，在最高层次，下一层才是“科学的社会观”，并说“法律观被包摄于社会观之中，直接由社会观所指导，间接由世界观所指导”。李达同志当时不得不避开马列主义这个名词，“科学的世界观”就是辩证唯物主义，“科学的社会观”就是历史唯物主义。这不是清清楚楚，辩证唯物主义和历史唯物主义不在同一层次的吗？

当然我也不把我在上节中陈述的现代科学技术体系看成是不可变动的。事物是发展的，我这不过是向前走了一步，将来还有发展，路还长哩。但我们要改革，要实事求是，根据现代科学技术的情况和发展趋势，从新构筑它的体系，不可墨守成规。不然怎能面向现代化，面向世界，面向未来呢？

（三）

把现代科学技术同马克思主义哲学组成了一个严密的体系，也阐明了两点思想：一是马克思主义哲学作为科学技术的最高概括，一定要指导一切科学技术工作，这是从原则到具体的指导；二是马克思主义哲学又是从科学技术，即人类实践概括出来的，科学技术的进步，人类实践的发展，也必然会丰富并深化马克思主义哲学。这两点认识是重要的，说明马克思主义哲学是原则，必须坚持，但又不是教条。

对我们湖南省高等院校马列主义教学研究会的同志们来说，上述思想还会有亲切感：研究会联系的四十几个院校中，有不少是理、工、农、医的高等院校，目前这类院校的同学们对马列主义一般认识不清，总以为学不学马列主义无所谓，理由是资本主义国家大学生不学马列主义不是干得很出色吗？对此，我们要抓紧思想政治工作，加强共产主义的思想教育，使他们深刻认识到社会主义制度的无比优越性。而另一方面要使同学们学懂现代科学技术的体系结构，看到不学马列主义，不会用马克思主义哲学是把我们所特有的最锐利的武器丢了，是傻事。学懂马列主义，会用马克思主义哲学将使同学们如虎添翼呵！我们研究会的同志们有责任为同学们上好这一课。

我在本文一开始就对互相渗透和交叉之说提了异议，但我必须在结束这篇短文时，补充说明：学科之间的互相渗透和交叉，在研究学问和解决实际问题中是经常的，问题涉及面越广、越复杂，就越需要多方面的专家协同攻关。比如我们的研究会要组织研究中国社会主义建设，要成立中国社会主义建设学科分会，就得有各方面的行家共同努力。可是这种工作中的学科之间的相互渗透和交叉不同于科学技术体系中明确的结构组织，不能混为一谈。

钱学森

第五章

钱学森辩证唯物主义教育观

国防科委副主任钱学森来国防科技大学检查工作。

钱先生晚年在创建系统学的过程中多次谈到，大成智慧教育发展了马克思主义哲学。钱先生提出的大成智慧教育有“三个熟悉”，其中之一，就是熟悉马克思主义哲学。可见，马克思主义哲学在钱先生的科学思想和教育思想中的位置。

钱先生逝世后中央在介绍他生平时指出：“钱学森同志具有坚定的共产主义理想信念。几十年来，他始终保持对马克思主义崇高信仰、对共产主义的坚定信念、对党的高度忠诚，不论遭到多少艰难困苦，都坚定理想信念不动摇。他始终刻苦学习马克思列宁主义、毛泽东思想、邓小平理论、“三个代表”重要思想和科学发展观，坚决贯彻中央的决策部署，以敏锐的政治眼光，紧密联系社会发展和科学技术发展实际，运用马克思主义世界观和方法论，指导科学和理论研究工作。”①

在学术界，随着对钱学森研究的不断深入，越来越多的学人已经认识到，钱先生是世界著名科学家，而且又不仅仅是某一个学科领域的著名科学家，他的知识结构有学科和领域的深度，又有跨学科、跨领域的广度，还有跨层次的高度，是具有深度、广度和高度的三维结构的科学家，是科学泰斗。钱先生又是一位哲学家、思想家，他的视野非常开阔，思维极其敏锐超前，是高瞻远瞩的战略思想家。钱先生观察问道和分析问题总是坚持马克思主义立场、观点、方法，坚持辩证唯物主义世界观、人生观和价值观。

---

① 新华社 2009 年 11 月 6 日电文。

钱先生哲学思想有两个鲜明特征，一是钱先生认为辩证唯物主义是马克思主义哲学的最高层次，而历史唯物主义是下一个层次。钱先生的理论根据来自我党第一届党代表，老一辈革命家、理论家、哲学家、教育家李达在1948年所写的《法理学大纲》提出的“科学世界观”，即辩证唯物主义为哲学的最高层次，而“科学的社会观”即历史唯物主义是下一个层次①，而当今哲学界始终是将辩证唯物主义和历史唯物主义摆在同一个层次上的。二是钱先生的哲学思想又常常与他的科学思想密切联系在一起，所以笔者认为钱先生是科学家中的哲学家。本章主要简述钱学森辩证唯物主义教育观。

一、钱学森哲学思想的形成与发展

笔者将钱先生哲学思想的形成与发展大致分为三个阶段。一、钱学森早年在国内和后来去美国从学从教从研为第一阶段；二、1955年回国至1982年退出工作一线为第二阶段；三、1982年以后的近二十年为第三阶段。

先说第一阶段。钱学森青少年时代就开始接受先进思想教育。读小学时，受到过邓颖超等老师先进思想影响，几十年后他仍然念念不忘。在北京师范大学附中上学期间，著名伦理学家林砺儒校长和从事共产党地下工作的董鲁安老师的先进思想对少年钱学森的影响极深，钱学森回国后多次提到林校长和董老师当年对自己的教育和影响。钱学森还聆听过鲁迅先生的授课和演讲，深受革命思想教育和影响，从而奠定了钱学森爱国忧民、立志报国的思想。

1929年夏，钱学森考入上海交通大学。大学期间，他除学习专业课

① 摘自钱学森1984年给国防科技大学田禾教授主编的《马克思主义教育研究》创刊号文章。

程外，还利用节假日自学了中外哲学名著，接受唯物论、唯物史观的教育熏陶，从而初步形成唯物主义世界观。当年，钱学森积极参加中国共产党外围组织的小型讨论会，更加激发了他强烈的爱国主义思想，下决心报效祖国，为中国人民服务。

1934 年，钱学森考取清华大学公费留学美国，先后在麻省理工学院和加州理工学院从学从教从研二十年。当时正值美国经济萧条和战乱，因而钱学森对资本主义制度的弊端有切身的体验。他还利用业余时间阅读了《资本论》《反杜林论》的部分篇章，参加了当时加州理工学院一些学生自发组织的马列主义学习小组。学生们联系当时发生在美国和世界的时事，以及苏联等一些国家的反法西斯战争、中国抗日战争等，使钱学森进一步加深了对唯物史观、辩证法、唯物论等观点的理解和认识，目睹了马克思列宁主义哲学指导和影响世界革命产生的巨大威力。

钱先生在美国长期在技术科学领域从事科学研究和教学工作。理工结合是技术科学的基本特征，而理论与实际结合也是马克思主义哲学的基本原则。钱先生曾经指出：技术科学就是具体解决理论与实践如何结合的问题。革命导师从原理上阐明了理论与实践的辩证关系，所以我们一直强调理论要与实践相结合。但理论与实践怎样结合？这并不是一个简单的推理问题，不是说结合就能结合，这个结合就是要在技术科学的研究中，理论和实际灵活地结合，不能刻板行事。这个灵活地结合理论与实际也就是辩证唯物主义的真髓了。由此钱先生推论说："因此，我以为世界上第一流的技术科学家们都是自发的辩证唯物论者，他们的研究方法是值得总结的。而有了辩证唯物论我们也可以把它用到技术科学的研究上去，提高研究的效率，少走弯路！"①

① 钱学森著：《技术科学中的方法论问题》，上海人民出版社，1987 年版，第 12 页。

钱先生对技术科学的内涵、特征、功能和研究方法有着深刻的了解和独特见解，他自觉以辩证唯物主义哲学思想指导研究工作，在技术科学领域相继在薄壳理论、气动力学、工程控制论、物理力学、火箭技术、喷气推进、超声速飞机设计等方面取得了一系列具有突破性、震惊世界的研究成果，钱先生年仅 28 岁就成为这个领域世界知名科学家。

其实技术科学早年始于德国学术界，而将技术科学形成概念，对技术科学的特征、规律、原则、功能、研究方法以及对其他学科的影响及其发展方向等系统全面进行总结，却是若干年后的钱学森。也可以说，他是第一个以辩证唯物主义原理为指导明确提出技术科学概念的科学家。也正是因为钱学森自觉以辩证唯物主义哲学指导技术科学研究并取得了一系列成功，而这些成功也丰富和发展了钱学森的辩证唯物主义哲学观。

第二次世界大战爆发后，美国重视军事科学的研究，钱先生除担任教学工作外，还参与了美国最初的火箭导弹研制工作，担任美国航空喷气公司的技术顾问，兼美国海军炮火研究所顾问。1945 年初，钱先生又被美国空军聘为科学咨询团团员，这个团曾为美国空军提供了一个远景发展规划。钱先生负责其中的重要部分，从而锻炼了他从宏观和长远处着眼，总体规划科学技术研究与发展的思想方法与工作方法。

欧战结束前夕，钱先生与冯·卡门又随科学咨询团，考察英、德、法等国的航空研究，进一步掌握了其中的尖端技术与组织领导经验，这也拓展了钱先生的哲学思维。①

众所周知，也正是在这个时期，即 1950 年，钱先生在即将离美报效祖国之际，被指控为美国共产党员，受到麦卡锡主义的残酷迫害，被拘留、软禁，长达五年之久。这也使钱学森更加认清了美国一贯鼓吹的所谓

① 参考叶永烈、奚启新著：《钱学森传》。

民主、自由、人权的极端虚伪性、欺骗性和反动性，从而更加坚定了他对马克思主义的信仰。这个阶段是钱先生哲学思想基本形成阶段。

第二个阶段是钱先生哲学思想发展的重要阶段。应当指出，这个阶段前后时代背景的鲜明对比，对钱学森辩证唯物主义世界观、人生观、价值观产生了深刻影响。钱先生经历过半封建半殖民地、战乱不堪、黑暗统治的旧中国，目睹整整二十年帝国主义加资本主义的美国的所作所为，他在美国虽然学术上有很大成就，但在政治上却遭遇了极端残酷的迫害。

正是由于钱先生有这些亲身经历，他回到新中国后，新旧中国两种社会制度的对比，资本主义美国与社会主义新中国的对比，使他更加深刻地认识到在马克思主义指导下、在中国共产党领导下人民当家做主的社会主义制度的优越性。

钱先生 1955 年刚刚回到祖国的时候，也正是新中国抗美援朝，将以美国为首的所谓联合国军队赶出了“三八线”，取得了抗美援朝伟大胜利的时候。通过这次抗美援朝战争，向全世界充分显示了毛泽东思想的巨大威力，显示了中国共产党所具有的无比坚强的领导，体现了以马列主义毛泽东思想武装起来的人民军队战无不胜的勇敢精神和牺牲精神。也因为这次战争，使新中国的国际地位得到极大提高，这也使刚刚回国的钱学森受到巨大鼓舞，使他进一步认识到马列主义、毛泽东思想的巨大威力。

随后，钱先生又目睹全国各族人民建设社会主义新中国，全党全军和全国人民自觉学习马列主义，特别是学习毛泽东思想的热潮。所有这些都使钱先生进一步坚定了热爱中国共产党、热爱社会主义的信心和对马列主义毛泽东思想的坚定信仰。而且也正是这个时候，毛泽东、周恩来等党和国家领导人对钱先生高度信任，赋予他作为技术总负责人研制中国火箭导弹、开拓新中国航天事业的重任。

钱学森肩负党和人民赋予自己的神圣使命，更加自觉地系统学习了马克思、恩格斯、列宁、斯大林、毛泽东的著作。钱先生曾经深有体会地说："我早年虽然也接触和学习过一些革命导师的著作，在平常工作中，也懂得了一些辩证法。但是回国后，我深入学习了《矛盾论》《实践论》和《人的正确思想是从哪里来的》等著作，这里把过去我想而不解或不曾想到的许多问题都讲到了，使我茅塞顿开。"钱学森更加自觉地以马克思主义哲学（辩证唯物主义）指导自己的工作。

钱先生当时作为技术总负责人所领导的以研制火箭导弹、卫星等为代表的大规模航天科学技术工程，是在当时国家科学技术和国防工业还比较落后，技术力量还比较薄弱，国家财力物力供应还比较困难的情况下开展的，钱先生所面对的是一系列难以想象的困难和复杂问题。在这种艰难的情况下，怎样把参与这项巨大科技工程的成千上万的人有序有效地组织起来，把广大科技人员的积极性创造性和聪明才智充分发挥出来，以较少的投入在较短的时间内，研制出高质量、高度可靠的科技型号产品来，这就特别需要科学理论的指导，当然也离不开党的坚强领导。正是在周总理、聂老帅的直接领导下，也正是因为钱先生学习掌握了辩证唯物主义的实践论、认识论和方法论，并以此为理论依据和指导，在大量复杂的科学实践中，成功地创造出了一套科学的组织管理方法与技术。这就是既有普遍科学意义，又有中国特色的系统工程管理方法与技术。具体操作上，就是在研制体制上将研究、规划、设计、试制、生产和实验一体化；在组织管理上是总体设计部和技术行政两条指挥线的系统工程管理方式。

我国航天科技取得的一系列开拓性成果，已经充分证明这套组织管理方法和技术是非常有效的，而且一直延续到现在。这是在当时的条件下，钱先生把科学技术创新、组织管理创新与体制机制创新有机结合起来，实现了综合集成创新，从而走出了一条发展我国航天事业的自主创新和协同创新十分成功的道路，证明了系统工程技术的科学性和有效性。

钱先生开创的系统工程随后在全国各行业各个领域得到了广泛应用。在此基础上，钱先生又以辩证唯物主义原理为指导开展对系统科学的研究。

钱先生 1980 年在国防科技大学改建期间指出：科学的系统思想理论，是马克思、恩格斯创立的。近代自然科学的发展，为马克思主义哲学提供了丰富的材料。马克思、恩格斯辩证唯物主义认为，物质世界是由无数相互联系、相互依赖、相互制约、相互作用的事物和过程形成的统一整体。辩证唯物主义体现的物质世界普遍联系及其整体性的思想，就是系统科学思想。①

钱先生认为，从辩证唯物主义观点看，客观世界的事物是普遍联系的整体，有其客观规律，我们应该研究、认识和运用这些规律。

能够反映和概括客观事物普遍联系这个事实与特征最基本和最重要的概念就是系统。所谓系统就是指由一些相互联系、相互作用、相互影响的组成部分所构成并具有某些功能的整体。这样定义的系统在客观世界是普遍存在的。客观世界包括自然、人类社会和人自身。所以钱先生说，马克思所说的客观世界是普遍联系的整体的思想就是辩证唯物主义系统思想。

也正是从系统思想出发并结合现代科学技术的发展，钱先生明确提出：系统科学就是从事物的整体与部分、局部与全局以及层次关系的角度来研究客观世界，也就是从系统角度来研究客观世界。

钱先生还根据辩证唯物主义普遍性和特殊性的原理认为，系统是系统科学研究和应用的基本对象。系统科学和自然科学、社会科学、数学科学、思维科学等都是现代科学技术体系相互联系的一个部分，但是系

① 国防科技大学档案馆存资料。

统科学又与自然科学、社会科学不同，系统科学能把自然科学、社会科学等领域研究的问题联系起来作为系统进行综合性、整体性研究，具有明显的交叉性、综合性和整体性的特性与功能。也正是这些原因，使系统科学处在现代科学技术发展的综合集成的整体化方向上，已成为现代科学技术体系中不可忽视的一个新兴科学技术部门。

钱先生以马克思主义哲学为指导，提出并大力推广系统工程的应用，提出系统工程的技术科学运筹学、控制论、信息论，探索系统科学概念和基本理论框架结构，特别是钱先生根据辩证唯物主义原理提出的系统论和系统论方法，丰富和发展了马克思主义哲学。这时，钱先生已经从航天科学工程一线退居二线。这个阶段是钱先生回国后坚持在社会主义建设的实践中，尤其是坚持在以航天科学为主的科学实践中，极大地丰富和发展了他的哲学思想。

第三个阶段，是 20 世纪 80 年代初到钱先生的晚年。钱先生从科研一线领导岗位上退下来以后，把全部精力投入到了马克思主义哲学研究和系统科学等众多领域学术研究中。这个阶段是钱先生创新和发展马克思主义哲学极其重要的阶段。钱先生结合多领域的科学研究，提出了一系列崭新的哲学观点，比如马克思主义哲学与现代科学技术之间的关系：（1）所有科学技术研究都要接受马克思主义哲学从原则到具体的指导；（2）所有科学技术研究的新成果最终都会深化和发展马克思主义哲学。钱先生多次强调：“马克思主义哲学是人类一切知识的最高概括，是现代科学技术（包括科学的社会科学）成果的最高概括，是人类智慧的结晶。”

钱先生认为：“辩证唯物主义是马克思主义哲学的核心，历史唯物主义、自然辩证法、认识论等与辩证唯物主义不是并列关系，而是它的下属层次。辩证唯物主义反映了自然界、人类社会和思维发展的普遍规律，也就是反映了所有科学的普遍而共同的规律。”①

钱先生对毛泽东哲学思想有独到见解。钱先生晚年在通信中说：“马克思、恩格斯创立马克思主义时吸取了西方的哲学思想，可惜他们未能吸取东方的哲学思想。是毛泽东吸取了中国古代的思想，发展了马克思列宁主义。”钱先生提出：“马克思主义哲学是马克思列宁主义毛泽东思想的哲学”；“只学习马克思恩格斯著作，或者再加上列宁斯大林著作，还不足以完整地掌握马克思主义哲学，必须加上毛泽东哲学思想这一章”。这是对马克思主义哲学整体性的重大创新。钱先生还提出：“毛泽东思想的核心就是从整体上来认识问题，这样一个哲学思想恰恰正是指导我们研究复杂问题所必需的。”等等。②

钱先生依据近年来物理学、天文学、数学等科学的发展成就，在“宇观”“宏观”“微观”之外，又提出“胀观”与“渺观”的新思路，扩展了人们认识宇宙的视野，进一步证实了世界的物质性，为我们从各个层次上研究和认识客观物质世界打开了通道。这个统一而多层次的宇宙观，也为唯物主义的世界观做了更加深入的科学论证，从而丰富了马克思主义的宇宙观。

钱先生以认识论和实践论为依据，将思维科学与当代信息技术研究密切结合，提出充分利用以计算机为主的信息技术，从网络获取古今中外的海量信息，通过人帮机、机帮人，人机结合以人为主，将逻辑思维与形象思想结合，进行创造性思维的活动，更加科学地认识和改造客观世界，因而使得辩证唯物主义认识论更加适应信息社会发展需要，具有鲜明的新时代特征。

钱学森依据唯物史观分析认为，人类从古至今出现过五次产业革命，

---

① 参考 1984 年钱学森的信：《教育要面向世界、面向未来、面向现代化》。

② 钱学森《哲学研究》，1989 年第 10 期，同时根据田禾、刘建统教授提供的资料整理。

从而推动了人类从原始社会到奴隶社会到封建社会再到资本主义社会的社会革命。同时指出，当前我们所面临的第五次产业革命，以及在21世纪相继到来的第六次产业革命和第七次产业革命，将消灭人类历史上形成的三大差别，使人得到全面发展，叩响共产主义的大门。钱先生说："社会主义中国的21世纪，第五次产业革命、第六次产业革命和第七次产业革命结合起来，将引发一次新的社会革命。"

钱先生提出了新的社会形态论："人类社会如何从原始社会、奴隶社会、封建社会、资本主义社会这种仅限于一个国家、一个地区的社会形态，过渡到共产主义社会这种全世界一体化的社会形态，实现世界大同？这就是'世界社会形态'模式。"钱先生创造性地发展了马克思主义哲学。

但是最有代表性的是钱先生以辩证唯物主义原理为指导，在创建系统学、开展复杂系统科学研究、构建现代科学技术体系和人类知识体系时所体现出的惊人的哲学智慧。钱先生基于一般方法论只能适应简单系统的研究，创造性地提出将还原论与整体论辩证统一起来，创建了系统方法论。钱先生指出："我们所提倡的系统论，既不是整体论，也非还原论，而是整体论与还原论的辩证统一。"这就形成了钱先生的综合集成思想。

系统论方法吸收了还原论方法与整体论方法各自的长处，同时也弥补了各自的局限性，这是钱先生在科学方法论上具有里程碑意义的贡献。后来钱先生又在系统方法论基础上进一步将其创造性地发展为综合集成思想、综合集成方法论、综合集成工程及其实现形式——综合集成研讨厅。这就为诸如生物体系统、人体系统、人脑系统、地理系统、星系系统等复杂巨系统和特殊复杂巨系统，即社会系统的研究打开了智慧的大门。这是科学发展史上带有革命性的里程碑，又是钱先生哲学思想发展的一次飞跃。

而最为耀眼和为人称道的是，钱先生将马克思主义哲学与科学技术密切结合起来，构筑了现代科学技术体系，进而又以认识论和实践论为依据构建了人类知识体系。钱先生构筑的现代科学体系，是由横向的十一个科学技术部门、纵向的三个层次所组成。那么，怎样将马克思主义哲学与科学技术紧密结合呢？这是关键，是要害。在十个科学技术部门（除文艺理论）的三个层次都包含着认识世界和改造世界的知识。直接用来改造世界的是工程技术或应用技术；为工程技术直接提供理论方法的是技术科学或应用科学；再往上一个层次就是揭示客观世界规律的基础科学。

辩证唯物主义是人类对客观世界认识的最高概括，反映了客观世界的普遍规律。它不仅是知识，是科学，是智慧，而且是人类智慧的最高结晶。辩证唯物主义对科学技术的高度概括，就是通过十一架哲学桥梁与十一个科学技术部门相联系，将它们的研究成果提升到科学层面，提升到智慧层次。

因为各门科学技术通过各自的桥梁，在哲学层次上相互联系，最易找到共同点、结合点，从而相互融通，相互作用，相互促进。这就使辩证唯物主义哲学建立在科学基础上，它既可从原则到具体指导科学技术研究，又随着科学技术进步而不断丰富和发展。这就把哲学和科学统一起来了，也把理论和实践统一起来了。

钱先生指出，从认识论、实践论的观点看，现代科学技术体系所包含的知识只是人类知识的一部分。实际上，我们从实践中所获得的知识远比现代科学技术所包含的科学知识丰富得多。人类从实践中直接获得了大量和丰富的感性知识和经验知识，以及不成文的实践感受。这部分知识的特点是：知道是什么，但还回答不了为什么，所以这部分知识暂时还进入不了现代科学技术体系。钱先生将这部分知识称作前科学。但是这部分知识对于我们来说，仍然是很有用的，同样要珍惜。

前科学中的感性知识、经验知识，经过研究、提炼可以上升为科学知识，从而可以进入现代科学技术体系之中，这就发展和深化了科学技术本身。人类不断的社会实践又会继续积累新的经验知识、感性知识，这又丰富了前科学。人类社会实践是永恒的，上述这个发展变化过程也就永远不会完结。所以钱先生认为，现代科学技术体系和人类知识体系既是一个动态发展系统，也是一个开放的演化系统。可以说，这个阶段是具有钱学森鲜明特色哲学思想的丰富和发展阶段。①

二、坚持以辩证唯物主义指导办学育人工作

现在老一辈的国防科大人都还记得，钱先生当年在改建国防科技大学的四年间，无论是召集大型会议做报告，还是召集或参加各种类型的座谈会，他的讲话或一般发言，都反复强调要求广大教职员工必须以马克思主义指导办学治校和育人工作，要求大家无论在任何时候都要做到以马克思主义立场、观点、方法观察问题，始终保持清醒的政治头脑。然而钱先生在讲马克思主义的时候，大多的内容是马克思主义哲学，而且他所强调的哲学又主要是辩证唯物主义，初步形成了钱学森辩证唯物主义教育观。

也许有些人会认为钱先生这样讲是一般的官话、大话、套话。其实不然，这是钱先生半个多世纪学习和践行马克思主义哲学的肺腑之言，是钱先生哲学思想在办学治校育人中的生动体现。钱先生说：我是一个坚定的马克思主义者，这个信仰是半个多世纪以来所形成的。我在长期的工作实践中深刻认识到，马克思主义哲学（辩证唯物主义）是改造客观世界和主观世界锐利的思想武器，是对科学技术的最高概括，也是对人们实践和人类知识的最高概括。马克思主义哲学不仅是知识，是科学，还是智慧的结晶，是法宝。

① 参考于景元教授 2019 年在北京大学的授课讲义《钱学森系统科学思想的形成和发展》。

钱先生在国防科技大学曾经以“学习和掌握马克思主义哲学原理，学哲学用哲学”为题，先后在全校各级领导干部与部分专家教授和全体教职工做过两次报告。虽然所针对的对象不同，内容有所侧重和区别，但中心思想都是强调以辩证唯物主义指导办学治校和育人工作。

钱先生在给全校领导干部和部分专家教授做哲学报告时，他的开场白是："我有几次到学校机关和各系调研，问了一些领导干部和教师，读了哪些哲学著作，掌握了哪些内容和基本观点，几乎都是支支吾吾，答不上来，即使有个别同志回答也很不理想。而且我所问的这些人，大多是念过大学，一些基本的哲学原理是学过和了解的。我想可能是因为时间久了，工作太忙淡忘了。"

钱先生指出：我们不努力学习和掌握马克思主义哲学（辩证唯物主义）的基本原理和观点，那又怎么谈得上去改造客观世界和主观世界，怎么谈得上指导我们的工作呢！作为培养人才的高等学校，我们在座的都是从事办学治校、教书育人的。你们应当了解，我们党和国家关于教育的方针、原则、制度、政策、措施都是建立在辩证唯物主义哲学基础之上的，你们只有努力学习和掌握辩证唯物主义的原理和方法，才可能更好地去理解和执行党和国家的方针政策制度措施，把工作做得更好。再说我们所遵循的高等教育规律也是建立在辩证唯物主义哲学基础之上的，所以，我们没有任何理由不很好地学习掌握马克思主义哲学（辩证唯物主义）。比方说，我们党的教育方针和原则，一贯强调德智体美全面发展，强调培养复合型人才，强调全与专的辩证统一。这些都蕴含着深刻的哲学底蕴。

这次报告，钱先生结合学校工作实际，深入浅出地阐述了辩证唯物主义认识论、实践论、方法论等基本原理，介绍了唯物辩证法的基本内容。钱先生简要介绍了辩证法三大规律、五大范畴。钱先生认为，所有这些都是哲学基本的内容，但是我们自觉运用到改造客观世界和主观世界，指导办学治校教书育人的具体工作上就不是那么容易的了。这就要求我们必须把这些内容精神学习领会透彻，转化为认识问题、分析问题、处理问题的立场观点方法。

钱先生指出，所谓三大规律，即对立统一规律、质量互变规律、否定之否定规律。这三大规律在哲学上是普遍性的规律。这是黑格尔在《逻辑学》中首先阐述出来的，恩格斯则将它从《逻辑学》中总结和提炼出来，从而使辩证法的规律变得更加清晰。辩证法规律所揭示的是客观世界本质之间的普遍联系，尽管辩证法的规律都是从概念的推演中高度抽象出来的，但是这些规律与客观现实的本质运动是一致的，因此它们都具有真理的客观规律性。

钱先生认为，对立统一规律是核心规律，对立统一规律即事物的矛盾规律，揭示了事物联系的根本内容和发展动力，是唯物辩证法的实质和核心。质量互变规律，任何事物都具有质和量这两种规定性。质是指一事物区别于其他事物的内部的规定性，量是指事物存在和发展的规律。一定的事物都具有一定的质和一定的量，是质和量的统一体。质与事物是直接同一的，一定的质就是一定的事物。质是人们区分、认识具体事物的客观依据，量与事物不是直接统一的。事物在一定范围内量的变化，只要不引起质的变化，一事物仍保持其质的稳定性，仍然是原来的事物。这种保持事物质的数量界限就是度，度是质和量的统一。否定之否定规律，肯定——否定——否定之否定，是事物矛盾运动的进一步展开，它所揭示的是事物发展的道路和总趋势，任何事物都是肯定和否定这两个方面的矛盾统一体。

钱先生说，结合这个原理，给大家简单谈谈这次学校调整改革。可以说，学校这次调整改革的范围动作都是比较大的。大范围全方位的改建一所大学等于重建一所大学，有许多以往的做法可能改革加以否定，这就要求大家要深刻学习领会辩证唯物主义的原理和方法。比如，我们现在提出的“以学科设系、理工结合、加强基础、落实到工”的办学原则和人才培养模式，是根据世界科学技术与我国国防科技迅速发展的趋势及国家改革发展的形势提出来的。这个办学原则与模式和过去哈军工时期“按军兵种设系、以武器装备设专业”的办学模式有很大的差别，也可以说是根本的不同。教职工中有一些不同的看法，有些言辞还比较激烈，这是可以理解的，因为大家已经习惯了这种办学模式。现在出现这么大的变化，所以我希望大家好好地学习研究一下辩证唯物主义否定之否定这个原理。我们学校办学育人，从哈军工开始到现在已经有 23 年了。23 年我们培养了一大批优秀人才，取得了很多成绩，有许多好的经验和做法，但也存在一些明显的问题，这些问题已经在阻碍我们学校的发展。比如过去我们按苏联模式办学，轻视基础课教学，专业课太多而且变化又快，上半年学的专业，下半年就过时了，学生的学习负担很重。还有些规章制度统得过死，很刻板，没有一点灵活性。有些管理混乱没有秩序，等等，需要下决心调整改革。所谓调整改革实际上就是否定这些已经陈旧过时，不能适应国家新的发展形势和教育科学新的发展趋势。我们强调的改革，否定，是辩证的否定，它是事物的自身否定。因为任何新事物都是在否定旧事物的基础上产生和发展起来的；没有否定，就没有旧事物的消亡和新事物的诞生，也就没有发展。但是，新事物又是从旧事物脱胎出来的，是在旧事物的基础上发展起来的。新旧事物之间的这种内在的、必然的联系，正是通过否定这个环节实现的，表现出事物发展过程中连续性的特征。我们否定的是阻碍学校发展的过时的陈旧的东西，对于过去一些成功的经验和做法，我们要以唯物辩证法原理通过总结提炼上升到科学理论高度，继续发扬。

钱先生指出：唯物辩证法有五个基本范畴，即现象和本质，原因和结果，内容和形式，必然性和偶然性，可能性和现实性。这些基本原理对于我们办学治校、教书育人都具有重要指导意义。

钱先生认为，现象和本质是揭示客观事物的外在联系和内在联系相互关系的一对范畴。所谓现象，是事物的外部联系和表现特征。现象中分真相和假象，真相是从正面表现本质的现象，假象是从反面歪曲表现本质的现象。本质是事物的根本性质，是组成事物基本要素的内在联系。我们常常要求大家搞调研做工作要注意透过现象把握本质。我举个例子，我最近去学员队调研，碰到一件奇怪的事，有个政治教师到两个同年级学生人数都是 80 人左右的学员队发出一份问卷调研，问了三个问题：对共产主义信仰，对中国共产党的信赖，对社会主义信心。要求分好、一般、不太理想三个层次回答。一个队要求实名回答，另一个队没有这样要求。我只说对“好”的回答，要求实名的那个队对“好”的回答高达 95% 以上，没有要求实名的这个队对“好”的回答 63%。为什么差别那么大？这些现象就值得好好研究。据我平时对学生思想情况的了解，不实名的那个学员队情况恐怕真实一些，但也不完全是这样。我在这儿强调的是，对学员思想情况的了解分析不能这么简单，往往真相和假象混在一起，要真正做到透过现象把握本质，增强教育的针对性。对学生真实思想情况的把握，必须深入调研，把小范围座谈、个别谈话和问卷调查结合起来，用大量的数据进行全面分析和把握。所以我们在实际工作中，要注意把现象作为入门的向导，透过现象去认识本质，不要为假象所迷惑。

钱先生说，我们在座的还有从事科研的专家教授们对现象和本质辩证统一的原理应该怎么去理解，实际上现象和本质的统一决定了科学研究的可能性。科学的任务就是通过现象去认识本质，达到科学的认识。

关于原因和结果，钱先生认为，原因是指引起一定现象的现象，结果是指由原因的作用而引起的现象。在现实的客观世界中，原因总是伴随着结果，结果又总是由一定原因所引起的；因果双方失去一方，另一方也就不存在了。同时，在无限发展的客观世界，原因和结果往往是相互作用、互为因果的。这个辩证原理告诉我们，承认因果联系的客观普遍性是进行科学研究、获得科学认识的前提。科学研究在一定意义上，就是揭示事物因果联系，从而提出解决问题的方法。正确把握因果联系，涉及教育教学等所有工作，再比如总结工作经验时，要在肯定成绩的同时，发现问题和错误，真正找出取得成绩和产生错误的原因。这样，才能不断推动工作进步。准确把握因果联系，也能增强办学治校育人工作中的预见性。

关于内容和形式，钱先生认为，内容和形式是揭示事物内在要素和结构及其表现形式之间关系的一对范畴。它们之间的辩证关系：内容是指事物的内在要素及其相互之间的关系，主要包括事物的构成成分、内在特征、运动过程以及发展趋势；形式是指事物各要素之间的结构及其表现方式。内容决定形式，形式又对内容有反作用，由此形成内容和形式之间的矛盾运动，不断使它们之间由相对适合到相对不适合再相对适合的发展。把握内容和形式辩证关系的原理具有重要指导意义。一是注重内容，善于选择合适的形式；二是根据内容与形式矛盾运动的原理，推动事物的发展。钱先生说，其实内容和形式的辩证关系，在办学治校育人工作中，我们常常遇到，关键在于把握好。

关于必然性和偶然性。钱先生认为，必然性是指客观事物联系和发展过程中合乎规律的、一定要发生的、确定不移的趋势。偶然性是指客观事物联系和发展过程中并非确定发生的，可能这样出现、也可能那样出现的不确定的趋势。必然性在事物发展中居支配地位，决定事物的发展方向；偶然性居于次要地位。必然性和偶然性又是辩证统一的。必然性存在于偶然性之中，没有脱离偶然性的纯粹的必然性；偶然性体现必然性，并受制于必然性，没有脱离必然性的纯粹的偶然性。必然性和偶然性的辩证关系原理对指导我们开展科学研究非常重要，掌握客观必然性是科学认识和实践的基础。只有立足于必然性，努力研究揭示事物必然性，才能使科学研究沿着正确的方向发展。也只有认识必然性、利用必然性才能更加有效地推动科学研究工作。同时，偶然性的作用也不能忽视。认识了偶然性在事物发展中的作用，才能注意利用所有的偶然因素去推动科学发展，防止和消除不利的偶然因素所造成的影响，真正做到“有备无患”。

可能性和现实性。钱先生认为，可能性是指包含在事物中的，并预示事物发展前途的种种趋势，它是潜在的，并没有实现的。而现实性是指事物内在的、有根据的，合乎必然性、已经存在的东西。但是可能性和现实性又是相互依赖、相互转化的。可能性存在于现实性中，离开现实性，就谈不上可能性；现实性也离不开可能性；没有可能的东西，就不会成为现实，任何现实都是由可能转化来的。可能性在一定条件下转化为现实性；现实性又产生新的可能性，即现实性转化为可能性。事物的发展过程就是一个不断由可能向现实转化的过程，但是这种转化需要一定的客观和主观条件。可能性和现实性辩证关系原理告诫我们，我们所做的一切工作必须立足于现实，从现实出发制定我们的方针、政策、方案、计划。只有从现实出发，才能正确分析种种可能性，正确预见未来，使主观能动性的发挥建立在客观现实可靠的基础上，避免盲目性。在制定计划、方案、政策之前要注意充分调查研究分析各种可能和不可能，现实可能和非现实可能，好的可能和坏的可能，可能性在量上的大小，积极发挥主观能动性，争取好的可能性转化为现实，避免坏的可能性转化为现实，从最好处努力，从最坏处准备，使自己始终处于主动地位。

钱先生指出，马克思主义哲学博大精深，但我们必须掌握一些基本原理和观点。譬如掌握了世界统一于物质、物质决定意识的原理，我们办一切事情就能比较好地做到从客观实际出发，实事求是，求真务实；掌握了事物矛盾运动的基本原理，就会懂得人世间一切事物都是处在普遍联系和矛盾运动中，人们的认识和实践活动，就是认识矛盾和解决矛盾的过程；掌握了唯物辩证法的根本方法，对于克服主观主义、形式主义等思想方法，系统深入地探索教育科研规律，推动工作迈上新台阶会有事半功倍的效果；掌握了认识和实践辩证关系的原理，就能促使我们比较好地坚持实践第一的观点，坚持从实践中来，总结提高，再到实践中去。

钱先生回忆自己几十年的经历时说，我什么时候比较好地掌握和运用了马克思主义哲学基本原理和方法，什么时候工作就做得好一些，否则就会出现一些失误。钱先生的报告使校系领导和专家教授们受益匪浅。大家说，想不到钱先生这位科学家对马克思主义哲学掌握得这样好。

钱先生所做的第二场报告是 1981 年他完成学校改建任务即将回北京之前，钱先生要求没有来上课的老师和学生尽量来听报告，参加这场报告会的有 2000 多人，在学校俱乐部举行的。一些当年的学生如今已经是专家教授的听众还清楚记得钱先生当年所讲的一些基本内容。钱先生说：我当年在美国搞教学研究，也懂得了一些简单朴素的辩证法。回国后，我比较系统地学习了马克思主义哲学，发现我原来知道的那些道理，在毛主席的《实践论》《矛盾论》中都讲到了，而且讲得非常深刻系统。

这次钱先生也简要介绍了马克思主义哲学认识论、实践论、方法论的基本原理，也讲了哲学上的三大规律和五个范畴。特别是钱先生以辩证唯物主义原理联系大量生动事实揭示自然界运动和人类社会运动规律，阐明马克思主义哲学的真理性。钱先生指出：马克思主义哲学向来认为，客观世界是普遍联系，永恒发展的，物质是可分的。但一些自然科学家在这方面屡犯错误，最初认为物质的分子是不可分的，以后证明是可以分的。后来又说原子不可再分，以后又证明原子可以分为原子核和电子。后来又说电子不能再分了。列宁根据马克思主义哲学观点，断言电子也是无限可分的。后来有人又认为质子、中子不能再分了，说它们是基本粒子，以后又被证明是错误的，基本粒子并不基本，在电子中又发现了重电子、中微子。这些例子说明，马克思主义哲学确实是一切科学的最高概括，搞自然科学不用马克思主义哲学作指导，就要犯错误，走弯路。

钱先生用马克思主义哲学原理分析了曾经一时非常火热的“大爆炸理论”。钱先生说：“过去在物理学界和天文学界，曾根据天文观测提出一个叫‘大爆炸理论’的学说，认为我们现在的宇宙，根据望远镜观测结果来推算，大约的尺度是一百多亿光年。”钱先生认为：“如此大的宇宙开始时是很小的，是逐步膨胀的、爆炸的。这一理论是过去曾碰到过的问题，宇宙在爆炸的第一瞬间之前是什么东西呢？这在哲学上是解释不通的。这个问题恩格斯在《反杜林论》中就提出过。现在用‘希格斯场’可以解释了，爆炸的过程是很复杂的，这不是唯一的爆炸，宇宙是无限的，这一所谓爆炸只是宇宙的某一个局部的爆炸，这就不能称为‘大爆炸理论’，所谓‘大爆炸理论’也是不对的，而要称为‘膨胀理论’。所以，在宇观之上，还有多个宇宙同时存在的问题，这都是由‘膨胀理论’引起的。”钱先生指出，物质是运动着的，天体也是不断发展的，宇宙是无始无终的。

钱先生还以事物发展的不平衡性，从量变到质变，从渐变到飞跃的观点，引导大家认识科学技术总是不断发展的，从而进一步说明马克思主义哲学是指导科学的，是人类实践的最高概括，是科学技术的最高概括。不承认它，忽视它，甚至丢掉它，就是丢掉了最锐利的思想武器。

钱先生特别告诫青年学生和年轻教师：据我了解，许多学生对科学方法很感兴趣，但是他们却不懂得最好的科学方法是马克思主义辩证法。钱先生指出，国外一些科学家也很重视科学方法的研究，也懂一点简单的辩证法，国内许多老科学家都相信要用马克思主义哲学（辩证唯物主义）指导科学工作。你们很多人所认识的我国的大数学家华罗庚以辩证唯物主义为指导，在国内多个领域推广运筹学技术和方法很成功。说来奇怪，就是现在有些青年学生和老师不相信这个，他们认为学不学马克思主义哲学无所谓，理由是资本主义国家的科学家、大学生不学马克思主义不也干得很出色吗？这些年轻人不懂得马克思主义哲学的巨大威力。对此，我们一定要加强学习教育和引导，要从理论与实践的结合上讲清辩证唯物主义原理，使同学们真正认识到马克思主义哲学是我们特有的最锐利思想武器，学会掌握和运用它就会如虎添翼。

钱先生结合自身经历深情而坚定地说：我是马克思主义的信奉者，我从长期的工作实践中认识到，只有马克思主义是科学真理，它揭示了人类社会的发展规律，指明了从必然王国向自由王国发展的途径。马克思主义哲学是人类科学知识的最高概括，是科学的世界观、人生观、价值观和方法论。一个人民科学家，他首先而且必须有一个科学的世界观、人生观和价值观，必须牢牢掌握辩证唯物主义这个根本的科学方法论。所以我几十年来，一直在努力学习和掌握马克思主义哲学，总是试图用马克思主义哲学指导我的工作。我深深感到，马克思主义哲学是智慧的源泉！而且一个马克思主义者是决不会不爱人民的，也决不会不爱自己祖国的。

钱先生说：也只有这样，才会在任何时候都不迷失道路和方向，在科学上的一切辛劳也不会白费，才能够真正做到对人类、对自己祖国做出有益的贡献。钱先生一再呼吁学生和年轻教师们努力学习和运用马克思主义哲学，坚持以辩证唯物主义思想指导工作。①

三、全面贯彻党的教育方针

钱先生说：据我了解，我们学校也包括整个教育界一些人对党的教育方针的认识和理解总是带有一些片面性，强调某一个方面，又忽略某一个

① 根据国防科技大学档案馆资料整理。

方面。前几天，有个学校领导对我说：钱老，您总是强调培养拔尖人才，全面发展能够在技术上拔尖吗？看来他将培养创新拔尖人才与全面发展的人才对立起来了。其实，我所强调的创新拔尖人才，就是全面发展的复合型人才。你没有全面发展，你又怎么可能“冒尖”呢！即使你想在专业技术上去拔尖，也不是你所钻研的很窄很窄的一点专业知识和技巧就会“冒尖”的，而是需要宽广坚实的基础，才有底气、有能力去创新“冒尖”。

钱先生指出：我们党的教育方针强调德智体美（钱先生常常将美连在一起讲）全面发展，是建立在辩证唯物主义哲学基础之上的，从毛主席开始一直到现在历来就是这样强调的。我回想，民国时期的北京师范大学附中，我早年在那里上学时，也强调全人格教育，实际上也是全面发展。这就说明全面发展也是教育教学规律内在的必然要求。本来这是最基本也是最起码的要求，也没有什么太深奥的道理，可为什么有些学校领导和老师们却做不好呢？钱先生希望大家从学习领会掌握辩证唯物主义原理，并以此为指导，来全面贯彻落实党的教育方针。

钱先生先后三次分别在各级领导干部和专家教授的座谈会上，根据辩证唯物主义原理，比较系统阐述了这个问题。钱先生指出：从辩证唯物主义系统科学的观点看，一个人格健全的人本来就应该是德智体美各方面都内在地密切联系在一起，协调全面发展的。有人主张个性化发展，其实我也讲个性发展，但个性发展必须是在全面发展基础上的个性发展，而不是单方面的个性发展。如果只是强调某方面的个性发展，这是片面的，有缺陷的，甚至会培养出不合格的所谓“人才。”

为什么说德智体美是内在联系，必须全面协调发展呢？钱先生指出，德育是人全面发展的方向。中国几千年来非常注重伦理道德，我们共产党人更是这样。一个人只有把德树起来，培养具有坚定理想信念，牢固确立马克思主义世界观、人生观和价值观，具有崇高志向、高尚品德，能遵纪守法，热爱党、热爱祖国、热爱人民、热爱社会主义、热爱科学，将自己的一生献给科技事业，献给世界和平事业，这将为他一生的发展奠定坚实的思想基础。德育还为其他各种教育指明方向和提供思想动力。但是德育本身也不能只是单纯依靠本身的力量或只是注重政治理论课这个主渠道教育，德育必须结合渗透到智育体育美育等多项育人工作中去，实行全方位、全领域、全过程育人。

智育是人全面发展必备的知识和能力的重要基础。我们常常说，这个人真有本事，特别能攻坚，能解决理论和实际应用中的问题，具有很强的创新能力，这里除了德育和其他各方面育人的作用外，智育是基础，是关键。钱先生是主张培养德才兼备、又红又专的人才。其实其他各种育人，包括德育在内都必须建立在系统知识和智能技能的基础之上的。可以说学校的大部分工作就是对学生系统地传授科学文化知识和技能，培养具有创新意识、创新精神和创新能力的拔尖人才。

钱先生说：我对智育的要求和标准比较高。要求学生掌握的知识面要宽、广、厚，对所学知识要融会贯通，在博的基础上有所专；要有强烈的前瞻意识，能敏捷捕捉各类科技新信息、新思想、新技术；要有强烈的好学求知精神与自学能力，有专心致志攻坚突破的科学研究能力，有善于分析问题和解决问题的实用能力；有一定的组织管理和处理人事关系的能力，等等。当然这只是我的要求，可能有一些学生难以做到。但是智育本身同样离不开德育引领方向、提供强大的思想动力支持，也离不开体育对生理和毅力的支撑，离不开美育对情感的调节和宏观思维的拓展，等等。

体育是人全面发展的心理生理素质基础。钱先生说：据我了解，许多学校对体育缺乏重视，也可以说是全国教育在这方面共同的短板。这就需要大家一齐努力来改变这种现状，要深刻认识真正懂得体育的重要。学校通过体育卫生心理生理课和一系列健康体育活动以及社会实践劳动锻炼等，能够培养学生刻苦学习的精神和顽强拼搏的科研精神，培养热爱生活、积极向上的心理，热爱劳动、懂得劳动的价值，形成互助友爱的道德风尚，增强学生体质和提高他们的心理调节能力以及生理健康水平等。所以要真正重视这项工作，善于教育引导学生自觉养成讲究卫生和经常锻炼身体的良好习惯，养成按时间节奏有序学习工作生活的良好习惯，使学生能够保持精力充沛，具有朝气蓬勃健康向上的生理心理条件。实际上，体育也为其他方面育人的顺利实现提供了健康的体魄、心理和生理支撑。但体育本身同样必须依靠德育提供精神动力，依靠智育提供体育卫生心理生理方面的知识和技能，依靠美育激发兴趣、调节心理、乐观向上、挑战困难和欣赏各种体能造型的美感。

美育是人全面发展关于情感、审美、心理调节、宏观思维以至创造性思维培养等方面的重要组成部分。可以说，除了培养这方面专业人才之外，美育是最容易被忽视的。在相当多的学校，尤其是一些理工科学校将美育看作是可有可无的。所以美育需要全国上上下下都使劲，要在国家教育体制方面做些调整和改革，保证美育落到实处。美育的影响与作用常常是潜在的，这也是难以引起人们高度关注的原因。其实美育的教育作用是其他教育内容无法替代的，具有很强的育人功能。

首先，美育可以提高我们的审美观。钱先生说：我常常在想，我国制造和生产的许多产品，我们的技术水平并不比别人差，可是我们的工艺却落后很多，有的产品做出来很难看，卖不出去。这不能不说与美育没有关系。美育是培养学生感受美、热爱美、欣赏美、表现美、鉴别美和创造美的情感和能力，一个接受过良好美育的学生，他的审美观是不会差的。

其次，美育能够丰富学生激昂向上的精神生活和提高学生的精神境界，使学生具有自觉抵制社会不良倾向和低级趣味的能力。

再次，美育陶冶学生情操、启迪学生心灵、完善学生审美的心理结构。我们常常看到一些人气质优雅、举止文明，一般是受过良好教育，当然包括美育；一些人为人善良、宁愿自己吃亏也乐于助人，充分展现出他的心灵美，这与美育是有关的。可以说，人类的美无处不在。

最后，美育是培育学生形象思维以至创造性思维的一门学问，人们在进行科学研究时，往往通过大跨度的形象宏观思维，冒出了创新的火花，解决了科研中的问题。美育还能协调其他各育的和谐发展。所以美育非常重要，教育行政部门和学校都应当高度重视。持之以恒地通过美学、美术、文学、艺术、音乐等教育和丰富多彩的文化艺术活动，以及参观各类艺术雕塑展览等方式进行美育。但是美育本身同样也离不开德育智育和体育的支撑，德育能提高和巩固美育的道德情操，智育能给美育提供知识和技能，体育能给美育提供体力和意志力。

钱先生认为，在学生全面发展过程中，德智体美是相互联系、相辅相成的有机整体。所以我们学校领导和老师们要自觉坚持以马克思主义哲学（辩证唯物主义）原理为指导，自觉贯彻落实党的教育方针，构筑德智体美全面发展的高质量、高水平人才培养体系，实现全人格教育，真正促使学生全面协调均衡和谐地发展，提高学生的整体素质与能力，培养一流科技创新拔尖人才。①

① 根据国防科技大学档案馆资料和陈启智教授、田禾教授的回忆与提供的资料整理。

第六章

钱学森以德育人教育观

国防科委副主任钱学森来国防科技大学做报告，钱学森副主任与教员座谈。

钱先生在改建国防科技大学的四年间，在强调以德育人方面有许多精彩独到的论述和落地见效的措施、做法，形成了钱学森以德育人教育观。

一、无论什么时候都要将德育摆在学校所有工作的首位

1977 年 10 月 6 日，在当时的长沙工学院改建为国防科技大学的前一年，已经受命负责改建工作的钱先生在北京接见了学校领导。在谈到培养什么样的人、怎样培养人这个问题时，钱先生指出："这些日子我常常想到一个问题，就是怎样加强全校的思想政治工作，加强学员的德育。我所指的思想政治工作和德育是广义的，包括学习马列主义、毛泽东思想，日常时事政策教育，经常性的党课教育和政治思想教育，特别是学生政治理论课教学和日常思想工作等。我认为，这是学校应当作为第一位的工作来考虑的，因为这涉及我们培养什么样的人、怎样去培养人这件带方向性的大事。可以说这是非常非常重要的，只能加强，一点也不能削弱。"

钱先生强调：我所说的加强，不是嘴上说说形式上的加强，而是要扎扎实实地加强。我为什么强调这个事呢？有这么一些问题需要大家认真思考：

一是要始终保持高度的政治警觉性。我们国家在酝酿以经济建设为中心，实行改革开放，国门会打开，这是好事。大家会看到和听到许多新鲜事儿，耳目一新，国内外到处都会发生许多变化。但是有一点大家千万不可忘记，不管将来有什么样的变化，西方敌对势力对我们社会主义中国"西化""分化"的图谋，在任何时候、任何情况下都是不会有任何改变

的。他们将把重点放在年轻人身上，还有国内一些封建落后的消极腐朽的东西也一直在影响年轻人。所以我们必须时刻保持高度的政治警觉，要通过德育切实打牢学员的思想基础，使他们真正确立马克思主义的世界观、人生观、价值观，增强政治免疫力。不然，我们培养培养，就将这些年轻娃娃培养成（政治上的）废品了。

二是要确立德才兼备、又红又专辩证统一的育人观。长沙工学院改建为国防科技大学，主要是为国家发展下一代战略武器培养高质量、高水平的国防尖端人才。这在专业技术上的要求是很高的，而且将来我们培养的人在专业技术上一定要创新拔尖，不然就完成不了党和国家赋予的神圣使命。这样问题矛盾就来了，专业技术上要拔尖，又怎样保证学生思想过硬呢？这就需要我们以辩证唯物主义原理为指导，认真思考和处理这个问题了。我认为，实际上这两个问题即德与才、红与专，也就是我们常常所说的思想过硬与专业技术拔尖是辩证统一的。大家想一想，如果这个学生思想不过硬，他的德没有树起来，读书学习的目标和方向不明确，学习精神和动力不足，那么他的专业技术学习能有多大长进呢？而只有当他的思想基础打牢了，德树起来了，为国家强盛、民族复兴而读书学习的目标明确了，也就自然会激励他发奋学习专业技术。你们认为是不是这个道理？

三是确保教职工思想政治工作落到实处。我们学校是从事教学科研的单位，执行六分之五工作制度，也就是说全校教职工一周有六分之五（当时没有双休日）的时间是做专业业务工作，而只有六分之一的时间进行思想政治工作。我为什么要讲这件事，这涉及学校的政治氛围和办学方向问题。再说，教职工的思想不过硬，怎么去培养学员的思想过硬呢？那么，在有限的时间内，如何确保教职工思想政治工作落到实处，希望大家多动动脑筋，出主意，想办法。

钱先生建议学校各基层单位每周政治学习教育预先做出周密科学的计

划安排，提前让大家做准备，譬如：集中学习时，提出一个大家普遍关注的问题进行预告，同时预先安排一个政治理论水平比较好、平时又爱动脑子的教师或政工干部提前做点准备，学习讨论时做中心发言，然后大家围绕主题展开讨论，最后主持人做个小结。当然，还有其他的办法措施，总之要在这个有限的时间内确保政治学习和思想政治工作的效果。

钱先生要求安排学习马列著作和毛泽东著作，最好以读原著为主，以便完整准确理解马列主义毛泽东思想。钱先生在 1978 年至 1981 年的四年间，在学校多次讲过以上这些问题。①

二、不断创新德育的内容方法和手段

钱先生认为，德育的内容是丰富多彩的，有马列主义、毛泽东思想教育，有爱党、爱国、爱社会主义、爱人民教育，有革命文化和其他先进文化教育，有传统文化教育等，但是最根本的德育是以马列主义、毛泽东思想为主的政治理论课教育教学。钱先生说，政治理论课教学，是领头的、挂帅的基础课，是德育的主渠道，要切实抓紧抓好。钱先生先后多次到政治理论课教研室调研，对部分课程做了调整，将政治经济学并入科学社会主义这门课中，将中国近代史与中共党史结合起来讲授，加强马克思主义哲学教育，增设科技发展史和部分人文社会科学课程等。

钱先生解释为什么将中共党史和近代史结合起来讲授时，他指出，中共党史与中国近现代史实际上是紧密联系在一起的。中国共产党的辉煌斗争史不仅在中国近现代史上，而且在中华民族五千年的文明史上都占据极为重要的地位。我们要从历史长河中，充分认识这些宝贵史料，教育学生弄清楚一些基本问题：为什么曾经非常强盛的泱泱大国在近代史上却长期

① 根据国防科技大学档案馆资料整理。

遭受帝国主义、封建主义和官僚资本主义“三座大山”的压迫，尤其是遭受强敌侵略，丧权辱国，山河破碎，民不聊生？为什么许多仁人志士苦苦寻找救国救亡的道路，却还是长期在黑暗中挣扎？又是什么力量和什么精神使中华民族站了起来，中国人民真正当家做了主人？搞清楚这些问题，有助于帮助学生增强对马克思主义的信仰，对中国共产党的信赖，对社会主义的信心。

钱先生特别指出：对中国化的马克思主义，即毛泽东思想学习教育要联系国际共产主义运动史、中国近代史和中共党史。钱先生认为，理论是社会实践的观念形态反映，理论的独特性根基于中国社会存在和实践的独特性。中国长期处在半封建、半殖民地的世界东方，而我们仿效的苏俄过去是半资本主义、半农奴制的欧洲社会。近代史上中国遭受多个帝国主义国家和法西斯国家的侵略和掠夺，国内有军阀势力的割据和混战，封建买办官僚资本主义对人民的残酷剥削和压迫。有各种思潮，有主张全盘西化的，有守旧的国粹派，有马克思主义的信仰者等；在马克思主义队伍中又分为中国化的马克思主义与全盘共产国际，即苏俄化的马克思主义等。有各种政治派别，有国民党、共产党，还有其他党派。他们都有各自的理论、目标、纲领、策略，相互间既有斗争或竞争，也有一时的合作。有各种革命的运动模式。实际上中国革命远比苏俄革命要复杂得多，也比当年马克思恩格斯所处的西方社会革命艰难得多。

钱先生指出，中国是一个极具内部差异和矛盾的复杂社会，所以简单套用共产国际，即苏俄革命经验和理论，必然会招致严重的失误和惨痛的失败。以毛泽东为代表的中国共产党人，把马克思主义的普遍原理与复杂具体的中国革命实践紧密结合起来，创造了井冈山精神、长征精神和延安精神，形成了具有东方智慧的毛泽东思想，解决了一系列复杂的中国社会问题，创建了社会主义新中国，极大地丰富和发展了马克思主义。

钱先生认为，随着中国建设与改革的发展，中国化的马克思主义又有新的发展，我们要将这些新思想、新理论、新内容及时充实到讲义和教材中去。

为什么增设科技发展史，钱先生解释，作为未来的国防尖端科技人才很有必要了解科技发展史，了解我们这个文明古国曾经为人类科学发展做出过杰出贡献。钱先生指出，我们中国曾经发明了指南针、造纸术、印刷术和火药。过去大家总认为火箭是西方国家发明的，其实不然，正是因为我们发明了火药，才有火箭的。我国还有一些先进的东西，外国人拿去用了发展了。所以我们要教育学生从先人的智慧中汲取营养和力量。

钱先生认为，厚植爱国主义情怀是最大的德育。 中央在介绍钱先生生平时说：“他具有崇高的民族气节，对祖国和人民无限忠诚，始终把爱祖国、爱人民作为人生的最高境界，自觉把个人志向与民族振兴紧紧联系在一起，为祖国强盛和人民幸福鞠躬尽瘁，死而后已，不愧为爱国知识分子的杰出典范。”众所周知，钱先生是国人的爱国楷模，他的爱国主义精神深深地感动了一代又一代的中国人。

钱先生出生于 1911 年 12 月 11 日，那一年孙中山领导的辛亥革命结束了统治中国两千多年的封建君主专制制度，但中国人民仍然处在封建主义、帝国主义、官僚资本主义的重重压迫之下。钱先生从小耳闻目睹强敌侵略、军阀混战，山河破碎的旧中国情景，从小就立下了科学救国、振兴中华的崇高理想。可以说，强烈的爱国情怀是贯穿他一生的主旋律，也是激励他毕生奋斗的力量源泉。

钱先生在改建学校期间，曾经多次与学生谈爱国话题。钱先生指出，爱国是中华民族的传统美德，是中国人都认同的基本价值准则。十多亿中国人都生活在中华民族这个大家庭，每个中国人都有中国心、中国魂，祖国就是我们的父母。钱先生常常教育引导学生要有满腔的爱国情怀，在内心深处真正将祖国作为自己的母亲，一生为国家强盛、民族复兴而顽强拼搏，死而后已。

钱先生十分关心学生的健康成长，多次亲自到学生宿舍看望学生，与他们亲切交谈。当他了解到有些学生学习目的并不十分明确，1981 年 4 月 1 日晚上，钱先生通过与校刊记者访谈的形式，以“为中华崛起而读书”为题，用自己的人生经历启发和教育广大学生。

钱先生说：“春节期间有个你们学校 78 级回北京的学生向我提出考不考研究生的问题，我没有直接回答他的问题，而是反问了一个问题：你为什么要考研究生？为什么而学习？”钱先生说：“一个青年人，学习总要有个目的。我是在国民党统治下的旧中国上学的，那时我自己和我的许多同学都有一个信念：国民党的反动统治，早晚是要结束的，祖国的命运终归是要掌握在人民手里的。我们学习，就是为了建设未来的祖国。那时，学生中不仅直接参加革命的人有这个想法，其他学生也有这个想法。我是上海交大的学生，上海交大是旧铁道部办的。别的大学，毕业生都是自己找职业，而上海交大的毕业生，都由铁道部分配工作，所以都是有饭吃的。但是我们学习并不只是为了有饭吃，我们学习的目的，就是为了建设祖国，振兴中华。为什么我们有这样的想法？因为我们爱国，不，可以说我们非常热爱自己的祖国！这种强烈的爱国主义思想又是怎样产生的呢？那时中国是一个半封建半殖民地国家，受尽了帝国主义的欺侮和压迫。每个中国青年，都强烈地感觉到‘三座大山’压在自己身上，唯一的出路是推翻‘三座大山’。我们这些在上海读书的青年，都看见黄浦江畔外滩公园的门上，挂着一块‘华人与狗，不得入内’的牌子，把我们中国人和狗排在一起！想到这些，使我们热血沸腾，下决心学习救国的本领。

“有了这个学习的动力，就什么困难也不怕，真是死也不怕。现在的中国，当然比我们那个时候好得多了，因为有了中国共产党的领导，这个党是以最科学的马克思列宁主义学说作指导的，唯一的宗旨就是为人民谋利益。当然，我们现在也有困难，但是我们已经明白了这个困难是怎样产生的。产生这样的困难，一点也不奇怪。在刚刚得到解放以后，要在中国这样一个背着两千多年封建统治和一百多年半殖民地历史包袱的几亿人口的大国，建设社会主义，没有经验，也没有样板，要是不产生一些困难，不产生一些差错，那才叫奇怪呢！”

钱先生说：“只有共产党领导的社会主义才能够救中国，这个科学真理已被实践所证明。同学们一定要把这个道理搞清楚，一定要为实现祖国的‘四化’而学习，而奋斗。只应该有这个学习目的，不应该有其他的目的。只有解决了这个问题，学习上你才能坚定，才不会动摇。因为学习上是会有各种各样困难的，而且有时还会遇到相当大的困难。会遇到各种诱惑、各种干扰，你动摇不动摇？碰到吹冷风的，你能不能顶得住？至于考不考研究生，考上了研究生后怎么办？在目的弄明确了以后，可以自己回答自己的问题。”“如果你真正要为实现祖国社会主义‘四化’而奋斗，为了中华崛起、国家强盛而学习，那么你就不会老是想将来怎样发表论文，怎样成名、成家，怎么升官发财，而是真正想练出一身祖国建设所需要的过硬本领。”

钱先生的儿子钱永刚曾经谈到他父亲的五次人生选择，每次都以国家利益为重。第一次是报考大学，他的学业，无论语文、数学、音乐、美术，门门拔尖，他本可以选择对于自己未来发展更好的专业，但是他受孙中山先生“实业救国”思想的影响，选择报考了上海交通大学机械工程学院，学习铁道机械工程专业。

1932 年 1 月 28 日，日本侵略上海。钱学森目睹日本飞机在大上海狂轰滥炸，他又做出了人生的第二次重大选择：改学航空工程，矢志航空救国。为此，钱学森利用业余时间读完了校区图书馆里所有航空方面的书籍，这在当时被传为一段佳话。

从上海交大毕业后，钱学森考取了清华大学“庚子赔款”公费留学生，赴美国麻省理工学院学习航空工程专业，也就是飞机设计专业。在学习航空工程的过程中，钱学森感到航空工程的依据基本上是经验，很少有理论指导，如果能掌握航空理论，并以此来指导航空工程，一定可以取得事半功倍的效果。于是，他又做出了人生的第三次重大选择：从做一名航空工程师，转为从事航空理论研究的科学家。

20 世纪 50 年代，中华人民共和国成立，钱先生冲破美国重重阻力回到了祖国。国家迫切需要他组织航天科技大军研究中国的导弹火箭，这又使得他做出了人生的第四次重大选择：从学术理论研究转向大型科研工程建设。既然以国家的需要作为自己工作的选择，就义无反顾地把毕生精力贡献给中国航天事业。在当时国家财力物力都非常困难的条件下，经过半个多世纪的发展，中国跻身世界航天大国之列，弹（导弹）、箭（火箭）、星（人造卫星）、船（飞船）、器（航天飞行器）全面发展。钱先生出色地完成了国家赋予他的神圣使命。

1982 年，钱先生从工作一线退下来，已经 70 岁了，此时的他已功成名就，完全可以休息了，写写回忆录，做做报告……但是钱先生又做出了他人生的第五次重大选择：再次回到学术理论研究中。从 70 岁到 85 岁，钱先生以独到的研究角度，在系统科学、思维科学、人体科学、地理科学、军事科学、行为科学、建筑科学以及马克思主义哲学等诸多领域提出了一系列新观点、新思想、新理论。

钱先生的一生是为国家强盛，为中华民族伟大复兴鞠躬尽瘁顽强拼搏的一生。[①]

钱先生伟大爱国主义精神是国人的光辉典范，他多次对学校强调，要使学生满腔热情地爱社会主义伟大祖国，就一定要坚持把爱国主义教育与热爱中国共产党、热爱社会主义、热爱人民的教育结合起来。钱先生指出，爱党、爱国、爱社会主义、爱人民本质上是一致的。只有认真学习马克思列宁主义、毛泽东思想，把对伟大祖国深情的爱建立在马克思主义的原则、立场、观点上，才能厚植爱国主义情怀。

钱先生认为，中国传统文化教育是德育的重要内容。钱先生要求学校注意引导学生从传统文化中汲取丰富的德育营养。他两次考察学校图书馆要求增加中国历朝历代的经典和名著，分别找学校领导和负责人文教学的教师专题谈传统文化教育。钱先生说：中国文化源远流长，博大精深，璀璨辉煌，是中华五千年文明传统形成的主要标志。从黄帝到夏商周，特别是周朝的战国时期，出现了中国历史上第一次“百花齐放、百家争鸣”的思想文化大解放，形成了道、儒、墨、法等哲学思想流派。

道家代表人物老子，他的代表作是影响全世界的《道德经》。老子以宇宙为本体，即是“道”，认为道是自然的法则，先天而存在。所以老子提出：人法地、地法天、天法道、道法自然，老子依据这种宇宙观要求人类返归自然，返璞归真。墨家主张兼爱，认为天下之乱，是由于人类不相爱。人类兼相爱，则国与国不相攻，家与家不相乱，盗贼无有，君臣父子皆能孝慈则天下治。墨家教人勤俭，提倡节用，倡导“节葬”“非乐”。墨家思想对后世有较大影响。法家强调以法治理国家、教育人民。代表人物有商鞅、管仲、韩非子等。商鞅强调以国家为主体，以人民对国家公德为无上之德，竭力排斥直接或间接危害国家的私德。他尚武重军事，尚实利

① 根据国防科技大学档案馆资料和钱永刚在全国弘扬科学家精神报告团巡回报告部分内容整理。

重农桑。韩非子认为法律是治理国家的根本。管仲注重道德与生计的关系，提出："仓廪实而知礼节，衣食足而知荣辱。治国之道，必先富民，民富易治，民贫难治。"

钱先生认为，对后世影响最大的是儒家，儒家文化是中国传统主流文化。儒家学说，祖述尧舜，宪章文武，宗师仲尼，即孔子，还有孟子、荀子等。孔子一生的贡献是多方面的，他删《诗》《书》，定礼乐，序《周易》，作《春秋》，对周代包括周以前的思想文化进行综合整理，融会贯通，集其大成，发扬光大，奠定了儒家作为中国主流传统文化的基础。

孔子思想核心是"仁爱"，《论语》有58章讨论"仁爱"，105处提到"仁爱"。理学家戴东原解释"仁者生生之德也"。宋代理学家陈明道在《识仁篇》解释"仁"，"仁者以天地万物为一体，莫非己也。"近代著名教育家蔡元培先生认为，"仁"为统摄诸德，完成人格之总称。仁爱是博施济众，无所不爱。爱人类，爱自然界，对父母孝，对兄弟悌，对朋友信，对国家忠，对社会为至诚，对人民为大爱。孟子和后来的历朝历代的儒家代表人物，在某种程度上继承和发扬了儒家以伦理道德为主的文化。钱先生要求学校将传统文化作为德育必修课，同时要求各系图书室增加这方面藏书，方便学生随时阅览。

钱先生对德育方法手段创新尤其重视。他认为，德育的目的不是为了在课堂上单纯地传授这方面的知识，这样会让学生觉得有点枯燥，难以起到育人的效果。钱先生要求将德育重点放在解决学生高度认同的"真信"上，即对马克思主义的信仰、对中国共产党的信赖、对社会主义的信心，牢固确立马克思主义世界观、人生观和价值观，真正将德树起来。钱先生强调将理论密切联系实际的原则贯穿德育始终，引导学生始终关注世界大事，关注国家改革开放形势，紧密联系学生思想实际。

钱先生指出，德育除了采用课堂知识传授、参观见习、社会实践等传统的做法外，要创造一些生动活泼引人入胜的新形式、新方法，比如讲故事，举办研讨会、主题演讲、师生对话、正反事物和新旧制度对比等，使德育充分互动，活跃起来。

钱先生指出，传统文化教育，完全可以将各个时期的典故编成一个个的故事讲。革命文化教育也可以将老一辈革命家的事迹编成故事讲。钱先生要求把每堂德育课打造成精品课。他说，所谓精品课，就是你讲得生动、深刻、入耳入心、入情入理。所以，钱先生提倡集体备课，而且要求负责德育的学校或部门领导也尽可能地参与备课，每堂课都集思广益、反复提炼，一直到所有参与备课的教师和领导都满意为止。

钱先生要求学校积极创造条件，普遍地运用计算机网络、电视、电影、传媒等直观形象的教育教学手段。①

三、建立党委抓总、教师为第一责任人的德育机制

钱先生认为，学校党委对德育负总责，将全校德育统起来管好抓好，这是校党委的重要职责。钱先生建议学校党委定期每个季度分析一次全校各类学员的思想情况，督促检查一次全校教职工的德育情况，提出下一步德育工作的具体要求，对于一些好的做法及时在全校推广，发现问题及时纠正。定期每年召开一次全校德育经验总结交流会，表彰先进典型，推广先进经验。

但是，钱先生认为，要真正将德育落到实处，教师是关键。因为教师与学生朝夕相处，对学生各方面的情况比较了解，在学生中的威信比较高，学生也比较听老师的话，中国历来就有尊师的传统。所以，要切实抓好教书育人这个关键，而且每个老师必须非常明确，教书育人是他们的神

① 根据国防科技大学档案馆资料和田禾等人文社会科学学院教师提供的资料整理。

圣使命。钱先生同时也指出，根据他所了解到的一些情况与他期待的要求相差比较大。主要表现有这样几个方面问题：

一是多数教师尤其是专业技术课教师，认为德育的主要责任是学校各级党组织、政治机关、政工干部的事，与他们关系似乎不是很大。虽然他们也做一些育人方面的工作，但缺乏积极性和主动性。

二是专业技术教师普遍认为，德育是政治理论课教学的主渠道，除了学校各级党组织和专职政干部外，政治理论课教师应当承担更多的责任，似乎他们所从事的专业技术教学与德育无关。

三是有部分政治理论课教师在教学中单纯以传授知识为主，并没有在育人确立学生崇高理想信念、革命人生观和价值观上下功夫。

四是有些具有高级职称的教授或导师主要精力放在搞科研做课题，没有承担或很少承担教书育人工作，有的导师手下有多个研究生，有的研究生在学校三年只是在毕业答辩才见到导师。钱先生说，这样的情况在全国理工大学普遍存在。

针对以上这些情况，钱先生在1979年下学期学校年度教学代表会上做了一次比较系统的谈话。钱先生指出，学校的中心任务是培养德智体美全面发展的高质量、高水平国防尖端人才，但是德育始终是学校各级党组织和全校教职工摆在各项工作首位的工作，是神圣的职责。钱先生明确指出，教师应当是德育的第一责任人。钱先生说，有的教师可能不赞同我这个观点，那只能说明你并不了解自己的神圣职责。钱先生指出，教师的主要责任就是教书与育人，既传授知识又培育学生道德素质和提高思想水平。那么如果你只管传授知识，不注重育人，那你就没有尽到一个教师应有的神圣职责，甚至与教师这个光荣称号不相称。钱先生认为，出现这样的情况，原因是多方面的，既有政策上的导向，也有认识上的误区和片面性。所以学校制定政策、制度、措施一定要向教书育人方面倾斜，学校的科研固然重要，但育人是第一位的工作，即使是科研，也是为了提高教学水平和教学能力，更好地育人。

钱先生指出，无论政治理论课教师，还是专业技术教师，也无论是教授导师，还是普通教师，都要积极主动地共同承担起教书与育人这个神圣职责。究竟怎样将这项工作做好做实呢？钱先生认为，首先要明确教师是德育第一责任人。这不能仅仅作为挂在嘴边和贴在墙上的一个口号，而是要有政策、制度、措施保证和激励他们自觉去这样做。

其次，要从思想认识上牢固确立树德与成才辩证统一的观点。实际上大学生的成长发展，树德与成才在本质上是相互联系、相互促进、辩证统一的。那么我们为什么要将两者人为地分开呢？这主要是思想认识上长期以来存在误区、偏差和片面性。钱先生指出，只有当一个学生真正懂得他是为中华崛起、民族复兴而读书学习，做一个有理想、有道德的人，有了明确的学习方向和强大的精神动力，他就自然会努力去掌握实现国家富强民族复兴的真正本领，而决不会为了一己私利去学习。

再者，要把讲大道理和小道理紧密结合起来，这个问题非常重要。钱先生说：我所说的大道理至少有两点要给学生经常讲反复讲的。第一，讲辩证唯物主义的基本原理和方法，使学生真正懂得辩证唯物主义是揭示自然界、人类社会和思维发展的一般规律，是科学技术的最高概括，是人类知识的最高概括，是一切社会实践的最高概括，是智慧的结晶。只有使学生真正确立了科学的世界观和方法论，他们才找到成人成才的锐利思想武器。为了做好这一点，我提倡政治理论课教师和专业技术教师互相学习对方的一些知识，专业技术教师要学习掌握辩证唯物主义的原理和方法，并自觉贯穿到教育教学中去，政治理论课教师也要学习自然科学方面的一些知识。这样能增强教育教学的针对性，当你讲授辩证唯物主义是科学技术的最高概括、人类知识的最高概括时，你就会更有底气一些，讲授也可能更加联系实际一些。第二，经常讲学生将来肩负的神圣使命，让学生清醒地认识到他们现在所学习掌握的知识本领就是为发展国家下一代武器装备服务的，是直接捍卫国家利益、奠定世界强国地位的神圣事业。

所谓小道理，钱先生指出，就是将课程中所蕴含的科学精神、价值取向和伦理规范充分挖掘出来，让学生在整个专业课程学习中潜移默化地提高道德素养和思想水平。

钱先生说，实际上我们的课程，不仅政治理论课有这个功能，而且专业技术课也有这个功能。特别是我们学校是以技术科学构筑起来的学科专业体系和课程体系。技术科学基本特征是理工结合，就是将理论与实际灵活地结合，这就是辩证唯物主义的真髓。这样将大道理与小道理密切结合起来，使学生始终处在浓郁的树德成才的氛围中，能够切实促进学生的健康成长。①

四、构筑全方位德育网络动态体系

钱先生认为，德育需要全方位覆盖。他先后提出：教书育人，科研育人，管理育人，服务育人，环境育人，几乎涵盖了学校各个方面的育人工作。钱先生指出，要将这五个方面的育人工作落到实处，至少需要解决好三个问题：一是要有人管有人抓，而且既分工明确，又能相互协调；二是要有强有力的制度、政策、措施、保障，从机制上激励德育工作的积极性和创造性；三是要建筑和形成一个德育动态网络体系。

钱先生认真分析了第一个问题，他认为这是德育工作三个问题中最重要的问题。实际上学校有一个比较庞大的德育工作队伍，直接从事德育工

① 根据国防科技大学档案馆资料、张文峰《工作日记》和陈启智教授的回忆整理。

作的有各级党组织，有教师队伍、专职政工干部队伍、校系机关干部队伍，以及各级各类管理干部队伍；有间接做德育工作的服务保障队伍、学生骨干队伍。钱先生指出，队伍虽然比较庞大，但分工必须明确。钱先生建议各级党组织，尤其是校党委要负责抓总，定期分析各类学生的思想情况，督促、检查、推动全校的德育工作；要求政治机关负责全校德育工作协调和政策制定，组织参观革命纪念馆和丰富多彩的文化娱乐活动；要求教务机关负责德育制度、措施的制定，组织第二课堂和社会实践活动；要求后勤保障机关负责校园环境的绿化、美化和给学生创造高质量的生活保障条件；要求教师以教书育人为主要职责，把德育放在第一位；要求专职政治干部主抓德育工作落实，组织学员开展经常性的政治思想教育、时事政策教育和做好个别人的思想工作；要求各级各类管理干部规范和训练学生的行为举止，保证学生正常的学习和生活秩序；要求服务保障人员给学生及时提供学习和生活用品；要求学员骨干队伍尽可能地给学员队领导及时反映一些学生思想情况，协助队干部做好个别学生的思想工作。钱先生特别提出，学生骨干也是受教育的对象，对他们的要求只能是尽可能地协助，不能强迫他们去做他们做不到和无法做的事。

关于第二个问题，钱先生认为，主要是从政策制度措施上充分调动全校教职工德育的积极性与创造性。这项工作涉及的范围广，参与的各类人员多，如果没有相应的政策、制度、措施，就会造成消极应付，相互推诿。所以钱先生要求学校领导和机关主管部门在广泛调研和充分论证的基础上，提出各类相关的政策、制度、措施，经学校党委讨论批准后在全校推广执行。

关于第三个问题，钱先生认为，要使各类德育人员真正形成一个相互沟通、相互联系、相互促进的动态的德育工作网络体系，德育全覆盖才可能真正实现。钱先生建议学校党委下功夫抓好这项关系学校育人的根本工作，要求由学校机关负责抓总和统筹协调，坚持雷打不动地定期将各方面的负责人召集起来，通报德育新情况、新进展、新特点、新发现，总结新经验、新做法，提出新要求、新措施，促使全方位德育工作体系中的各个链条始终紧密相连，整体有效推进。[①]

① 根据国防科技大学档案馆资料和陈启智教授、田禾教授、李超然研究员的回忆整理。

第七章

钱学森民主开放学术观

国防科委副主任钱学森来国防科技大学，向教员做报告。

钱先生从学从教从研一直是在浓郁的学术氛围中走过来的，所以，学术在他的科学思想和教育思想中占有非常重要的位置。钱先生在学术界一贯积极倡导开展民主开放的学术活动，营造浓郁的学术氛围。钱先生晚年提出的“钱学森世纪之问”，实际上他所问的基本上还是一个学术问题。

一、钱学森深谙古今中外学术文化的真谛

钱先生要求学人们从传统学术文化中汲取营养，他认为，我们中国历来具有好的学术传统。钱先生在学校先后几次提到南宋淳熙二年著名的“鹅湖之会”，钱先生说，鹅湖之会，在学术开放、集群辩论、自由竞争这方面要早出西方国家一百多年。所谓鹅湖之会，是南宋著名学者陆九渊与朱熹在不同学术主张上的一次激烈争辩。这次学术争辩会由当时另一著名学者吕祖谦发起。与会者还有江浙一带的学术大家。朱熹在晚年又与陆九渊围绕《太极图说》展开过一次激辩。钱先生说，看来当时南宋学术就已经很民主开放，自由争辩是常见的。但是当时学术上的激烈争辩，并不影响学者们之间的感情。鹅湖之会后不久，朱熹为南康守，专门邀请陆九渊访学，请他在白鹿洞书院讲学。主题为“君子喻于义，小人喻于利”，深刻揭露当时一些学者的通病，听讲人莫不为陆九渊的高水平讲学所感动。朱熹为了感谢陆九渊，将他的讲义刻于学院的石门以警示广大学子，可以说这是宋代优良学风的生动写照。

钱先生指出，其实南宋与北宋在学术上都是值得称道的。两宋时期的国力总体上是比较弱的，但是学术却非常繁荣，提出了许多新的学术

理论、学术思想，产生了比较多的学术流派，著名的理学就产生在这个时期。

这个时期从中央到地方各州县书院大大小小成千上万个，最具影响的有石鼓书院、白鹿洞书院、岳麓书院和应天府书院，为学者们从事讲学、研究学术、开展学术交流和培养人才提供了很好的平台。两宋期间涌现了一大批学术大家，如周敦颐、王安石、范仲淹、张载、程颢、程颐、罗豫章、李延平、胡宏、朱熹、张栻、吕祖谦、陆九渊等。最具影响的当属程颢、程颐兄弟，特别是朱熹。蔡元培先生认为朱熹在中国古代学术史上，是两个最伟大的学术天才之一。一是孔子集唐虞三代以来的学术之大成，影响了中国社会几千年；二是朱熹集宋学之大成，其学术思想在元、明、清产生深远影响。

对于我国春秋战国时期的学术，钱先生称这个时期的学术为中国学术的黄金期。钱先生指出，春秋战国是西周之后的东周。西周是我国历史上典型的等级森严的封建社会，能够接受高等教育的只是极少数的贵族阶级，即使可以接受初等教育的也只有城市平民，而一般乡村庶民受教育的机会非常有限。而那时的教育也只不过是诵经典、背诗文、演练士大夫礼节而已，所以持续了300多年的西周竟然没有产生一个有名望的大学者。可是到了东周，即春秋战国，随着社会发生剧烈变化，制度遭到严重破坏，许多特殊阶层也随之崩溃，尤其是一些下层贵族降为平民，他们当中的一些文化人，将官府中、贵族家里所秘藏的诗书礼乐带到民间，开始设立私学，广招门徒，讲学传道，普及文化知识，极大地活跃了当时的学术氛围。也因此出现了一些有识之士，他们积极思考寻求解决社会问题的理论和方法。随着诸侯争霸、各国并立，又急需大量人才，给这些有识之士提供了施展才华的良机，他们更加奋发磨砺，研求学术，设坛演讲，促使出现“百花齐放、百家争鸣”的学术黄金期，涌现出了道、儒、墨、法、阴阳、纵横等几大学派和一批学术大师，最著名的有孔子、老子、墨子、孟子、庄子、荀子等。

其次，钱先生认为，在学术繁荣上数得着的还有唐朝贞观至开元年间，这一百多年，是大唐国力鼎盛时期，也是学术的黄金时期。中央和地方都兴办了各类学校，平民子弟也有入学资格，除儒家的经典国子学、太学、四门学外，还设立了研究老庄思想的玄学，除经学外，还设立法科的律学、理科的算学、艺术科的图学、给人治病的医学，等等。此时的大唐，儒学、玄学、佛学遍地开花，涌现出一大批文人墨客诗仙，四邻中的日本、朝鲜，纷纷派遣学生来到大唐留学。

钱先生指出，我国学术文化传统源远流长，博大精深，对推动中国文明发展起到过极其重要的作用，我们可以从中悟出一些成人成才之道。钱先生认为，只有开放民主的学术创新，才有“百家争鸣、百花齐放”的学术繁荣，才能成就一代又一代的学术大师。①

钱先生谈得最多的，还是20世纪20年代在北京师范大学附属中学和以后在美国加州理工学院从学从教从研的亲身经历，他终生难忘当年那浓郁的学术环境和学术氛围。对于北师大附中，钱先生说：“我在那里度过了六年，这是我一辈子忘不了的六年。”

当时北师大附中对学生实行“全人格”的培养，用如今的话说，就是进行全面发展的素质教育。学校的教学特点是考试制度，或者说学生对考试所形成的一个良好的风气：学生临考前是不做准备的，从不因为明天要考什么而加班背诵课本，大家都重在平时的理解而不是死记硬背。考试结果，一般学生都是70多分，优秀学生80多分。如果有的学生临时抱佛脚，靠背诵考了个高分，大家反而瞧不起。

---

① 根据张文峰《工作日记》和田禾教授、李超然研究员回忆整理；参考王凤喈《中国教育史》，湖南教育出版社，2008年版。

钱先生认为：考试就是考学生对知识的理解能力，以及对知识融会贯通综合运用的能力；考学生分析问题、解决问题的思维能力；考学生对事物的观察和想象能力，而不是单纯地靠死记硬背的记忆，以考试分数论英雄成败。所以考风直接影响校风教风学风，同时也影响到社会风气。

钱先生说："那时，附中的学生求知欲很强，把学习当成一种享受，而不是一种困难。学生的知识面很广，每天中午，大家吃了饭，在教室里互相交谈感兴趣的各种科学知识，数学的、物理的、化学的，什么都有。"这种学习氛围源于学生正确的学习目的和学习态度，也源于校方尊重学生个性发展和营造宽松的学习环境。

钱先生认为："这个学校的教学内容也很深刻和现代化。高中一年级教几何的老师是傅仲孙先生（当时他还是北师大数学讲师，新中国成立不久时任北京师大副校长），他所讲的道理是纯推理，得出的道理，不但在教室里如此，在全中国也如此，不但在全中国如此，全世界也如此，就是到了火星，也还得如此！他是把逻辑推理讲得透彻极了，而且也现代化。""化学课，在20年代就讲化学键是由原子外壳层电子形成的，8个电子成闭壳，等等。""当时这个学校的高中分两部：一部是文史部，二部是理工部。我在二部，正课和选修课有大代数、解析几何、微积分、非欧几里得几何，物理学（用美国当时的大学一年级课本），无机化学、有机化学、工业化学，英语、德语，伦理学。伦理学课是由学校校长（称主任）林励儒先生（新中国成立初期任国家教育部副部长）执教，明确道德规范是因社会的发展而演变的，这不也是现代化了吗？化学实验课比较丰富。此外，音乐、美术课学校也是重视的，他们的美术教师就是国画大师高希舜先生。""我在附中就学完了大学二年级课程。"①

① 参考《集大成 得智慧》，上海交大出版社，2007年版，第52—55页；部分内容是1981年11月2日钱学森在北京师大附中80周年校庆会上的讲话。

教育教学内容手段方法的现代化，民主开放的学术环境，浓郁的学术创新文化，给青少年时期的钱先生留下了终生难忘的印象。

钱先生在美国从学从教从研 20 年，对美国极端虚伪的所谓的民主自由恨之入骨，可是他对美国的学术文化却倍加赞扬。钱先生多次回忆在美国加州理工学院学习时的情景："我是 20 世纪 30 年代去美国的，开始在麻省理工学院学习。麻省理工学院在当时也算是鼎鼎大名了，但我觉得没什么，一年就把硕士学位拿下了，成绩还拔尖。其实这一年并没有学到什么创新的东西，很一般化。后来我转到加州理工学院，一下子就感觉到它和麻省理工学院很不一样，创新的学风弥漫在整个校园，可以说，整个学校的精神就是创新。"

钱先生说："在这里，你必须想别人没有想的东西，说别人没有说过的话。这里拔尖的人才很多，我得和他们竞赛，才能跑在前沿。这里的创新还不能是一般的，迈小步可不行，你很快就会被别人超过。你所想的、做的，要比别人高出一大截才行。"

令钱先生终生难忘的是："那里的学术气氛非常浓郁，学术讨论会十分活跃，互相启发，互相促进。""我记得在一次学术讨论会上，我的老师冯·卡门讲了一个非常好的学术思想，美国人叫'good idea'（好主意），这在科学工作中是很重要的。有没有创新，首先就取决于你有没有一个'good idea'。所以马上就有人说：'卡门教授，你把这么好的思想都讲出来了，就不怕别人超过你？'卡门说：'我不怕，等他赶上我这个想法，我又跑到前面老远去了。'所以我到加州理工学院，一下子脑子就开了窍，以前从来没想到的事，这里全讲到了，讲的内容都是科学发展最前沿的东西，让我大开眼界。"

钱先生回忆："我本来是航空系的研究生，我的老师鼓励我学习各种有用的知识。我到物理系去听课，讲的是物理学的前沿，原子、原子核理论、核技术，连原子弹都提到了。生物系、化学系的课我也去听，化学系主任鲍林讲结构化学，也是化学的前沿。鲍林对我这个航空系的研究生去听他的课，参加化学系的学术讨论会，一点也不排斥。”

“加州理工学院给这些学者教授们，也给年轻学生、研究生们提供了充分的学术权力和民主氛围。不同的学派，不同的学术观点都可以充分发表。学生们也可以充分发表自己不同的学术见解，可以向权威们挑战。我曾经与我的导师冯·卡门和另外一个物理学权威因学术问题发生过激烈的争论，其实这在加州理工学院是很平常的事。”

钱先生指出：“那时，我们这些搞应用力学的就是用数学来解决工程上的应用问题，所以人家又管我们叫应用数学家。可是数学系那些搞纯数学的人偏偏瞧不起我们这些搞工程数学的，两派常常在一起辩论。有一次，数学系的权威在学校布告栏里贴出了一个海报，说他在什么时间什么地点讲理论数学，欢迎大家去听。我的老师冯·卡门一看，也马上贴出一个海报，说同一时间他在什么地方讲工程数学，也欢迎大家去听。结果两个讲座都大受欢迎。这就是加州理工学院的学术风气，民主而又活跃。我们这些年轻人在这里学习真是大受教益，大开眼界。”“我在加州理工学院接受的就是这样的教育，这是我感受最深的。”①

钱先生将在北师大附中和加州理工学院的学习称为人生念念不忘的两个高潮。其实这两个高潮，是钱先生以中国为代表的东方国度和以美国为代表的西方国度，在中学和大学先后接受两个不同阶段最具代表性典范性的中西先进学术文化熏陶，在两个不同国度两个不同阶段接受两个不同层次的学术文化熏陶，但有一个共同特点，就是开放民主的学术环境所形成的浓郁的学术创新文化氛围。正是因为这种先进的学术文化熏陶，在钱先

① 《集大成 得智慧》，上海交大出版社，2007年版，第94—97页，原文是2005年3月29日钱学森与其秘书的谈话。

生的思想上打下了深深的烙印。所以他将这两次浓郁的创新学术文化熏陶称为一生中的两大高潮，可见钱先生对创新学术文化教育是何等重视，又是何等期待。

笔者认为，正是因为钱先生在中西这两个不同国度，先后两次受两所与众不同的学校弥漫整个校园的学术创新的校风教风学风的熏陶，对他一生产生了深远的影响。也正是因为受到这两所学校的学术创新氛围的影响，使他一生总是胸怀大志，高瞻远瞩，热爱祖国，服务人民，造福人类。

也正是因为深受这两所学校浓郁的创新学术氛围的影响，奠定了钱先生跨学科、跨领域、跨层次的宽广、雄厚、扎实的理论根基，极大地拓展了他的学术视野，支撑他不断地创造学术上和事业上的奇迹。他在中学就完成了大学二年级的课程，而且成绩还很优秀。在 CIT 读研究生时就解决了当时航空领域两个世界性难题，创立了震惊世界的“卡门—钱”公式，年仅 28 岁就成为世界知名空气动力学家。也正因此，使钱先生智慧的大脑、创新意识、创新思维、创新精神、创新能力，不断地得到激活、拓展、提升，也使他能够不断地创造人生的辉煌。

钱先生一生中总是那样念念不忘这两个浓郁的创新学术文化教育高潮是理所当然的。众所周知，著名的“钱学森世纪之问”，也是钱先生对这两个高潮的回忆与思考时发出的感慨。在钱先生的教育理念中，营造民主开放、浓郁的创新学术文化教育是打造创新拔尖人才非常重要的因素。

二、强调贯彻民主开放的学术原则

钱先生改建国防科技大学期间，尤其是 1978 年，很少有人提到什么学术组织、学术活动和学术氛围之类的事，钱先生到学校不久，就要求学校和各系成立学术委员会，而且要求学术委员会不能只是做摆设，必须有职有权。规定凡是涉及人才培养、教育教学、科学研究、学科专业建设等重大问题，首先由学术委员会充分讨论研究，然后提出意见、建议，提交学校系党委决定。

钱先生多次强调要在办学治校育人整个过程中，始终贯彻民主开放的学术原则。钱先生先后多次在公开场合专门讲学术问题，多次与协助他工作的陈启智、曹鹤荪等教授广泛深入讨论学术问题。钱先生希望改建后的国防科技大学像加州理工学院那样，营造出一种浓郁的学术创新氛围。

当时学校教职工的学术视野还比较窄，可以说整个学校基层单位几乎没有什么学术性活动，更谈不上有什么学术组织了。所以钱先生提出的一些学术主张，并没有得到有效的响应。钱先生当时认为，眼前最重要的工作首先是打开这扇封闭多年的学术大门，逐渐建设一个民主开放的学术环境。钱先生先后多次与校系领导和部分专家教授反复讲：大学实际上就是一个学术组织，开展丰富多彩的学术活动是天经地义的事，没有什么值得非议的。钱先生指出，我们党在学术上历来主张“百花齐放、百家争鸣”的方针，要求民主集中制。

钱先生回忆当年他们多次讨论有关“两弹一星”研究设计方案时，周总理、聂老帅也抽出时间参加。这里上有党和国家领导人，下有一般的技术人员，几十甚至上百人参与学术讨论。大家并没有因为党和国家领导人在场而胆怯，他们常常为一些不同意见争论起来，非常激烈，但是周总理、聂老帅也从不打断任何人的发言，只是认真听着，对有些他们不太明白的技术语言记在本上，事后再问。那种氛围就是“百花齐放、百家争鸣”。最后，在大家充分讨论取得基本一致的时候，由技术总负责人将大家的意见和建议集中起来，由周总理或聂老帅最后拍板。钱先生说，作为学术组织，学术活动本来就是一件非常正常的事。

钱先生指出，现代科学技术越来越明显地呈现出相互联系、相互影响、交叉发展的趋势，自我封闭、各自为政、散兵游勇的时代可以说一去不复返了。钱先生严肃批评他在调研中发现的部分系的教研室与教研室之间、研究室与研究室之间，甚至课题组与课题组之间相互封闭、严格保密的现象。钱先生指出，这是一种小生产、小炉灶、小农思想意识，是难以打开学术大门的，更谈不上办现代化大学。

钱先生十分清楚这些现象和问题与我国长时期闭关锁国有关，也与历史上长时期封建保守思想影响有关。钱先生并没有就事论事，而是建议学校党委围绕“学术在办学治校育人中的地位和作用、怎样开展学术活动、营造学术氛围”为题，在全校自上而下展开了一次深入研讨。钱先生亲自参与研讨并给予指导，钱先生指出：学术在办学治校育人中居全局性、基础性地位，学校的中心任务是培养人才，而培养高水平高质量的创新型人才，必须具备浓郁的开放民主、风清气正的学术环境和学术氛围。面对科学技术发展日新月异，知识更新不断加速，我们必须解放思想，开阔学术眼界，立足学术前沿，不断地吸收新信息、新事物、新知识、新思想、新概念、新理论、新技术等。而能够做到这些，只有在开放、民主、创新的学术环境中才能实现。

钱先生说：据我所知，现代科学技术发展的重大成就，90% 以上是在民主开放的学术环境中，依靠群体联合作战，依靠集体的智慧和力量实现的。个人的力量是有限的，小团体的力量也是有限的。这是现代科学技术发展和现代教育发展的必然趋势，而且势在必行，我们不能去违背这个大趋势。

钱先生特别提醒那些沉迷于散兵游勇、各自为政的单位和教师们，不能将自己封闭在一个狭小的笼子里，鼠目寸光，要让学术的阳光照亮自己。这次研讨会后，在钱先生的要求和督促下，学校制定了一系列学术规章制度；动员全校教职员工努力营造全方位民主开放的学术环境；开展跨学科，跨系，跨教研室、研究室的学术活动；规定学校每个月或半个月定期开展一次全校性的跨学科、跨领域的大型学术讲座，要求老师和学生都参加，讲座开讲前预先贴出海报，要求主讲人由各学科学术造诣比较深的学术带头人担负（钱先生亲自点名我国著名计算机科学家慈云桂学部委员作为这次学术讲座的第一主讲人）。

钱先生提出，也可以从全国科研院所邀请著名专家学者来学校进行学术讲座，条件成熟时也可以邀请国际上的著名学者来学校举办学术讲座。学校也要派出专家教授，尤其是年轻学者到国内外知名大学进行学术访问和交流。规定各系每周或两周开展一次全系跨专业的学术活动，要求各教研室抓住一些学术疑难问题，随时随地开展各类丰富多彩的学术活动。应用力学系每月组织一次全系跨专业的学术活动，要求每个教师半年内必须在重要学术刊物发表一篇以上学术文章，而且要求将这些研究成果及时充实到讲义中。钱先生亲自在全校推广应用力学系的经验和做法。

一次，时任训练部长的陈启智教授给钱先生汇报，反映部分教师对钱先生在 1978 年强调加强基础，而 1979 年又强调落实到工，两个时期的两个侧重点不好理解。有的教师说，钱先生是要我们加强基础，后来又要求落实到工，似乎是前后矛盾，但他们又不敢向钱先生直接去反映。

钱先生听了汇报后指出，在学术面前人人都是平等的，这个平等当然也包括我钱学森在内。事后，钱先生要求陈启智围绕“使命与特色”这个主题，召集部分学科学术带头人和专家教授，进行一次全校性专题学术研讨。与会者畅所欲言，见仁见智，争辩启迪，最终达成共识，进一步明确了培养高质量、高水平的国防尖端科技人才，是国务院、中央军委赋予学校的神圣使命，而完成这个使命，必须遵循理工结合的办学原则和规律，强化基础教学和训练，因为没有坚实的基础是不能适应未来国防科技快速发展要求的。但同时又要根据学校肩负的使命，加强基础最终要研制出武器装备产品这个特殊要求。所以说，理工结合，加强基础，最终必须落实到工。而加强基础与落实到工两者都非常重要，它们并不矛盾，是辩证的统一。

有位物理教师多次听钱先生讲基础与专业的关系，受到启发，他围绕这个主题写了一篇5000多字的学术论文在学报发表了，高兴地将这篇学术论文呈送钱先生审阅。钱先生连夜审阅了这篇学术论文，对其中一些基本观点是认可的，但是对论文的结论和文中对钱先生的一些赞美之词感觉不妥。

这位教师将基础与专业的关系比作树和叶的关系，认为根深才能叶茂，称赞钱先生认识和把握基础与专业的关系有过人之处。已经回到北京的钱先生专门给负责学校学术工作的副校长曹鹤荪写了一封信，钱先生在信中指出，这位教师将基础与专业的关系比作树和叶的关系，认为根深才能叶茂，形象倒是有了，但从认识论的角度看，又不完全是这样。随着科学技术的发展，专业随时都在发生变化，而基础特别是自然科学基础，就像每天早晨从东方升起的太阳一样，是相对稳定的，这是基本规律。钱先生认为，从认识论的角度，以发展的观点看，随着科学技术和社会经济的发展，专业随时都在发生变化。

钱先生建议曹副校长召开一次有校系领导，基础课、专业基础课、专业课老师参加的全校性的学术研讨会，深入探讨基础与专业的关系。钱先生说，至于自己多次讲到的这个关系问题，也许有些观点是正确的，即使正确也需要经过实践进一步检验，没有必要在文章中这样赞美。在改建学校的四年间，凡是碰到有关学术问题，钱先生都主张以学术研讨的形式，大家都以学术人的身份，平等对话，自由争辩，各抒己见，见仁见智，最后由主持人做个小结。

中年教师谭暑生挑战世界科学泰斗爱因斯坦的狭义相对论，创建标准时空论，在学术界引起较大反响，有人指责他吃了豹子胆。谭暑生总想着将他为什么挑战爱因斯坦创建标准时空论的原因，当面给钱先生汇报，但是又担心自己这个小字辈能带着这么严肃的重大学术问题与钱先生这位世界知名科学家去交流吗？他一直在徘徊，最终鼓足勇气找到了钱先生。令谭暑生没有想到的是，钱先生不仅热情地接待了他，还与他一起讨论了标准时空论，并将他关于创建标准时空论的三篇学术论文亲自推荐给了《大自然探索》编辑部。钱先生鼓励谭暑生把这个难度极大的原创性研究进行下去。事后钱先生和谭暑生以书信的形式，先后通了30多封书信共同探讨这个问题。

三、建立科学的学术评价体系

钱先生指出，学术研究在学校是全方位的，包括教育教学、学科建设、科学研究等，而且这几大项中，每大项又有许多具体的小项。比如：教育有德育、智育、体育、美育等；教学有共同课、基础课、专业基础课、专业课等；科学研究有预研（基础研究）、工程技术研究，还有一些短平快项目研发等；学科专业建设是办学育人的基础，需要研究的内容就更多了。

钱先生说，学校是以技术科学构筑的学科专业体系，而对技术科学的内涵、特征和功能等，还有相当一部分教师和领导干部并不十分清楚，这就需要通过深入的学术研究来搞清楚这些问题。

钱先生指出，学校开设了一些新的学科专业，比如系统工程学科，这在全国高校也是第一次开设，究竟这些新的学科专业怎么办，培养方案怎么定，教材从哪儿来，学生怎么培养，科学研究怎么开展等，都需要群策群力，集思广益，深入开展学术研究，真正搞清楚这些问题。

钱先生指出，以上这些方方面面大大小小的项目又都是相互联系、相互促进、相互制约的。所以，这就需要制定一个科学的学术评价体系。所谓科学，就是这个学术评价体系必须建立在辩证唯物主义原理之上，要以唯物辩证法的方法论分清楚什么是主要矛盾和矛盾的主要方面，需要高度重视的，什么是次要矛盾和一时可以忽略不计的方面。比如，教育，我们要求德育为先，但是德智体美必须全面发展。这是学校的中心任务，重中之重的工作。再比如，教学，我主张基础课和专业基础课是育人的重要方面，基础课当然包括政治理论课，而且这是挂帅的基础课。还比如，科学研究，我主张作为研究型大学应当以预研（基础研究）为主。

钱先生说，我们国防科技大学的科学研究，不是一般的高等学校，是国家研究的一个重要阵地，一个方面军，而我们是国家学术创新的先锋部队，我们的研究就是要搞那些最前沿、最尖端的，要攻克国家战略需求的那些核心关键技术。钱先生指出，我听说有些单位和教师热衷于搞那些短平快的研发项目，有的教师甚至提出通过搞这些项目赚钱捞设备。钱先生认为，这样就把学术研究的方向搞歪了，所以就需要科学的学术评价体系，要导向预研这个重点，因为预研是探索科学发展未来，探索新概念、新思想、新理论、新技术的研究。但是预研周期比较长，难以在短期内取得成果，需要科研工作者甘于寂寞、甘于坐冷板凳，要有恒心、有耐心、有毅力，像打井一样不断往下掘，直到冒出泉水来。

钱先生同时要求：我们的专业必须有与专业同步的学术研究机构，每个系同时兼研究所，系主任兼研究所所长。系与所既是紧密结合的，但又不完全等同，要根据各自特点进行科学定位、科学管理。同时规定教师必须“双肩挑”，教学兼研究，但在具体操作上可以灵活把握，有时去教书，有时去搞研究。

钱先生指出，建立科学的学术评价体系的政策措施制度，需要在辩证唯物主义原理指导下，在教育教学、科学研究、学科建设的实践中，逐步摸索总结，并通过充分的科学论证再推广执行，不能盲目草率。①

四、破解“钱学森之问”的要害

事实上，钱先生当年提出的一系列办学治校育人的模式、原则、方针、制度、措施等，并没有得到有效的贯彻落实，尤其是钱先生积极倡导的民主开放的学术原则、制度和科学的评价体系在学校也没有得到长期坚持。故此，才有“钱学森世纪之问”。笔者认为，这与整个社会学术大环境有关，因为国防科技大学不可能置身于这个大环境之外。著名教育家、伦理学专家唐凯麟教授指出，要破解“钱学森世纪之问”，按钱先生要求，在高校始终贯彻民主开放的学术原则，营造浓郁的学术创新氛围，必须解决好一些关键问题：

一是高校办学定位要准确。钱先生认为，高等学校是学术组织，但是现实中并非如此，似乎更像是行政单位。那么，究竟怎么科学定位？这就需要政府、社会和学术界共同来做好这件事的。

二是要处理好学术与政治、学术与行政的关系。学术强调“百花齐放，百家争鸣”，各种学术思想观点相互激荡碰撞，才可能冒出闪光的火花，营造浓郁的创新学术氛围，有利于创新拔尖人才的成长。但是在大是大非的政治原则问题上，我们必须在政治上、思想上与党中央保持高度一致。

唐教授认为，学术创新的本质是追求真理。而在真理面前人人都是平等的，这样我们就不能将长官意志体现在学术争鸣上，在学术上不应该存在个别人说了算的“一言堂”，不应该有领导与被领导、上级与下级、资历深与浅、辈分长与少之分，也不应该有谁指挥谁、谁服从谁的问题。在

① 根据国防科技大学档案馆资料和陈启智教授的回忆整理。

学术创新追求真理上，领导与群众、老师与学生都是平等的。大家可以充分张扬个性，自主表达学术见解、学术观点，学术思想，不用看别人的脸色。

三是要在办学体制、制度、机制和政策导向上，应该按钱先生倡导的那样，创造一种浓郁的学术创新氛围，引导学人真正地潜心研究学问，特别对那些崭露头角的学人，不管是年轻老师，还是学生，都要积极地扶持，千方百计给他们创造条件，支持和鼓励他们在学术上大展宏图，而不能让那些有学术成就或者成就比较大的立刻进入仕途，让他们做官，这样是难以培养出大师和创新拔尖人才的。一所高校只有造就和拥有一批学术大师、科学大师、教育大师，才有希望培养出一批又一批的创新拔尖人才。尤其是不应当让一些人在学术上并没有多少作为，但进入仕途后，却被戴上各种学术桂冠，这样会误导学人认为当官比做学问好，所以很多所谓的学者都向“官位”上挤，少有人问津学问。

四是创造一个民主、开放、宽松的学术环境。要按钱先生指出的，创新不能人云亦云，要敢说别人没说过的话，敢做别人没做过的事，敢于“冒尖”，张扬个性，追求卓越。

唐教授认为，有创新就有竞争，创新研究氛围越浓郁，竞争的态势就越激烈，就越需要有民主、包容、宽松、和谐的学术环境。千万不能在学术上出现挤兑打压、枪打“出头鸟”的现象。只有这样，才能真正呈现“百花齐放，百家争鸣”的学术研究氛围，浓郁的学术创新文化。

唐教授说：我列举的这些情况，实际上钱先生曾一语道破，是因为长期封建思想影响所造成的。看来这才是“钱学森之问”的要害。为什么中国的高校不能用这种模式办学育人呢？钱学森一语道破“天机”：“受封建思想的影响，一直是这个样子。”追根溯源，中国历经几千年的封建社会，其所滋生的那种缺乏远大志向、狭隘的小生产小农经济思想，体现在教育领域就是那种缺乏学术追求、松散、各自为政、搞学术小圈子等短视行为；封建家族宗法社会所滋生的家长制、一言堂、皇权专制，体现在教育领域就是那种官本位、行政化、学术专制、学长权威意志等；封建社会严格的宗法礼教所滋生的过分守规矩、封闭、保守思想，体现在教育领域就是那种只唯上、不求实、不思进取、缺乏创新意识和创新精神等。以上种种封建腐朽的毒素，对教育的影响不可小视，致使教育领域出现不少功利、浮躁、潜规则等不良风气和行为。可以说，所有这些都是严重妨碍杰出人才培养和成长的重要原因。

唐教授认为，做学问，搞学术研究，开拓创新，勇往直前，特别需要学人真正把自己的身心沉下来，急不得，浮躁不得，更乱来不得。要耐得住寂寞，努力克服封建腐朽思想的影响，不被功名利禄等个人私欲所诱惑，不迷失方向走歪门邪道，要聚精会神、专心致志、矢志不渝、一步一个脚印地往前走。①

① 以上内容根据唐凯麟教授谈话整理。

第八章

钱学森大师造就良才与名校教育观

国防科委首长来学院传达国务院、中央军委文件，钱学森副主任接见飞行器工程系实验人员。

当年钱先生在改建国防科技大学时明确提出，办好一所现代化的高质量、高水平的大学，关键在于拥有一支以科学家为主、德才兼备的师资队伍。钱先生认为，只有大师才能造就一流科技创新拔尖人才和一流名校。所以，钱先生在国防科技大学办学治校一再要求教师不能只当专家，而是要做科学家。他先后多次与时任学校常务副校长张文峰和训练部长陈启智说：在你们学校的教师中，热衷于钻自己那点专业，做专家的比较多，而勇于跨学科、跨领域、跨层次去开拓创新，做科学家的教师少；要设法引导所有教师朝德才兼备的科学家目标上努力。

一、钱学森深谙古代大师办学育人之道

钱先生先后对张文峰和陈启智等学校领导以及田禾教授等谈道：中国历史上有许多非常有名望的教育大师，可以说我们中国是出教育大师的国度。上古时期有孔子、孟子、荀子等；秦汉时期有贾谊、董仲舒、扬雄、王充、郑玄等；隋唐时期有王通、韩愈等；两宋时期有胡瑗、周敦颐、张载、程颢、程颐、罗豫章、朱熹、张栻、吕祖谦、陆九渊等；元明清时期有赵复、许鲁斋、刘静修、吴澄、薛敬轩、陈白沙、王阳明、刘蕺山等；晚清时期有孙夏峰、黄宗羲、顾炎武、颜元、戴震、张之洞等；民国时期有蔡元培等。他们都是教育大家，有的还是政治家、哲学家、文学家。而在这些教育大家中，钱先生谈得比较多的是孔子、董仲舒和胡瑗。

钱先生称孔子为孔圣人。早在1959年钱先生考察哈军工时，在位于哈尔滨文庙的学院图书馆，面对孔子巨型雕像滔滔不绝地叙说孔圣人，

二十多年后主持学校改建工作，又一次在学校图书馆谈起孔圣人。钱先生说，孔圣人是我国最伟大的教育家、思想家、哲学家。他从20岁开始，除了在51岁到56岁，做了几年鲁国的司寇外，主要从事著书立说，讲学传道，教书育人，可谓桃李满天下。据《史记·孔子世家》记载，孔子以诗书礼乐教弟子，弟子三千，身通六艺的贤者七十二人。这七十二贤人，用今天的话说，就是出类拔萃的良才、大才。

孔子的教育主张，论政治，必须以教育为基础。政治的主要工作在于化民成俗，而“化民成俗，其必由学”。孔子有一名言：“性相近也，习相远也。”（《论语·阳货》）他认为人类的性质并没有太大的差异，但因为教育和环境造化与影响，年深日久，会显示出巨大的差异来，习于善的则趋于善，习于恶的则流于恶。孔子还说：“好仁不好学，其蔽也愚；好知不好学，其蔽也荡；好信不好学，其蔽也贼；好直不好学，其蔽也绞；好勇不好学，其蔽也乱；好刚不好学，其蔽也枉。”仁、知、信、直、勇、刚皆为美德，而不教不学不明其理，天长日久，必然走向反面。

钱先生指出，孔子以仁与圣作为教育的最高理想，以培养君子作为教育的具体目标。“君子”一词在《论语》及《易经》出现次数极多。孔子所指的君子，首先是道德完美的人，其次是将来可以做官的人，而这两者又是联系在一起的。孔子的教育目的就是要培养“修身齐家治国平天下”的君子，这个君子首先必须是道德完美的人。

孔子对于君子所必备的条件以及必须遵循和仿效的标准要求是全方位的。他系统地构筑了一条君子学习修养之道，比如：“君子进德修业，欲及时也。”“君子敬以直内，义以方外。”“君子学以聚之，问以辩之，宽以居之，仁以行之。”等等。孔子言君子，虽然注重个人修养，而终极目标则是治国平天下。孔子认为：“君子以振民育德。”（《易经》）而振民育德须从个人修养开始。个人言无不善，行无不佳，则化民甚易。所以孔子强调："君子居其室，出其言，善则千里之外应之，不善则千里之外违之。"

孔子当年所使用的教材为六经，即《诗》《书》《礼》《乐》《易》《春秋》。但是孔子教人并不限于六经，孔子认为有时身教重于言教，一举一动、一言一行均是教育，而且是活的教材。孔子一生忧国忧民，周游列国，奔走海内，传道授业讲学，风尘仆仆十四载，他的学生始终相随，患难与共。孔子逝世后，有的学生为他守孝三年，离开他的陵寝时还依依不舍。这是孔子伟大的人格力量感化所致！

孔子主张学思并用与递进的学习方法，钱先生特别称道。《论语》开篇第一条："学而时习之，不亦乐乎？"孔子认为："学而不思则罔，思而不学则殆。""温故而知新，可以为师矣。"钱先生指出，孔子一生主张博学。孔子说："一事不知，学者之耻。"（《论语·为政》）但是宇宙天地间的事物和知识是无法全部了解和知道的，那就必须一边学习，一边思考，学思并用。反复练习与深入思考已经学过的知识，温故知新，推陈出新，体会内中的奥妙，其味无穷，其乐无穷！递进就是抓住某一事物的要点，用归纳与演绎的方法进行推理，找出许多事物相同的属性，即"闻一可以知十"（《论语·公冶长》），"举一可以反三"（《论语·述而》）。

钱先生认为，循循善诱的启发式教育，是孔子最具特色的教育方法。孔子教学生以问答式、讨论式为主，诱导启发学生思考，调动学生自主学习和钻研的积极性。孔子几乎没有什么固定的课堂，也从不搞满堂灌。孔子有句名言："不愤不启，不悱不发，举一隅不以三隅反，则不复也。"著名理学家、教育家朱熹注释："愤者心求通而未得之意也，愤则以用力于思，故可启以闻其意。悱者口欲言而未能，即已得其意而未能发表，故可发，以达其辞。"孔子还以"叩其两端而竭焉"的方法启发学生自行发现事物的错误与真理。凡事都有正反两端，中则为合。叩其两端而竭之，穷究正反以求合，是最适宜的启发式教育。

钱先生指出，孔子注重学生个性，因材施教。孔子的学生虽然大多精通六经，但各有所长，孔子根据他们的特长加以引导。颜渊、闵子骞、冉伯牛、仲弓等重德行；冉有、季路等重政事；宰我、子贡等重言语；子游、子夏等重文学。对于重德行者，《论语》记录最多，孔子注重教育引导他们坚持孝弟忠信，为仁作圣。对于重政事者，注重教育引导他们正名立信，关注民生，教民以德，化民成俗。对于重言语者，当时各国交往频繁，外交文书辞令极多，孔子教育他们深入了解各国国情，懂得语有本源，或源于礼，或本诸诗，方能使于各国。对于重文学者，孔子教育他们深研六艺之文。据《论语·为政》篇记载，孟伯武、子游、子夏同问孝，孔子所答各有不同；颜渊、仲弓、司马牛同问仁，孔子所答也各有不同；还有一些学生同问行，孔子所答也不一样。这就是根据学生个性因材施教。钱先生说，孔子不愧为伟大的教育家，他几千年前的教育理念仍是值得我们好好学习和研究的宝贵精神财富。

钱先生说，以孔子为代表的儒家学派在汉武帝以前也只是众多学派之一，并非唯一。从汉武帝开始到清朝末期，儒家学派、儒家思想、儒家文化几千年来一直是我们中国的主流学派、主要思想和文化。这首先要归功于汉代伟大的儒学家、教育家董仲舒。史称董仲舒在中国历史上有三大贡献：一是用儒家思想统一了中国学术；二是重新设立和振兴被毁弃了400多年的官学；三是兴办选举，为国家选拔人才。

刘邦夺取天下至汉武帝70多年间，国家始终动荡不安，危机四伏，法、道、墨、儒各派争雄，社会思想纷乱，而国家的治国方针远未确立。董仲舒高度认同儒家的治国安邦之术，所以他积极向汉武帝献策：罢黜百家，独尊儒术。汉武帝采纳了董仲舒的建议，从此儒家文化两千多年来一直成为中国主流文化。董仲舒提出“天人合一”论，认为自然界（天）为大宇宙，人为小宇宙。自然界的任何变化都与人类有关。提出“质朴之谓性，性非教化不成；人欲之谓情，情非度制不节”。他认为：“善如米，虽如禾，禾虽出米，而禾未可谓米也；性虽出善，而性未可谓善也，善教诲之所以然也，非朴质之所能至也。”这些思想对中国教育影响极大。董仲舒主张建立纯粹的动机论，排斥功利说，强调“正其义，不谋其利；明其道，不计其功”。这种主张在伦理学界影响深远。

钱先生认为，中国古代教育家比较多的是两宋时期，但这个时期影响最大，弟子满天下，被称为宋代教育鼻祖的当属胡瑗先生。胡瑗，字翼之，世称安定先生。陈启智教授说，钱先生谈到胡翼之时，兴致勃勃。钱先生说，胡翼之是江苏如皋人，自幼家境贫寒，生活难以为继，但是并没有影响他求学之志。胡翼之天资过人，7 岁能文，13 岁通五经。后北往泰山求学，十年没有回家。每当收到家信，只见封面上有“平安”二字，就不拆阅了，唯恐扰乱思绪和注意力。

胡翼之学成南归后，即私设讲坛，以经术教授吴中子弟。他创造的“明体达用”的教育理念和新教学法，深受吴中子弟欢迎。时任苏州知事的范仲淹景仰其学问和为人，聘他到任苏州郡学教授。其后滕宗谅为湖州知事，又聘他为湖州州学教授。胡翼之先后在苏湖二州从教二十余年。

胡翼之以“明体达用”为教育宗旨。所谓明体，就是给学生讲明六经之理，明圣人之道；所谓达用，即引导学生将六经之理，圣人之道应用于实际，他致力于培养有用人才。这也是我们现在所强调的理论联系实际。

钱先生指出，胡翼之创造分科教学法，因材施教。首先将学生分为经义、治事两大类。经义类主要培养治术人才；治事类培养实用人才。他根据有的学生“心性疏通有器局可任大事者”入经义类，其余入治事类。在治事类分治民科、讲武科、堰水科、算历科等，要求凡治事类学生根据本人爱好和特长至少学习两科或两科以上的学问。学生入哪类哪科，先由学生自己选择，然后再由老师与学生一起协商确定。

胡翼之将对学生严格要求、严格训练与关怀爱护结合起来，用人格力量感化。他以发扬儒学为己任，遇事则以身作则，起居饮食一丝不苟，“虽盛暑必公服坐朝堂，严师弟子礼”；他平日与学生随时随地交流，视学生如子弟，学生也敬他如父兄，师生间具有浓厚的情义。

胡翼之提倡游学，拓宽学生视野，认为：“学者只守一乡，则滞于一曲线，隘吝卑陋。必游四方，尽见人情物态，南北风俗，山川气象，以广其闻见。则为有益于学者矣。”胡翼之常常带学生四处游学。一次，他与学生游学关中，至潼关，路太窄，他弃车与学生徒步至关门。师生们回顾黄河抱潼关，委蛇汹涌，而太华、中条环拥其前，一览数万里，气势雄伟壮观。胡翼之告诉学生，祖国的大好河山，关在课堂内是看不到的，要走出来欣赏，开阔眼界，陶冶情操。

胡翼之的教育理念和教学法，不仅轰动苏湖二州，也影响了全国，四方学子纷纷前来求学。同时也引起了北宋朝廷的高度重视，时任朝廷重臣、致力于教育改革的范仲淹，以翼之教学法为太学令，命全国仿效；随即召胡翼之任中央太学教授。

胡翼之在太学，不仅坚持用苏湖二州时创造的教学法教学生，还根据太学特点创造了讨论、问答，以启发学生心智的教学法。他仍以学生的个性或才能分组教习，每人至少选习一组，各以组别分地讲习。分组以后，多由学生自习，而翼之随时召集他们讨论。讨论的方式，或让学生各述其学，翼之加以引导；或由学生自己提出问题，让学生集体解答，翼之从旁评判对错；或由翼之就当时的政事给学生介绍，引导学生既读圣贤书，也闻窗外事。这种启发学生心智的教学法，引起学生浓厚的兴趣。

翼之既以严毅率众，又以至诚感人。学生受翼之人格感化，太学里的氛围为之大变。凡是在这里受过陶冶的，都养成了一种特别的风度，学生出外行走，外人一看，就知道是胡门子弟。胡翼之一生教书育人，众徒上万，还培养出了一批像程颐、徐积、范氏兄弟、吕氏兄弟、刘彝、孙觉等旷世良才。胡翼之晚年生病，要回乡养老，门人学子闻讯，成群结队前来送别，道路相续，百里不绝，可见胡翼之在当时的巨大影响。

钱先生指出，宋代胡翼之的教育理念和教学法，在古今中外可称一绝，即使今天也没有多少人能超过他，确实值得我们认真学习和研究。①

二、只有大师才能造就良才

钱先生认为，名师出高徒，这是古今中外教育的一般规律。作为一所研究型的现代化大学，必须拥有一批科学和教育大师组成的教师队伍。陈启智教授说，钱先生先后十多次提到他的母校加州理工学院（CIT）。钱先生说，这个学院校园面积不大，学生大概 2000 多人，其中研究生比本科生稍多一点。CIT 始终将办学质量放在首位，从不追求数量。学科也是只求精，不求全。理工结合，教学与研究结合，是这所学院办学与育人的主要模式。CIT 在理学和工学方面的设置也不全，但是他们在物理学、数学、化学与化工、生物学、天文学、地质学等基础理论研究方面，尤其在航空航天、电子应用、生物工程、环境保护、地质勘探等工程领域，可以说是在全世界的大学中做得最好的或者是最好者之一，取得了举世公认的辉煌成就。这里最大的特色是学术创新氛围非常浓郁。

CIT 每年都为全美乃至全世界培养输送一批一流的科学家和工程师。钱先生认为，他们之所以能做到这一点，关键是有一支多人获得诺贝尔奖、美国科学院院士为主的学术大师队伍。CIT 校园虽然小，可是这里却藏龙卧虎：有奠定分子生物学基础的鲍林，钱先生晚年还多次念叨这位学术大师；有地震仪的发明者伍德；有遗传学鼻祖摩尔根；有著名的夸克理

① 根据国防科技大学档案馆资料和原学校校长陈启智和副校长张文峰《工作日记》、田禾教授提供的资料及回忆整理；参考陈东原《中国教育史》，河南人民出版社，2016 年版。

论的创造者盖尔曼等。为了避免近亲繁殖，CIT 90% 的教师都是来自全美或世界著名大学与研究机构的学术大师。CIT 的教授中有 170 多人分别为美国科学院、工程院、文理院院士，其中有 30 人获得 31 次诺贝尔奖。所以钱先生认为：拥有真正懂得教育规律和科学规律的学术大师，才有可能培养造就出未来的科技帅才；拥有具备科学家素质的教师队伍，才有可能培养出未来的科学家、科技创新拔尖人才。

钱先生常常情不自禁地回忆起自己在国内外从学从教从研所遇到过的领导和学术大师对他一生的影响。在钱先生列出的对他一生影响最大的 17 人中，除了毛泽东、周恩来、聂荣臻以外，其余 14 人都是教过他的老师。钱先生认为，这 14 人在他心目中都是教育大师、学术大师。但是在学术上对他影响最大、使他终生难忘的还是他在 CIT 的导师，被誉为“超音速飞行之父”、世界著名的力学泰斗冯·卡门。

冯·卡门是现代流体力学第一代大师普朗特的传人，德国哥廷根大学教授，以发现流体尾流的“卡门涡街”而享誉学术界，这一科学发现已成为飞机、轮船、赛车设计的理论基础之一。后来其领导的团队又在超音速飞行、火箭研究方面引领世界。

1934 年冯·卡门从欧洲移居美国，而钱学森恰恰在 1934 年考取麻省理工学院航空工程专业的留美研究生，一年后获得硕士学位。钱学森 1936 年转入加州理工学院学习航空理论，投师冯·卡门。冯·卡门第一次见到这位文质彬彬且真诚谦恭的中国学生就有了好印象，接着向钱学森提出了一连串的学术问题，钱学森回答准确、快捷，毫无差错，使冯·门大为惊讶。

冯·卡门十分欣赏钱学森的敏锐思维和过人智慧，真是天才的导师遇到天才的学生。但是冯·卡门毕竟了解钱学森是从学铁道机械工程转学航空工程再转学航空理论，尤其是要研学高深的力学理论，尽管钱学森非常优秀，并具有巨大的发展潜力，但是学习工程与研学高深理论，区别还是比较大，学术要求也更高，可以说是科学与工程方面的重大区别。正是在冯·卡门的指导下，钱学森研究生期间从补学专业基础课开始，进而扎扎实实地研学航空理论、力学理论等。特别是冯·卡门给钱学森创造了一个令他一生难忘的宽松浓郁的学术氛围，积极鼓励钱学森参加跨学科、跨领域的学术活动，支持钱学森大胆地与学术权威大师们争辩学术问题。

一次学术会议，钱学森宣读了自己的一篇学术论文，一位学术大师提出了不同意见。钱学森认为这位学术大师的意见并不正确，立刻站起来，为自己的观点据理辩护，并指出这位学术大师的观点是错误的。事后，冯·卡门告诉他，这位学术大师就是力学权威冯·米塞斯。钱学森一听怔住了，但是冯·卡门却鼓励钱学森："敢于挑战学术权威是对的，在学术面前人人平等，学术是开放民主的。"

还有一次，也是一场学术讨论会，钱学森与导师冯·卡门争论起来，钱学森坚持自己的学术观点。冯·卡门说服不了自己的学生，非常生气，将钱学森的学术文稿扔在地上，拂袖而去。当时钱学森怔住了，不理解导师为什么不同意他的学术观点。然而，冯·卡门离开后，冷静地思考钱学森的观点，意识到自己学生的观点是对的。第二天大清早，他爬上三楼来到钱学森的试验室，恭恭敬敬地给自己的学生行了个礼，真诚地承认钱学森的学术观点是对的，自己那样做是错的。

钱学森正是因为有这样的大师的指导和影响，仅用短短三年就突破了许多航空领域的难题，攀上空气动力学的科学顶峰，提出了著名的"卡门—钱"近似公式，28 岁跻身世界顶尖科学家之列。每当钱先生谈起自己这些进步，总是难以忘怀恩师的教诲。[①]

---

① 根据陈启智回忆整理；参考叶永烈、奚启新著：《钱学森传》。

三、具有勇气和智慧的学术管理大师才能够创造一流名校

钱先生认为，办学治校育人，学术大师固然重要，而深谙教育和学术规律、称得上教育大家的校长和一批教育家同样重要。钱先生曾经说，一个有勇气、有智慧、有作为的学术管理大家可以成就或者创造一所名校。

陈启智、张文峰等人回忆，钱先生当年曾经先后提到五个院（校）长。其中一位是钱先生早年在北京师大附中念书时的校长林励儒。钱先生说：林校长是一位改革进步的教育家。在当时国家面临战乱，十分困难的情况下，林校长能把全校教师团结起来，将学校办得那样好，很不容易。钱先生还说：林校长办学，推行的是一套启发学生智力，培养学生全人格的方法。

还有两位也让钱先生终生难忘：一位是著名的天文学家乔治·埃勒里·海耳，另一位是世界著名物理学家密里根。

海耳是早年使 CIT 迅速崛起的科学大师、教育大师，他不仅具有超前的战略眼光，而且具有超人的勇气和胆识。海耳了解到当年正在崛起的美国非常需要具有基础理论的科学家和工程师，他立刻抓住这个十分难得的机遇，对当时还是一所以手工训练为主的艺术和工艺学校，进行了大胆的改造与提升。海耳取消了一些常规的初级、中级人才培训项目，将当时比较热门的电子、机械和民用工程专业留下，并大刀阔斧地改造提升，下功夫办好基础学科、工程学科和部分人文学科。他不重复其他技术学校的专业，努力办出自己学院的特色。海耳在学院大力提倡和开展科学研究，并将研究目标锁定在科学技术最前沿。海耳千方百计从全美和世界上聘请了一批学术大师，在全院营造浓郁的创新学术研究氛围。因此，使得 CIT 迅速崛起并很快成为全美和全世界的名校。钱先生认为这个成就首先应该归功于海耳这位科学大师和教育大师。

而CIT腾飞的关键在于世界著名的物理学家密里根。密里根来CIT之前，是美国国家研究委员会主席、美国科学促进会会长。全美各大名校都争抢着这个难得的教育科学帅才，CIT董事会竭尽全力把密里根挖了过来。在CIT原有的基础上，密里根进一步加强学术创新研究，加重基础教学，积极提倡学科交叉，使CIT如虎添翼。密里根在CIT当了18年的院长，不仅把CIT的物理学科变成了全美最棒的，而且将整个学院带到了世界科技最前沿。

哈军工的院长陈赓也是钱先生十分仰慕的教育管理大家。钱先生回忆，他归国初期，在中国的高级将领和大学校长中，他与陈赓直接交往联系是最早而且是最多的。陈赓在钱先生回国的第二个月就邀请钱先生到哈军工参观考察，并亲自陪同。陈赓是第一个提出并与钱先生商讨怎样启动中国导弹火箭研制的人。陈赓作为牵线引路与参与者，多次亲自领着钱先生面见周恩来总理、彭德怀元帅、叶剑英元帅、聂荣臻元帅等党和国家以及军队领导人。

陈赓与钱先生多次在一起谋划国家的航天伟业，陈赓亲自主持钱先生为军队高级将领举办的火箭导弹知识讲座。尤其是陈赓先后两次邀请钱先生考察哈军工，共商合作培养航天科技人才。尤其是钱先生耳闻目睹陈赓临危受命，具体谋划，果断决策，亲自指挥，仅用两年多一点就建起了一座包括十多栋教学大楼、实验大楼、大型操场、图书馆、俱乐部、教师学员学习工作生活、文化活动场所在内的60多万平方米，坚固美丽优雅壮观的现代化大学城，创造了中国建筑史上的奇迹。

陈赓想方设法招揽人才，尊重专家教授，无微不至地关心和体贴专家教授，大胆启用和真心诚意地依靠专家教授办学治校育人，大力倡导尊师重教，为教学科研“端盘子、搭梯子”；陈赓根据国内外教育科技发展趋势，及时提出“常规分散、尖端集中”的办学方针，在全国高校最早办起了导弹、原子弹、计算机等新型技术学科专业。

钱先生非常敬仰和钦佩陈赓这种为国家民族利益鞠躬尽瘁的博大胸怀；这种办大事、攻难关、勇于开拓、雷厉风行、果断干练的宏大气魄和创新精神；这种着眼全局、立足前沿、面向未来、高瞻远瞩的战略眼光和大家风度。钱先生与陈赓结下了深厚的革命情谊。1961年，陈赓不幸在上海病逝，钱先生极为悲痛。当陈赓的灵柩空运到北京时，钱先生在百忙中亲自去机场迎接。

钱先生多次谈道："陈赓是一位非常了不起的大家，他不仅是一位革命家、军事家，也是一位教育家，而且不是一般的教育家。陈赓创办的是我们国家没有先例的，新中国第一所高等军事工程学府。而且他们只用不到十年的工夫，就将这个学校办得红红火火，很有特色。我去了两次，看到一次比一次有起色。"钱先生说："陈赓以革命家、军事家的胸怀、气魄、胆识和智慧来创办哈军工，而且办得那么好，那么有特色，这是我们一般的职业教育家很难做到的。"

钱先生还几次谈到中国科技大学。钱先生说："办中国科技大学是个创新，当时什么条件都不具备，但中科院领导决心很大，依托中科院的人才优势，以所办系，说办很快就办起来了。"实际上这是钱先生在高度赞扬他的老上司——当时的中科院院长兼中国科技大学校长、世界知名学者、我国社会科学泰斗郭沫若先生等领导。钱先生在国防科技大学改建动员大会上，以当年邓小平同志追悼郭老悼词中的四个方面，评价这位当年的老院长兼校长，号召国防科技大学的全体教职员工向郭老学习："一是学习他对党、对人民、对革命无限忠诚的高贵品质；二是学习他始终站在时代前列的积极进取精神；三是学习他不畏艰难险阻、勇攀科学高峰的顽强毅力；四是学习他在学术领域，一贯主张各抒己见，从不以势压人的民主作风。”①

钱先生指出，他所列举的这几个院（校）长，都是大家。有的是教育家，有的是教育家、科学家、学术大师，有的是革命家、军事家、教育家，有的是革命家、马克思主义理论家、科学家、教育家、文学家，但他们有一个共同的特点：都具有超前的战略眼光，非凡的勇气、胆识、气魄和智慧，很强的创新意识、创新精神和创新能力。钱先生认为，办教育，尤其是办高等教育，培养科技创新拔尖人才，就需要这些有勇气、胆识、魄力和智慧的大家把学校不断推向学术前沿。

钱先生非常了解他所改建的国防科技大学，虽然有一些早年留学美国、意大利和毕业于国内名校的知名学者，但仍然缺乏大师级人物、科学领军人物。特别是学校的中青年教师队伍，由于受到十年“文革”读书无用论的影响，整体水平不高，与 CIT 相比有很大的差距。钱先生认为，要创建世界知名大学，培养勇于攻关突破创新冒尖的一流人才，需要有一批大师级的人物。因此，钱先生十分注重学校的教师队伍建设。

钱先生给教师队伍建设设计了一个奋斗目标：“我们的教师不能只是专家，必须是科学家。我们不仅能教书，也能搞科研。教书嘛，既能教基础课，又能教专业基础课，还能教专业课。”钱先生说：“因为我知道世界水平的那些教授，那是没有什么不能教的。这个名教授呀，教基础课也行，专业基础课也行，专业课也行。咱们国防科技大学的教授、副教授、讲师、助教，能做到这一点那就是世界水平，人家是名教授做到的，我们普遍做到了，那我就超过他了。我们要以此为目标奋斗啊！”②

钱先生认为教师队伍建设是个系统工程，所以当时提出了系列措施与要求：强调要教育全体教师忠诚与热爱教育事业，将个人志向与国家和军

① 节选自钱学森 1978 年 6 月在国防科技大学改制动员会上报告的部分内容。

② 本节选自国防科技大学档案馆提供的钱学森 1977 年 10 月与学校领导谈话的部分内容。

队的前途命运紧密联系在一起，树立崇高的理想信念；要深入学习研究和把握高等教育教学规律，尤其要了解和把握培养科技创新拔尖人才的特点与规律，以及所需要的条件手段与方法；要跨学科、跨领域进行深造，在改善知识结构、素质、能力上下功夫，不断充实与提升自己；要懂得整个科学发展动态，了解现代科学技术体系；能熟练阅读外文资料，掌握辩证唯物主义这个法宝；要具备教书，科研，教基础课、专业基础课、专业课等多种能力；还要有一个健康的身体，等等。

钱先生特别关注中青年教师，认为中青年教师是学校的未来。钱先生要求学校要设法将中青年教师从繁杂的事务中解脱出来，解除他们的后顾之忧，让他们能真正静下心来聚精会神地从事学术研究，教书育人。

钱先生特别指出，能让教师尽快成长成才，成为大家，最有效的途径与办法就是为他们创造一个宽松良好的学术环境，让他们能够全身心投入学术研究中。钱先生要求学校经常性地组织广大教师开展跨学科的学术交流，同时要求教师多参与国内外知名高校不同学科的学术交流，不断拓宽教师的学术视野和激活学术思维。钱先生认为："这是由专家变成科学家的有效途径。"

第九章

钱学森创新教育思想体系的形成与发展

国防科委首长来学院传达国务院、中央军委文件，钱学森副主任认真观看飞行器工程系发动机实验结果。

钱先生在长期的教育实践中，形成了一套逻辑严谨、科学严密、结构合理、相互联系、相互支撑、相互作用，系统完整的创新教育思想体系，是推进中国教育现代化不可多得的宝贵财富。

一、钱学森教育思想伴随其科学思想形成和发展

钱先生一生的科学历程和科学思想以及教育理念大体可以分为三大阶段。

第一阶段主要是1935年到1955年，钱先生在美国从学从教从研的20年。这一阶段，钱先生将科学理论与工程实际紧密结合，在应用力学、航空工程、航空理论、喷气推进以及火箭与导弹研究等方面，取得了一系列具有突破性、举世瞩目的科研成就，创建了物理力学和工程控制论。可以说这是钱先生在科学上的第一个里程碑。

这个阶段，钱先生在国际学术界最早提出和揭示技术科学（工程科学）的概念和特征。本来技术科学（工程科学）的形成与发展经历了一个漫长的过程，19世纪末20世纪初德国哥廷根大学的大数学家克莱因致力于推动理论科学应用于工程技术的改进，使科学与工程的结合发生了质的变化。源于经典力学一改其传统风格、直接服务于工程技术的应用力学迅速兴起，成为技术科学（工程科学）的先驱，形成了具有世界影响的哥廷根应用力学学派。然而，首先敏锐地觉察到这一点，并且将它准确、完整、系统地勾画出来，指出这是一个新的科学领域，却是钱先生的巨大贡献。

1947 年，钱先生回国探亲，先后在浙江大学、上海交大和清华大学做了题为“工程与工程科学”（Engineering and Engineering Sciences）的学术报告，应该说这是钱先生早年的技术科学思想。钱先生首次提出了存在“基础科学—技术科学—工程技术”三个层次结构的观点，引申出整个自然科学的知识体系。

1957 年 5 月 27 日，也就是距他上一次在国内三所大学所做的工程科学学术报告十年之后，钱先生在中国科学院学部委员全体会议上，以“论技术科学”为题，又做了一次精彩的学术报告。钱先生对科学的历史发展与技术科学的形成过程，技术科学的基本特征、性质、科学地位、研究方法和新的发展方向以及技术科学对其他科学的贡献等，进行了系统的阐述。这次学术报告在当年《科学通报》期刊上全文发表。这是钱先生在创建工程科学（技术科学）十多年后，尤其是回国之后结合丰富的科学与工程实践，系统学习了辩证唯物主义哲学后，对技术科学又有了具有新时代特征的创造性发展，标志钱先生技术科学思想已经达到比较成熟完善的阶段。

钱先生技术科学（工程科学）教育观也随之形成和发展。钱先生先后在麻省理工学院和加州理工学院从事技术科学研究的同时，也在以技术科学思想办学育人，培养科技创新拔尖人才。

技术科学的鲜明特征和内在要求，就是强调理工结合，即科学理论与工程实际的密切结合。而钱先生的技术科学教育观是建立在辩证唯物主义原理基础上的。钱先生指出：“在技术科学的研究中，我们要把理论与实际灵活地结合，不能刻板行事。我想这个灵活的结合理论与实际也就是辩证唯物主义真髓了。”①

① 《关于思维科学》，上海人民出版社，1986 年版，钱学森论技术科学中的方法论问题。

钱先生回国后随即担任中国科学院力学研究所所长，他以办班培训的方式，亲自制定培训方案、计划，亲自授课，将技术科学教育思想成功地运用到中科院力学研究所高级力学人才的培养上。1958 年，钱先生兼任中国科技大学力学系主任，他又以技术科学教育观运用到力学人才培养上（力学是技术科学先驱），培养了一大批高质量、高水平的力学人才，而且取得了人才培养和科学研究的双佳效益。

特别是钱先生 1978 年 6 月至 1981 年 4 月，历时四年，将技术科学教育观全面系统地运用到国防科技大学的重新改建和办学治校育人上。钱先生以技术科学构筑“以学科设系、理工结合、加强基础、拓宽专业、落实到工”的办学原则、体制和人才培养模式；以钱先生技术科学思想所蕴含的开拓创新的特征，设计培养科技创新拔尖人才的目标与方式，强调将启迪学生创造性思维贯穿教育教学和科学研究全过程；以技术科学构筑应用力学、技术物理、控制论、电子学、应用化学、计算机科学、系统工程科学、制造工艺科学等学科专业体系；尤其是钱先生为了实现理工更加密切的结合，将基础、专业基础和专业组合编制在一个系，这是钱先生在世界办学史上具有划时代意义的重大创新；以发展新一代战略武器为需求和牵引，积极推动技术科学领域的预先研究（应用基础研究）等。国防科技大学四十多年来，遵循钱先生技术科学理念办学治校育人，先后培养出工程院院士、中国载人航天总设计师周建平，中科院院士、军事科学院长杨学军等 31 名两院院士、170 多名省、部、军领导在内的一大批各个领域的帅才和优秀人才，研制出包括银河系列巨型计算机、天河系列超巨型计算机、光学核心关键技术、北斗核心技术等获包括国家自然科学奖、国家科技发明奖、国家科技进步奖在内的 5000 多项科研成果。1991 年 6 月，钱先生写信给朱光亚先生，认为这所大学按技术科学所设计的办学体制和人才培养模式，是受到国家教委肯定的比较成功的先进办学体制。

第二阶段是钱先生1955年回国后至1980年初。这个阶段主要是钱先生具有中国学派特色的系统工程与系统科学思想的形成与发展时期。

值得注意的是，钱先生的系统科学思想与技术科学思想是交叉发展的。钱先生在第一阶段即在美国完成的《工程控制论》，标志钱先生技术科学思想发展到了一个新阶段，同时也萌发了钱先生系统科学思想。因为《工程控制论》所研究的是控制论这门学科能直接应用到工程上设计被控制系统或被操纵系统的那些部分，也就是说，系统和系统控制是工程控制论所要研究的基本问题。所以《工程控制论》也是系统科学的技术科学。

钱先生回国后的主要精力，用于率领"千军万马"开创我国"两弹一星"的航天伟业。这是超大型的科学技术工程，具有高度的综合性，需要广泛应用自然科学、技术科学等多种学科与技术综合集成到工程实践中。由于钱先生的渊博知识和高瞻远瞩的科学智慧，使得他始终处在航天科技主帅的位置上。钱先生团结带领广大科技人员在极端艰难的条件下，研制出了一系列火箭导弹和卫星，同时也开创了一整套集研究、规划、设计、试制、生产和试验一体化，实行总体设计部，行政、技术两条指挥线，具有中国特色又有普遍科学意义的系统工程管理方法与技术。钱先生把科学技术创新、组织管理创新与体制机制创新有机结合起来，实现了综合集成创新，走出了一条发展我国航天事业的自主创新道路。这是钱先生在科学上的第二个里程碑。

1978年6月，钱先生奉命主导改建国防科技大学，他第一次将系统工程理论与方法成功应用于办学治校育人，并在全国高校最早设立了系统工程学科。钱先生当年为了实现学校教育管理现代化、科学化，运用系统工程理论与方法，成功解决了学校在办学治校上普遍存在的混乱无序、松散、各自为政现象，解决了办学治校育人中一系列问题。钱先生科学设计学校办学定位和人才培养模式，确定人才培养目标、原则、规模和层次，构筑全校统筹协调的科学管理机制等。

钱先生随着系统科学思想研究的深化，又将系统科学理论成功地运用到学校办学育人上。钱先生将整个学校作为一个相互密切联系的“系统”，按系统科学整体优化的思想，构筑高质量、高水平国防尖端人才培养体系，全方位、全过程地打造科技创新拔尖人才。

第三阶段是钱先生 1982 年从工作岗位退下来之后的很长一段时间，他将全部精力投入学术研究中。这个阶段，钱学森的学术思想之活跃、涉猎学科之广泛、原创性之强，在学术界是十分罕见的。钱先生通过学术讨论班、学术会议以及与众多专家、学者书信往来进行广泛的学术讨论，提出了许多新的科学思想、理论与方法，在众多新的学科领域，发表了大量文章并出版了多部著作，产生了广泛深远的学术影响，形成了钱先生一生中第三个科学创新高峰，即钱学森第三个科学里程碑。

钱先生在这个阶段，花费心血最多，也最有代表性的是建立了系统科学体系和创建了系统学，构筑了现代科学技术体系和人类知识体系，在提出还原论与整体论辩证统一的系统方法论的基础上，又开创了“从定性到定量综合集成方法”及其实践形式——“从定性到定量综合集成研讨厅体系”，总体设计部等，形成了一整套包括综合集成思想、综合集成方法、综合集成技术在内的、行之有效的综合集成体系。这就是人机结合、人网结合以人为主的信息、知识和智慧的综合集成，将专家体系、数据、信息与知识体系以及计算机体系有机结合起来，构成一个高度智能化人机结合与深度融合体系，把人的思维、思维的成果、人的经验、知识、智慧以及各种情报、资料和信息统统集成起来，从多方面的定性认识上升到定量认识。

这在人类发展史上具有重大意义的进步。钱先生又把这套方法称为“大成智慧工程”，并且将其进一步升华，在理论上提炼成一门学问，就是大成智慧学，即钱学森大成智慧教育观。这是钱先生在创建系统学，将复杂系统科学思想在21世纪人才培养上的超前设计，是划时代的教育理论。

大成智慧教育的核心理念是培养富有智慧的杰出创新拔尖人才。它要求将滋生智慧的“量智”与“性智”结合，科学与哲学结合，科学与艺术结合，逻辑思维与形象思维结合，微观认识与宏观认识结合，是综合集大成得智慧的教育理念；这是缩短学制，贯通小学中学大学，培养18岁的硕士，在人类智力高峰期早成才的教育理念；这是打通学科知识壁垒、深度融合、交叉发展，培育创新拔尖人才的教育理念；这是从根本上克服和扭转各个学习阶段重复学习，课堂内外复杂化学习，怪异性学习，题海式教学，惩罚式教学等五花八门的应试教育模式的教育理念；这是一种全人格教育，全道德育人，全方位知识结构学习，全面能力培养，使学生德智体美劳全面发展，造就出全才、通才、创新型人才，杰出人才培养的全新的教育理念。

二、培养创新拔尖人才是钱学森教育思想的核心理念

创新是钱先生科学思想的核心理念，同样也是其教育思想的核心理念。钱先生曾经将自己当年在北京师范大学附中和加州理工从学从研从教的两个阶段，称之为人生的两大高潮。钱先生为什么如此看重他人生这两个阶段，在这两个不同国度的两所学校从学从研从教经历呢？主要是因为他在这两所学校接受了使他终生难忘的浓郁的创新文化的熏陶，铸就了钱先生创新的科学价值观和教育价值观。

钱先生认为，创新是国家强盛、民族复兴、人类社会发展的强大驱动力，也是教育与科学发展的巨大推动力。钱先生认为，创新就是要说别人没说过的话，研究别人没有研究过的学术问题，做别人没有做过的事。而且创新需要迈大步，步子小了就会很快被别人赶上。钱先生说，可惜现在

我们中国还没有一所大学能够按照科学技术发明创造的模式去办学。钱先生还认为，科学创新的萌芽始于形象思维，在于大跨度联想突然给你一个启发，产生了灵感，这才有创新。

钱先生 1978 年至 1981 年四年间在主导改建国防科技大学时，反反复复地强调创新。钱先生无数次地对学校各级领导说："毫不客气地讲，我们培养的人才就是要创新拔尖。"我们的科学研究就是勇于突破核心关键技术。钱先生强调要始终将培养学生的创造性思维和创新能力贯穿教育教学和科学研究的全过程。四十多年过去了，学校至今仍然流传着很多钱先生亲自抓教育教学创新的故事。

一次，钱先生在听取校系领导汇报课堂教学情况时，有几个系分管教学的领导反映，有些学生总是强烈要求老师在课堂上多讲些，而且这些学生大多连笔记本也不带。钱先生一听这些情况就非常生气，连续几次问：这些学生是哪个专业的，授课的老师又是谁。听到回复后，钱先生随即态度十分强硬地说：一定要给这些学生来个"下马威"。

此后，尽管钱先生在不同场合反反复复强调他的"下马威"理念，但钱先生始终没有详细解释他的这个教育理念。当时的校系领导以及老师们不了解钱先生"下马威"理念究竟是什么意思，只是猜测就是对学生要严厉一些。若干年之后，当年与钱先生保持长年联系的汪浩教授看到钱先生的秘书兼学术助手涂元季所著的《钱学森故事》披露的一件事，他联系自己的亲身经历，给笔者谈了对当年钱先生"下马威"教育理念的理解。

当年钱先生兼任中国科技大学力学系主任，对中科大首届力学班学生进行过一次期中考试。中科大首届力学班的学生都是高分考取中科大的。这些学生入校半年后，钱先生为了测试他们半年多来对所学知识的综合理解，出了这样一道题：在地球上发射一枚火箭绕过太阳一周再返回到地球上来，请列出方程求解。开卷考试，资料课本都可以带，只规定不能交头接耳、相互讨论。钱先生根据这些学生平时的学习情况，估计只要这些学生把半年来所学的力学、导弹、火箭原理以及数学等基础知识综合理解了，大概考个及格还是没有问题的，但得不了高分。

考试从上午 8：30 开始，到中午 12 点，无一人交卷。钱先生让大家吃完午饭再继续考，直到傍晚也没人将这道题做出来，只好交卷。成绩出来，有 95% 的学生不及格。这次考试，对首届力学班的学生震动很大，他们看到了自己在知识学习和综合理解以及把握上的差距。钱先生也通过这次考试，发现这些学生不能将所学知识融会贯通综合理解，而且数学等基础知识不扎实，决定延迟半年毕业，补数学等基础知识。

汪浩教授看到这个故事时，想起自己所经历的一件事：1962 年，哈军工在全国各省市的考生中，录取了一批高考总分排名前二、数学单科第一名的尖子生。这批学生入校后，哈军工一位曾经和钱先生先后留美回国的老一辈著名数学家卢庆骏教授，授意汪浩与戴遗山两位年轻教师，以提高数学教学质量为目的，下功夫研究国内外数理教学经验，并结合本院实际，提炼一套提升学生数学知识综合理解能力的教学法。两位年轻教员经过一段时间的探索，精选了 135 道解析几何难度比较大的题编入高等数学讲义，对学生提出："定义要会说，定理要会证，公式要会推，习题要会做。"要求老师批改作业要做到"见卷如见人，改题如改文"，考试评分实行"吹毛求疵，不论功行赏"。按照这样的要求，第一阶段的教学任务完成后，卢教授亲自出题，类似钱先生"下马威"的考试法，对这批六二级的尖子生进行了一次数学综合测试。这次测试结果，令哈军工全院上上下下感到震惊，这批尖子生居然绝大部分不及格。

汪教授认为，卢教授这种教育理念其实也是钱先生当年的"下马威"教育理念。就是克服学生惰性，检验学生对所学知识综合理解、融会贯通的能力，激发学生勤于思考的内在学习动力，培养学生的创造性思维。实际上这也是钱先生一贯提倡的教风、学风。

还有一次，时任学校训练部长的陈启智教授陪钱先生去听专业基础课，当时那堂课是应用力学系一位中年教师讲授弹性力学壳体强度的三维方程（专业基础课）。当陈教授正要陪同钱先生迈进课堂时，钱先生立刻招呼陈教授停下："我们就在课堂外，隔着玻璃窗听吧，这样既不妨碍老师上课，也不影响学生听课。"钱先生听得非常认真。这位教师也讲得非常认真，他不仅将弹性力学壳体强度三维方程解释得清清楚楚，而且板书工工整整，写满了整个黑板。

钱先生和陈教授大约听了半小时，"差不多，可以走啦。"钱先生对陈教授说。"您觉得这个课讲得怎样？"陈教授试探性地问钱先生。"讲得好啊！可以说是一流的，但是太吓唬人啦！"钱先生幽默地说。既然是一流的，怎么又太吓唬人呢？钱先生似乎看出了陈教授心中的疑惑："你没有看到这位教师把整个黑板都用数学公式填得满满的，满堂灌，怪吓人的。"钱先生说："实际上三维方程，只需要讲到二维就行了，那三维就让学生自己去学习思考好啦，再说这位教师授课呆板，在取材灵活运用上也有问题，不利于培养学生创造性思维。"

钱先生说：学生总希望老师在课堂上多讲点，老师就满堂灌。我是反对满堂灌的。我们天天喊启发式教学，看来只是挂在嘴边。钱先生认为，课堂教学，要学毛泽东当年在湖南第一师范的授课法：发讲课稿，一堂课讲半个小时，讲重点，讲难点，讲关键要害的内容，而且讲精、讲活、讲生动，其余时间留给学生自习与独立思考。

钱先生强调：我们是培养创新拔尖人才，所以必须调动学生内在的学习积极性和创造性，将培养学生创造性思维和创新能力贯穿教育教学全过程。要从根本上改变填鸭式的满堂灌，要认真研究启迪学生创造性思维的教育教学方式。钱先生认为，提高教学艺术，是激发学生灵感，激活学生大跨度的形象思维，培养学生创造性思维的好方法。

钱先生晚年研究思维科学，他认为，人有三种思维：形象思维，抽象思维即逻辑思维，还有灵感思维。在科学研究中，三种思维都可能用到。形象思维是从宏观角度观察思考分析和处理问题，抽象思维是从微观角度观察思考分析和处理问题，灵感思维是对苦思冥想不得其解的问题，偶尔在梦幻中突发奇想，出现灵感，使问题得到解决。

钱先生指出：所谓创造性思维，首先是对不同事物进行大跨度的联想，使你产生一个创新的思想火花，提出一些假设，这就是形象思维。然后，你运用逻辑思维进行严密的科学实验推理计算，得出理想的结果。所以说，创造性思维就是形象思维和逻辑思维的有机结合，但是现在我们对形象思维的研究还没有从根本上突破，有很长的路要走。所以钱先生一再要求学人们要加强美学艺术的学习与修养，增强形象思维能力。

三、不断探索培养科技创新拔尖人才模式

2005 年 3 月 30 日，钱先生与他的秘书涂元季谈话，提出了一个培养人才模式的概念，即培养科学技术发明人才的模式。

所谓培养人才模式，根据《辞海》等注释，有广义和狭义之说。从广义说，是在教育理论指导下，根据培养什么样的人、怎样培养人的总体要求所设计构筑的，包括人才培养目标、教育教学体制、课程教材体系、教育教学内容、校风教风学风等。可以说，几乎包括了学校围绕人才培养的所有工作。从狭义说，是根据人才培养目标、所采取的办学原则、体制和式样等。

钱先生作为一个伟大的科学家、思想家、教育家，他总是从国家发展战略全局思考人才培养问题，为了国家强盛、民族复兴，中国需要一大批高质量、高水平的复合型人才，也需要一批将来能够担当大任的全才、帅

才，顶尖的科技创新拔尖人才。而要培养这些人才就必须有培养这些人才就的模式。随着钱先生学术研究视野不断拓展和科学研究不断深化，他先后提出过四种培养创新拔尖人才的模式：（1）理工结合、加强基础、落实到工，培养高质量、高水平的国防科技尖端人才；（2）理工结合加社会科学，培养科技帅才；（3）理、工、文、艺结合，培养21世纪全才；（4）理、工、文（社会科学）、艺结合，培养大成智慧学人才。

钱先生改建国防科技大学时提出“以学科设系、理工结合、加强基础、拓宽专业、落实到工”的模式培养高质量、高水平的国防科技尖端人才，即科技创新拔尖人才。钱先生当时尝试将理工结合得更加紧密，他不以学科设学院，而是按学科设系，将理工结合在一个系，将基础、专业基础和专业编制在一个系。这是钱先生在办学体制和模式上的大胆创新。钱先生曾经非常自信地说：“我将理工结合到一个系，将物理、核物理、基础物理搞在一起；将化学跟推进剂、特种材料工艺以及分子设计搞在一起；将数学与系统工程搞在一起。我是故意这样做的，将理工结合到一个系，这在全世界也是个创造。”

钱先生这个重大创新，是基于他对理工结合办学模式的深刻认知，对世界理工大学办学育人模式的历史深入了解。钱先生曾经说，从国际上看，理工大学是从无到有，内容不断丰富。真正的高等工程技术学校首先出现在美国，美国是后起的资本主义国家，它为了赶上和超越老牌的欧洲资本主义国家，就想到办高等工程技术学校，培养高级工程师。后来欧洲也跟着这样做。那时的重点是对学生进行严格的工程训练。随着科学技术的发展，要求理工结合，美国的麻省理工就增加了理科，变成了理工学院。理工结合，培养具有科学基础的工程师，这在当时是一个带有革命性的划时代的改革。这种改革在一定程度上也是成功的。后来全世界的许多大学也都跟随这样做，理工结合就成为全世界理工高等教育的共同规律。

但是，钱先生认为：这也只是在一定程度上如此，至于课程改革原来的目的，把工程技术完全建立在自然科学的基础上这个目的，是没有完全实现的。为什么会出现这个问题？这与当时麻省理工将理工分院设置这种办学模式有关。

钱先生指出：当年麻省理工的课程组合，由于理工分院，四年制的课程，前两年着重自然科学，后两年着重专门业务，但是这两部分之间在办学体制上却没有很好地结合起来。有人说以这种办法教育的学生，前两年他是一个学者，追求着自然界的真理，在高度的学术空气中生活着。但是过了两年，进入后一个阶段的教育，他又忽然从学术空气中被赶出来，进入工程师所习惯的园地，放弃分析方法，去搞经验公式了。这样培养出来的工程师一进入实际工作中，不久就会把他们学过的自然科学各个学科的大部分东西给忘了，数学也不大会用了，只不过还会运用自然科学的一般原则来帮助他们思考罢了。要真正以科学的理论来推演出他们在工作中所需要的准则，他们还是不能做到的。①

所以，钱先生认为：理工结合，关键在结合。这个结合是科学理论与工程技术的综合，是理工深度的融合，是融会贯通的“化合”，而不是将理工知识堆积起来的“混合”。但是钱先生也非常清楚，四年的本科教育，要真正使科学理论与工程技术起到融会贯通的“化合”作用，即使将理工结合在一个系也是比较困难的，所以当年他设想延长两年学制或以培养研究生为主来解决这个“化合”的问题。

同样，理工结合加社会科学，理、工、文（社会科学）、艺结合，关键也在结合，这是多学科、宽领域、大跨度的深度融合。综合集成，集大成，得智慧，融会贯通“化合”才会生成智慧。所以，钱先生晚年提出培

① 参考《钱学森文集》卷一，国防工业出版社，2012年版，第208页；根据国防科技大学档案馆整理的钱先生在1978年6月改建学校时的讲话整理。

养大成智慧学人才模式。一个富有智慧的学人，才有信心、有底气、有勇气、有能力在学术上攻坚、突破、创新。依靠死记硬背的应试教育，将知识堆积在脑子里，充其量也不过是个书呆子而已，很难想象一个缺乏智慧的人，会成长为科技创新拔尖人才。这里应当特别指出：钱先生提出的技术科学教育观、系统工程与系统科学教育观和大成智慧教育观始终贯穿一个科学的教育方法论。这个方法对于培养创新拔尖人才起核心关键作用。

四、钱学森创新教育思想是一个严密的科学体系

钱学森围绕培养什么样的人、为谁培养人、怎样培养人这个根本问题，在长期的科学研究和教育实践中，逐渐形成了一个逻辑严谨、科学严密、特色鲜明、内涵丰富、相互联系、博大精深的创新教育思想科学体系。

第一，钱学森教育思想是一个伟大科学家的教育思想。钱先生的技术科学（工程科学）教育观、系统工程与系统科学教育观、大成智慧教育观都是在他长期科学研究的伟大实践中形成和发展起来的。所以，钱先生先后提出的几种人才培养模式，也都属于科学技术领域的人才培养模式，比如高质量、高水平的国防尖端科技人才、科技帅才、科技全才，他强调最多的也是科技创新拔尖人才，科技创新是钱先生教育思想的核心理念。

第二，钱学森的教育思想是建立在辩证唯物主义原理基础之上的。钱先生早年在美国所形成的技术科学（工程科学）思想也是受到朴素辩证法思想影响，回国后，钱先生系统学习了马克思主义哲学，丰富和发展了他的技术科学（工程科学）思想，同时也丰富和发展了他技术科学（工程科学）教育观。

钱先生一贯认为，物质世界是由无数相互联系、相互依赖、相互制约、相互作用的事物和过程所形成的统一整体。辩证唯物主义体现的物质

世界普遍联系及其整体性的思想，也就是系统思想。所以钱先生系统科学思想教育观是建立在辩证唯物主义原理之上的。钱先生的大成智慧工程、大成智慧学以及大成智慧教育观，则是在马克思主义哲学从原则到具体的指导下所构筑和升华的。钱先生辩证唯物主义教育观，是具有钱先生鲜明特色的教育理念。

第三，钱学森民主开放的学术观是他科学思想和教育思想的重要组成部分。钱先生一贯认为，营造浓郁的创新学术氛围是培养科技创新拔尖人才和攻克核心关键技术极其重要的因素，也是学人走向成功的关键。钱先生晚年提出的“钱学森之问”的要害，也是他一生始终关注的学术问题。钱先生之所以将自己在北师大附中和加州理工从学从教从研的经历称之为人生的两大高潮，实际上就是这两所学校浓郁的学术氛围造就了他的人生，成就了他事业的辉煌。因此，钱先生在办学治校育人的实践中，总是强调营造开放民主浓郁的学术氛围。

第四，钱学森大师造就良才与名校教育观，是办学治校育人的关键。钱先生认为，只有一流的学术大师、教育大师，才能培养一流科技创新拔尖人才，造就鼎鼎大名一流的大学。钱先生始终铭记学术名师大师对自己一生的影响，他在国防科技大学四年办学育人实践中，非常注重高质量、高水平师资队伍建设，明确要求每个老师不能只做专家，必须做科学家。并以科学家的学术标准严格要求理工类老师，以科学家为目标建设师资队伍。

最后，钱学森以德育人教育观，体现在他长期办学育人的实践中。钱先生认为，只有把德树起来，才能真正实现德智体美全面发展。钱先生强调，我国的大学是中国共产党领导下的社会主义大学，不能培养有才无德的人，只能培养德才兼备、又红又专的人。

钱先生多次提醒学校各级党组织和领导干部切实做到“两个不要忘记

和一个警惕”：不要忘记西方敌对势力“西化”“分化”我们社会主义中国的阴谋在任何时候也不会改变；不要忘记国内外封建腐朽没落的残余会无孔不入地影响年轻一代，警惕培养政治上的废品。所以钱先生在改建国防科技大学的四年间，一贯主张以德育人，主张全人格的教育，要求不断强化政治理论课教学，加强爱党爱国爱人民爱社会主义教育，加强革命文化和传统文化教育，打牢学生思想基础和提高政治免疫能力。

钱学森技术科学（工程科学）教育观，系统工程与系统科学教育观，大成智慧学教育观，辩证唯物主义教育观，以德育人教育观，民主开放学术观，大师造就良才与名校教育观等，构成了钱学森内涵丰富、逻辑严谨、相互联系、博大精深的创新教育思想体系，是推进中国教育现代化不可多得的宝贵财富。

第十章

钱学森改建国防科技大学部分原始资料和专访笔录

钱学森与国防科技大学学生交流。

一、改建国防科技大学始末①

这是一件可以载入中国改革开放史册的大事。1977年，邓小平以政治家的远见卓识，提出在原长沙工学院的基础上改建国防科技大学。

长沙工学院前身是1953年创建于北国冰城哈尔滨的我国历史上第一所军事工程学院，即赫赫有名的哈尔滨军事工程学院。1970年，学院主体南迁古城长沙，更名为长沙工学院。哈军工是当年毛主席为了加速中国国防和军队现代化建设，亲自批准创建的，周总理亲自抓创建工作。学院创建以来，培养了大批优秀人才，为国防科技和军队现代化建设做出了重要贡献。作为当年党中央重要领导成员之一的小平同志心中牢记着这所学院，所以他主持工作后，找到长沙工学院时任党委副书记张峰等人专程来北京汇报学院情况，随后做出决策，在长沙工学院的基础上改建国防科技大学，并将改建这所大学的任务交给了时任国防科委主任张爱萍将军。为了贯彻落实小平同志的决策，张爱萍和国防科委党委决定由时任国防科委副主任、我国著名科学家钱学森主导这次改建工作。

张文峰回忆："钱先生受命后，可谓呕心沥血，他根据小平同志指示和国务院、中央军委（国发）〔1978〕110号文件精神，结合自己长年从事科学研究和办学育人的实践，以丰富的人生阅历和超人的智慧精心设计改建方案，妙笔描绘改建蓝图。他从1978年6月至1981年4月，历时四

① 文字资料主要由国防科技大学档案馆提供，同时参考张文峰日记整理。

年，先后四次来到学校，每次都在学校待上比较长一段时间，第四次长达十九天。”文峰老人说：“钱先生的工作作风非常认真细致，他深入机关各部处，基层各系，各教研室、研究室、实验室、图书馆、学员队、课堂、学员宿舍、食堂、外场实验基地等，分别与全校各类人员座谈或个别谈话，广泛调研涉及人才培养的教育教学、科学研究、学科建设、师资队伍建设和学校管理等方方面面的情况，考察各类基础设施和办学条件。他全过程、全方位地直接参与和具体指导学校的改建工作，足迹几乎踏遍学校的每一个角落。”

钱先生精准设计学校的办学定位。他指出：“国防科技大学的改建，是国家为了发展下一代战略武器，培养若干年以后新的国防尖端科学技术的突击力量、攻关力量，搞新技术的力量，就是要为实现在二三十年内在国防科学技术上赶上并超过世界先进水平而服务。所以我们不是办一般的大学，也不是办全国其他 28 所重点大学那样的大学。我们办学的主要任务就是培养能够作为将来若干年后向科技现代化进军的主力部队，特别是国防科学技术上赶超世界先进水平的主力部队。”钱先生强调：“要敢于创办国内外从来没有办过的大学。”

在谈到为什么改建后的国防科技大学能够担当如此重任时，钱先生说：“因为你们是哈军工的传人，为发展国防科技事业做出了宝贵贡献，积累了比较丰富的办学育人经验，具有较强的综合办学实力。除了你们的条件比较好以外，还有一个其他重点大学所不可能有的条件，就是学生、教师可以对口到二、七机部（当时的核工业部和航天工业部）和国防科委各个基地去办学。这些单位对你们是开放的，这个条件别的大学不可能有。二、七机部和科委各基地的技术设备，在全国独一无二，是国家财力、物力和尖端科学技术设备集中的地方。这个条件是全国任何大学都没有的，所以要求国防科技大学要培养未来国防科技的主力军。”

关于专业设置问题和人才培养问题，钱先生指出：“专业设置要和二、七机部，科委的规划工作一致起来，要针对将来我们要干什么就设置什么专业。国家没有解决的科技问题，你们就要解决这些问题。国防尖端科技方面所没有的行业，你们就要建立这样的行业，要针对这样的任务设置专业。你们现在培养的人，主要是承担未来赶超任务的。所以你们参加国防科委搞规划，这个规划对你们不能保密，要这样来考虑专业怎么设置。你们要培养这些行业的人，这些行业现在还不存在，是将来要发展的行业。那么教材怎么弄？怎么个教法？我们提出，专业要办，每个专业都要有它的研究所，你不研究这个专业，就没法建立这个专业。不搞研究，可能课都没有办法开。所以，国防科技大学只有一边做研究，才能编出教材，教出的学生才能进行科研工作。这还不是一般地讲高等院校是科研的一个生力军，不仅仅是这个意思。比如，慈云桂同志（时任计算机系主任兼研究所所长）搞巨型电子计算机，你们怎么培养学生？还要经过实践，国防科技大学就是要自己研究，自己教学，培养出来的学生又是干这一行的。”

钱先生强调：“我们的专业必须有与专业一起的研究机构，老师既是研究员，又是教员。搞教学要有一套教学组织管理机构，搞研究也要有一套研究管理机构。系有一个班子，研究所也有一个班子，但班子人要精干，科技人员是灵活的，有时去教书，有时去搞研究工作，身兼二任。所与系又是紧密结合的，但又不完全等同，行政管理不完全一样，按照他们的特点进行科学管理。”“那么，教材从哪里来？是从研究中来。对一门学科，你是不是真懂了，首先看你能不能教学生，学生是否听懂了。老师要过这个关，你对学生讲不清楚，学生一问就答不上来了，就说明你还没有搞懂。那是不行的。”

钱先生说：“有一个应当引起大家充分重视的问题，就是过去把基础课老师与专业课老师划分得很清，是不是能提出：基础课老师能教专业课，专业课老师也能教基础课。一个教师只有一般的专业知识，而没有深厚的基础知识不行。知识面要宽一些，没有广度，就没有深度，没有广度和深度，培养的人是脆弱的，不能研究新的东西，就会流于一般，联系实际也不会深刻。”钱先生认为：“基础课、专业基础课，尽可能在学校学习，扎扎实实打好这两个基础。次序是基础课、专业基础课，最后是专业课。无论如何，要把基础课和专业基础课学扎实。”

钱先生对学校的专业设置、基础课与专业基础课学习、人才培养目标定位发表了自己独到的见解，要求以发展的观点和创新精神办好大学。钱先生说：“世界办大学的经验是不断变化、不断发展的。就工程学校而言，第一所是拿破仑在军队办的工兵学校。那个时候实际上所谓工程师的教育是没有的。西方资本主义国家的所谓大学，不是培养工程师的，培养的是律师、文学家、诗人、语言学家。资本家需要技术人员，用办一些初级的相当于现在的技校，顶多是中专来解决。美国那个时候是后起的资本主义，美国的资本家看到，他要超过欧洲的老牌资本主义就要培养工程师，大学水平的工程师。大约一百多年前吧，像麻省理工学院就是第一个成立的，培养高水平工程师的。后来别的国家就学了，德国也办了高等工业学校，英国也办了，法国也办了。但是那个时候的这些学校，基本上是工，所谓理呢，当然得有基础课嘛。再一个呢，除了毕业论文、简单的毕业答辩之外，没有什么研究工作。这个情况到了20世纪就逐渐变化，工科的高等学校里面，越来越加重理的这部分，变成理工科的高等院校，在新中国成立以前，我国的一些理工科高等学校，像上海交通大学呀，清华大学呀，就是按照美国的这一类的理工科高等院校的模子干的。但是事物是发展的，到20年代末，美国又一个学校就是加州理工学院成立了。这个学院一成立，它又有所创造，觉得光是从前办理工科高等院校还不够，要大大加强研究工作，它的研究生和本科生数目差不多，研究生还略有超过，它的所有的教学人员都做研究工作。在资本主义国家，是那样聘请的，如果一个教授、一个副教授、一个讲师几年没有出一个像样的研究论文的话，那就请你走了，它是那样的。所以它那个学校，确实是探索发展科学技术的气氛很浓。它这种做法，又为其他的美国的理工科学校效仿，麻省理工学院也大大地加强了它的研究部门。所以我们要看到办高等院校不是一成不变的，我们也在创造，我们看到世界的历史，一百多年的历史，那是变化很多的，所以我们应该看到这一些。用中央领导要求的五点，即决心再大一点，胆子也再大一点，步子也迈得大一点，思想再解放一点，主意再多出一点，来认真地总结我们的经验。”“不说远的，就从我们办哈军工开始25年了，四分之一世纪的经验，有丰富的经验嘛。这几天我们跟一些同志座谈，我觉得他们确实讲得有道理，都是自己的经验。我们有这么多宝贵的经验，加上总结国外的一百多年来的经验，我们看到新时期的总任务，那么我们就要决心再大一点嘛，胆子再大一点嘛，步子迈得再大一点嘛，思想再解放一点，主意再多出一点。”

学校党委根据钱先生提出的改建设想和办学理念，决定以学科设系、理工结合、加强基础、拓宽专业、落实到工，先后设置了应用力学、应用物理、自动控制、电子技术、材料燃料、电子计算机系兼研究所、系统工程与数学、精密机械八个系和干部进修班。至此，学校改建的基本框架已经初步搭建起来了。

钱先生从1978年6月至1981年4月，历时四年，先后四次来到学校，就改建后正在运行中的各项工作进行具体指导，帮助学校制定了中长期发展规划，追加了国防科委对学校的办学投入，加强了科学研究和学科建设以及政治理论课教学的力度，调整了所有实验室和其他办学基础设施建设，强化了师资队伍建设和学校的管理等。

钱先生在离开学校前夕，特别叮嘱学校领导，要将学生培养成为理论联系实际的实干家。钱先生指出：“根据国务院、中央军委给学校规定的培养目标，我校培养出来的人，是要为国防尖端科学技术解决实际问题的。所以不能丢掉工程技术，去钻研什么空空洞洞的纯理论的东西。纯理论的东西不是不应当搞，但我们学校是要按国务院、中央军委文件规定的，要培养国家急需的国防科技人才，将来要能解决国防尖端技术中的实际问题。不联系实际的人，这是没有用的。我们要赶上世界先进水平，需要有一批对工程技术问题有真正深刻理解能力的专家。现在不大重视这方面的人才，而是讲拼命干，加班熬夜。当然，好人好事有干劲要宣传，但光靠干劲不能解决科学的问题，还要靠知识和见解，仅有干劲没有知识，这种干劲是没有用的。人们往往一听说理论就认为是数学公式，我看，也许最高深的理论连一个数学公式也没有。理论，就是人们的实践经验的概括，最概括的理论也许不是用数学表达，而是对现象的理解能力。”

钱先生强调：“我们所学的理论决不能脱离实际。我们学校不论是哪一个系，都是要为国防尖端技术干实际工作的，大家都要成为实干家，能够真正解决实际的问题。否则，现代化建设就只能是一句空话。”钱先生认为：“现在国防尖端技术发展很快，为了适应迅速发展的科学技术，我校学生必须打下深厚、扎实的理论基础，所以学校强调加强基础，但不能因此丢了‘工’。因为搞工程技术是我们最后的目的呀！明确这一点很重要。学校领导要引导广大学生关心、思考实际问题，思考能抓得到、摸得着的问题，思考实际生活中遇到的科学技术问题，把注意力引向在实际生活中碰到的国防尖端技术新问题上来。”“要尽最大努力培养高质量、高水平的科技创新拔尖人才。培养在科技前沿打头阵冲锋陷阵的人才。

二、追忆当年改建学校的难忘岁月

当年跟随钱先生改建国防科学技术大学的原学校领导和系的领导、部分专家教授，几乎都离开了工作岗位，但是他们当中的许多人还长年与钱先生保持着联系。回忆起当年的往事，他们还是记忆犹新。

张文峰，原长沙工学院的主要负责人，当年协助钱先生改建学校的那些岁月，钱先生留给他很深的印象。文峰老人追忆，钱先生设计的办学育人模式，用两个字概括：创新。

钱先生总是强调要创造一种新的办学模式，但究竟是一种什么样的模式？当时钱先生并没有明说，但是他多次提到三所大学：一是 CIT，二是中国科技大学，三是我校前身哈军工。而在这三所大学中，钱先生颇为推崇 CIT。

文峰老人记得，钱先生第一次来学校主持改建工作的第二天晚上，约见他谈话时，将近一个小时谈到 CIT。钱先生说：CIT 是 1891 年才办起来的，办学时间不算太长，办学规模也不大，至今培养的学生大概也只有 2000 人左右，但它是全美乃至全世界最棒的大学。我在 MIT 也学习和工作过，也了解哈佛等美国名校，但是我感到 CIT 更有特色。 CIT 办学起点很高，定位也很准，就是为全美乃至全世界培养一流的科学家、一流的工程师。它始终注意瞄准世界科学技术前沿。

CIT 是理工结合的办学体制，学院设有生物学、化学与化学工程、数学与天文学、地质与行星科学、应用科学与工程学、人文学与社会学等六大学术分部，还有二十多个跨学科的科学与工程研究中心。

CIT 聚集了一批世界上一流的科学家，有航空航天先驱冯·卡门，天文学家哈雷，遗传学鼻祖摩根，还有盖尔曼、密立根等。截至 2003 年，CIT 先后有 29 人获得 30 项诺贝尔奖，56 人获美国国家科学奖和工程技术奖，CIT 的教师队伍中 90 多人是美国科学院和工程院的院士，80 多人是美国艺术与科学院院士。

钱先生强调指出，特别是CIT搞研究、做学问的氛围很浓。这里的老师和学生，无暇顾及什么其他的，都专心致志地教书、做学问、搞学术研究，大家可以跨学科、跨专业去听课，开展学术交流，可以自由地发表学术观点，教师与教师之间、学生与学生之间、教师与学生之间，常常为一些学术问题争得面红耳赤，学术气氛非常活跃。在这里谁都不甘落后，呈现出很强的竞争态势。尽管来到这里学习的学生是全世界很优秀的，但是仍然有15%到20%的人毕不了业。正是这种浓郁的学术氛围，催生了一大批震惊世界的学术成就。如：1934年反物质的发现，20世纪30年代化学键本质的发现，分子生物学的创立，现代地震科学的创立，左右脑功能的发现，核反应在宇宙起源中的作用，等等。

谈到中国科技大学，钱先生说：那是中国科学院在1958年办起来的一所大学，在许多方面有创新。当时的办学条件并不具备，但是中科院领导决心很大，没有老师，院领导要求科学院一个研究所支撑一个系，我时任力学研究所所长，就兼做了力学系主任。这样师资问题就解决了，而且许多人是各个学科领域的知名科学家。办学强调理工结合，强调打基础。

钱先生说：哈军工是一所很了不起的大学，是新中国创办的第一所军事工程技术大学。我回国的第二个月就去了那里。就那么十几年的工夫，办得红红火火，办了那么多尖端专业，培养了那么多优秀人才，有些基础设施在全世界的大学也是独一无二的。哈军工的办学水平和知名度并不亚于当时国内最好的大学。所有这些都与陈赓这位军事家、革命家出身的人来办教育有很大的关系，因为他的勇气、胆略、魄力，一般办教育的人或者说职业教育家是难以企及的。

钱先生认为，这三所大学在办学模式上各有自身的特色与优势，但共同的特点都是创新。

文峰老人认为，钱先生心目中的办学模式，就是让我们向CIT看齐，同时吸收其他两所大学的办学经验，创造一种具有我们学校特点的新的办学模式，即以学科设系，不设学院。

1978年，国务院、中央军委［1978］110号文件明确规定：改建后的国防科技大学“主要任务是为国防尖端技术培养高质量、高水平的研究、设计、生产、试验使用的人才”，但其中最重要的任务是为发展下一代国防尖端技术，培养从事研究和设计的高质量、高水平的国防尖端技术拔尖人才。

钱先生作为国防尖端技术领域的技术主帅，最了解发展下一代战略武器需要什么样的人才；钱先生在世界顶尖的理工大学从学从教从研20年，也最了解办什么样的理工大学、采取什么样的模式才能培养出这方面的人才。

40多年过去了，现在回过头来看，当年钱先生设计的按学科设系，不设学院，理工结合，而且将理工结合到一个系，加强基础，以工为主的办学育人模式，这在世界办学史上也是很有特色的，也可以说这是钱先生在世界办学史上的创新，也是钱先生教育理念的鲜明特色。

文峰老人追忆，钱先生当年设计的办学育人模式，用两个字概括：创新。早在1977年10月6日，钱先生接见当时长沙工学院领导时反复强调：“老实不客气讲，就是要创新、要拔尖。”钱先生设想将学校办成一流、拔尖的理工大学，培养一流的科技创新拔尖人才。钱先生充分吸收世界一流大学的办学经验，根据自己从学从教从研几十年的经历，着眼于我国国防科技的发展战略，精心设计出“按学科即按技术学科设系、不设学院、理工结合、加强基础、以工为主”的办学育人模式。这是一个逻辑极为严密、内涵极其丰富、深谋远虑的培养高质量、高水平勇于攻关突破的国防尖端技术人才模式。[①]

方子丰，全程陪同钱先生考察全校各技术学科情况，时任教务处副处长。他回忆说："钱先生是风趣幽默的伟人。"

1991 年 6 月 18 日，钱先生在给朱光亚先生的一封信中谈道："国防科技大学在改革学制时有创新，即不设学院，按现代科学技术体系三个层次的中间层次、技术科学（居于基础科学与工程技术之间）设系：一系为力学，二系为技术物理，三系为控制论，四系为电子学，五系为应用化学，六系为计算机科学，七系为系统工程科学，八系为制造工艺科学，现在又加了一个系，专门对各基地科技人员再教育及深造。"从这里我们可以看出，当年钱先生按学科设系，不设学院，而按学科设系实际上又是按技术学科设系与专业，钱先生认为这是改革学制的创新。

那么，当年钱先生为什么按学科设系而实际上又是按技术学科设系与专业呢？为此，笔者专门访问了当年曾经全程陪同钱先生考察全校各技术学科情况、时任教务处副处长的方子丰。

方子丰如今已是年逾古稀。据他回忆：钱先生是风趣幽默的伟人。我至今仍然清楚地记得，1979 年 12 月 26 日上午 7 点 40 分左右，我来到了他住的地方，门是开着的。钱先生看到我，笑容满面地伸出手来与我握手。接着，他从一筐橘子中挑了一个小饭碗大的熟透的橘子递给我。"据我了解，学校的教务处是工作最繁忙也是最累的地方，我挑选这一筐橘子中最大的一个慰劳你方处长哦！"钱先生说。我本来有点紧张拘束，听钱先生这么一说，那点紧张拘束感全没了。

方子丰说，这次钱先生来到学校考察有三点我没想到：一是没想到这

① 参考钱学森 1977 年 10 月与当时学院领导人谈话的部分内容。

位久负盛名的大科学家如此低调，他既没带工作组，也没有带秘书，只身一人来到了学校。钱先生到学校后，怎么也不肯让学校领导陪同。我常常想起这些，与现在某些领导外出前呼后拥的情景相比，真是天壤之别啊！二是没想到钱先生对各系的情况了如指掌，凡是各个系的领导与专家教授汇报的情况他几乎全都了解，有些情况遗漏了没说的，钱先生会给他们指出来。我当时的感觉是，这位大科学家真是神啊！三是没想到当年已经是70岁的钱先生精力还如此充沛，他一个系一个系地找各系领导、各学科学术带头人、骨干教师座谈，听取汇报，考察各教研室、研究室、实验室建设情况。他白天工作，不停地忙碌，晚上还接着干。

方子丰认为，钱先生之所以如此高度关注学校按技术科学所设的学科专业，有两个重要原因：一是技术科学几乎涵盖了国防尖端技术领域所有的学科专业，而我们学校的主要任务就是培养高质量、高水平的国防尖端技术的创新拔尖人才，所以按技术学科设系与专业就是理所当然的；二是按技术学科学设系与专业，这在当时为全国理工科大学首创，是个新生事物，成功与否，钱先生也在探索之中，所以他格外重视。那段时间，钱先生心目中常常挂念这件事：这些系和专业能否比较好地遵循技术学科特点与规律运行；能否扞上科学"千里眼"、始终瞄准和立足技术科学前沿；能否选准技术学科的重点方向，办出质量、办出水平：钱先生可谓呕心沥血。所以1979年12月下旬，钱先生在一年之内第二次来到了学校。钱先生先后深入八个系二十多个教研室、研究室调查研究，具体指导学科专业建设。

在应用力学系，钱先生通过调研后指出："你们系是以力学为基础的系，力学范围很广，不可能什么都搞，一定要选准主攻方向，要代表国家水平。研究弹头再入机动时的气动力学。只有这样，才能提高教师水平，培养出高质量、高水平的人才。"

在电子技术系，钱先生经过整整一上午的调研后，他对时任系领导陆仲良和部分专家教授语重心长地说：“电子技术系是个大系，实力雄厚，但是你们一定要选定一个主要方向，在全国乃至世界电子学领域抢占一个制高点，将全系的教师捏成一团，在一个共同的目标上奋力拼搏。”

在应用物理系，钱先生要求必须在技术物理的重大方向上开展超前研究，提出一些符合科学规律的新武器概念。

钱先生在材料燃烧系，针对部分人不重视化学这门基础学科，反复强调要加强全校化学基础课的教学，而且一定要把这门基础课上好。钱先生要求系领导和学科带头人要目光远大，面向21世纪搞分子设计。

钱先生对电子计算机系兼研究所格外关注，考察、询问特别详细。他对我国这个最早开拓计算机的单位寄予厚望，要求尽早为下一代计算机做准备。钱先生提出：“计算机研究没有止境，一亿次、一百亿次、千万亿次、万万亿次，都是奋斗目标。”强调攻克软件和元器件（芯片）等核心关键技术。

钱先生在系统工程与数学系进行了比较深入的调研，这是钱先生以超人的胆识、巨大的勇气，在世界教育史上，第一次将数学科学与系统工程结合到一个系。钱先生特别强调：“全国系统工程都在看着我们，搞好搞坏关系很大，我们要在现代化的潮流之中成为弄潮儿。”

钱先生为了使机械专业这个传统学科焕发青春活力，两次到精密机械系考察调研，特别强调技术创新。要求机械专业要与目前正在蓬勃发展的电子计算机学科紧密结合起来，使这个传统学科焕发青春活力。

在整整六天当中，无论走到哪里，方子丰听见钱先生讲得最多的是：创新、拔尖、攻关、突破、瞄准前沿、抢占制高点。钱先生对方子丰说：创新是你们这所大学办学育人的灵魂和动力，学科建设必须立足科学前沿创新发展，科学研究必须在制高点上攻关、突破、创新。

陈启智，当年跟随钱先生改建学校，时任训练部部长，后任副校长、校长、国际宇航科学院院士。他说：“创新首先需要有一个像钱先生这样智慧的大脑。”

笔者先后五次访问陈启智教授。第一次走访，时年88岁高龄的陈教授，提起钱先生，肃然起敬。

陈教授回忆：我与钱先生相识是在1959年年初，那时我在哈军工担任刚刚成立不久的导弹系火箭发动机教研室主任。钱先生来学院考察，专门同我们导弹专业的几位教研室主任座谈，了解这个专业的人才培养和科学研究情况。我参加了这次座谈，还聆听了钱先生所做的题为“火箭技术发展”的学术报告。当年钱先生那种渊博的学识、严谨的学风、大家的风度，给我留下了难忘的印象。此后，因工作关系，我同钱先生常有接触，接触最多的是钱先生在改建学校的那些岁月。钱先生给我印象最深的有两点：一是他无数次给我讲，我们培养的人才就是要拔尖，搞研究要敢于突破核心关键技术，攻克最尖端最难搞的技术；二是他总是在不断思考各种问题。与他在一起的时候，他常常冷不防地给你提出一些问题，让你应答，或者与你一起讨论。所以你得随时做好应答他提问的准备。

有一次，钱先生问了我一个十分有趣的问题：“老陈，你认为美国人和德国人各有什么特点？”我望着钱先生，觉得难以回答。钱先生自问自答：“我讲个小例子：一根针掉在一间大房子里，美国人多半会在整个房间到处来回找，这可不是大海捞针吗？很难找到的。可是德国人呢？他先是竖着找，没有找到，又横着找，很快就找到了。我们中国人呢？我在美国上学的时候，与许多的美国学生一个一个地较量过，我都胜过了他们。”

还有一次，钱先生与我同时在北京参加教育部的一个会议。休息的时候，他踱到我的房间，我猜想他肯定得向我提问什么的。果然：“老陈，你最近看过《英语九百句》这本书吗？”我说：“没有。”钱先生说：“编者称，学会了这九百句，讲英语就啥也不愁了，真是开玩笑，差得远呢！再说学好英语，也不能只靠背单词，关键是要有一个好的语言环境啊！”“您说得很对，我完全赞同您的看法。”我回答钱先生。没想到接着他又与我讨论起另外的学术问题来了。钱先生说：“最近，我结合研究系统科学，认为渺观物理是可以建立的，就是深入量子力学微观层次以下的‘超微观’，我给它取名为‘渺观’。那么在宇观之上再大的尺度又如何？美国一个期刊上在一篇文章中提到 Inflationary Universe 给了我启发：我们的宇宙只是众多‘宇宙’中的一部分，在大得多的尺度，比如 1040 米还得有一种新的物理。这种物理我将它称作‘涨观’物理。那么，整个宇宙的不同层次，应当是渺观、微观、宏观、宇观、涨观。对于渺观物理、涨观物理应该分别有新的理论。你认为我这些观点怎么样？”我被钱先生这种在科学道路上不断进取的精神深深感动！他总是不停地在思索客观世界各种各样的问题，钱先生的大脑真是智慧的宝库，知识的海洋啊！我当时就这样想，钱先生一生总是不断地强调：创新！创新！创新首先需要有一个像钱先生这样智慧的大脑。

陈教授回忆，钱先生曾经与他有一次近三个小时的促膝长谈。那是 1981 年 4 月 12 日上午，钱先生邀陈教授在他的住所单独进行谈话。

陈教授回忆：当年钱先生与我谈话时，他那敏捷的思维，对教育和科技的洞察力，他谈话时所强调的要点，虽然已经过去 40 多年了，但我仍然印象很深刻。

陈教授谈到，钱先生特别推崇他曾经学习与工作过多年的母校 CIT。钱先生说：加州理工学院是世界一流大学，他们培养出来的人都是能攻关、能突破的。这所大学是第一次世界大战以前办起来的，仅用了十来年就办得很有特色，关键在敢于创新。钱先生还谈到了他曾经学习和工作过的 MIT。MIT 办得早，大约是 1860 年以后，开始是从中技转过来的，给学生以大学的工程训练，毕业后学生确实能解决问题，以后又扩展到土木、机械、电机、生物等，成为世界一流大学。

钱先生要我们结合中国的实际、学校的实际，自己创新。办一流大学，培养高质量、高水平科技拔尖人才，关键在于创新。钱先生说，墨守成规将一事无成。钱先生当时就要求学校，可以考虑以本硕连读的模式，即四年加两年的六年制。这显然是钱先生希望我们借鉴 CIT、MIT 这样的世界一流大学的办学模式，在办学育人上敢于创新。

钱先生认为，理工结合，培养高水平、高质量科技创新拔尖人才，这是全世界一流理工大学办学的共同原则和规律，但如何达到，学校要联系本校实际深入研究，以新的办学理念逐步实现。

陈教授时任学校训练部部长，负责全校教学、科研、行政管理工作。钱先生非常关注陈教授分管的这几项工作。钱先生说，你分管的这几项工作都是学校带全局性、基础性的工作，每项工作都很重要。但是要把这几项工作做好，必须贯彻一个重要理念，就是创新。教育创新、科技创新和管理创新。

钱先生指出：训练部的工作千头万绪，你们要学习周总理善于抓住要害，少走弯路到达目的地的做法。要注意抓点带面，总结经验，逐步在全校推广。钱先生说，全国教育刚刚走向正规，应用力学系带头建立学术活动日制度，积极组织全系开展形式多样、丰富多彩的学术活动，给学生搞科技讲座，要求讲师以上一个学期至少要有一篇学术论文，这些做法都很好，可在全校推广。

钱先生要求训练部用系统工程的原理和方法来管理学校。钱先生说，开始不一定打出这个名称，具体工作可以一件一件去做。系统工程就是在一定的人力、物力、财力条件下取得最好的效果，这就是管理创新，你们要学习、运用。

陈教授至今还清楚记得，1981 年 8 月中旬，一天上午，他去训练部上班，刚走进办公室，电话铃响了，他拿起听话筒，传来了钱先生的声音：“老陈，我想让你最近来北京一趟，向国防科委常委全面汇报一下你们学校的科研工作情况，以取得常委们对你们学校科研工作的了解和支持，你看怎样？ ”钱先生在电话中对陈教授说。“我到训练部工作不久，对全校的科研情况还了解和掌握不多，请您给我两个月，让我到全校各单位详细调研后再来汇报，这样行吗？ ”陈教授回答钱先生。“好吧，到时在北京见。”钱先生同意了陈教授的请求。

随后，陈教授就领着科研处的同志，一个一个系地调研、考察、座谈、了解。经过整整两个月，对全校大部分的教研室、研究室、实验室都比较仔细地调研考察了一遍，基本上掌握了全校的科研情况，整理出了一个汇报稿。

同年 10 月 19 日，陈教授赶到北京。21 日，给国防科委常委做了详细汇报。常委们听了汇报，都比较满意。在常委会上，钱先生首先发言：我认为国防科技大学这次的科研情况汇报比较全面、系统、客观，与我所掌握的情况基本吻合。

钱先生还就科研在学校办学育人中的地位和作用，如何开展科技创新，学校科研的总体布局、重点方向、方针、原则一一做了强调。钱先生要求国防科委领导和常委们积极支持学校的科研工作，建议每年固定给学校拨出一笔经费用于国防预研。国防科委常委一致同意钱先生的意见和建议。

陈教授回到学校后不久，国防科委机关就通知，每年给学校拨款 300 万元，这是第一年，后来又追加到 1000 万元作为学校固定的专项国防预研经费。

陈教授说：这在当时，学校每年能有这么大一笔经费开展科学研究，实属不易。这对于提高教师科研与教学能力，对于推动学校的科技创新，培养科技创新人才，对于学校的长远发展都起到了不可估量的巨大作用。

陈教授回忆，钱先生当年非常关注教学内容和方法的改革创新。陈教授多次陪钱先生听课查课。当时令钱先生比较满意的课不多，钱先生说："你们教学上问题不少，那天你陪我去听课，按教员讲的情况看，都很好，可以说是一流的，问题出在取材上。讲课就要讲那些真正解决问题的内容。电化教学要很好地同传统教学结合起来。"

钱先生回忆："当年我在 CIT 和美国其他大学看到，学生做实验要交两份实验报告，一份是设计实验报告，一份是实验结果和分析报告，而且用印刷体书写，要求很严。这些都需要很好地研究。"

钱先生说："当年跟导师冯·卡门学习时，我就喜欢独立思考，到了后来更高一些层次，觉得解决问题就容易了，这里特别是数学对我的工作用处很大。"说到这里，钱先生指出："你们数学讲得太细，需要改革，现在上的那些内容可能对一、三、五、八系等还适应，对其他系，比如计算机系就需要加强离散数学教学，从我自己的经历体会看，学工程的，数学基础是很重要的。""我对你们的政治理论课教学也有点意见，就是理论不注意联系实际。所以学生们觉得很枯燥。"钱先生当年就调整和加强政治理论课教学进行了专题调研，提出多讲马列主义哲学，为培养学生辩证唯物主义的世界观和方法论打好基础。

2012 年夏天，笔者重访陈启智教授。这次，陈教授重点谈了他曾经访问钱先生母校 CIT 等世界名校，对钱先生当年改建学校的办学理念理解更深了。

陈教授说："我从 1984 年至 1994 年间，先后担任副校长、校长长达十年之久。在这期间，我常常思考一个问题，就是如何更好地按照钱先生的教育理念办学治校育人。当年钱先生特别推崇他的母校 CIT。百闻不如一见，1985 年夏天，我率团来到了 CIT，那里明媚的阳光、青青的山、绿绿的水、开阔的平地立刻跃入我的眼帘。负责接待我们的人介绍：CIT 地处美国西南部，位于加利福尼亚州的萨迪纳，萨迪纳是洛杉矶地区的一座中等城市。濒临浩瀚的太平洋东侧，一面临海，三面环山，四季阳光明媚、温暖如春。学院距世界著名的迪士尼游乐园很近，离好莱坞影都也不远。这里的美，可称得上“人间仙境”。

进入 CIT 校园，只见一座座十分别致的、具有西班牙古典建筑风格的教学实验大楼坐落在金色的阳光和绿树成荫的校园内。这里非常肃静，没有多少人走动，的确是个做学问、搞研究的风水宝地。

负责学院公共关系的副院长热情地接待了我们一行。在参观完学院部分教学科研实验室等基础设施后，这位副院长给我们介绍了 CIT 特色鲜明的办学情况。

CIT 具有很前瞻的办学定位。他们的目标，就是为全美乃至全世界培养一流的科学家、一流的工程师。办学宗旨，就是通过教学与科研的紧密结合，达到不断拓展人类知识、造福社会的目的。CIT 在多学科前沿，研究科学与工程领域最具挑战性和基础性的问题，把学生培养成科技创新拔尖人才。因此，这里拥有一批来自世界各地最优秀的学术大师；拥有一个精干的高素质的雇员管理队伍；具有一流的办学条件，雄厚的财力支撑。

CIT 将办学质量放在首位，从不追求数量。学生始终保持在 2000 人左右，研究生比本科生稍多一点；学科只求精，不求全。理工结合，教学与研究结合，是这所大学办学与培养人才的主要模式。CIT 在理学和工学方面的设置不全，但是他们在物理学、数学、化学与化工、生物学、天文学、地质学等基础理论研究方面，在航空航天、电子应用、生物工程、环境保护、地质勘探等工程领域，可以说是全世界的大学中做得最好的，取得了举世公认的辉煌成就。

CIT 特别注重学生数理基础和科研实际能力的培养。所有专业的本科生在一、二年级实行通识教育，数理基础完全相同，包括数学、物理学、化学和生物学经典课程。学生从本科开始就参与高水平的科学研究，学院分别设立了本科生、研究生科学研究基金，鼓励各类、各层次的学生立足科技前沿，经受真枪实弹的磨炼，培养勇于创新的过硬本领。

参观考察世界顶尖名校，给我以深刻的启示：创建一流大学，在办校与培养人才模式上必须具有自身的特色、自己的风格。不然各个学校都千篇一律、千人一面，就谈不上什么一流。因此，我对钱先生当年改建学校一开始就强调“要敢于创办全中国和全世界都没有办过的大学”“要办与全国 28 所重点大学不一样的大学”这种特色鲜明的办学理念理解得更深了。

基于这种认识，我和我以后的几任学校领导都注意在办学特色上做文章。我们这所学校，是国家和军队以培养高科技人才为主的理工大学。我们将世界高等教育的普遍规律和军队的办学原则，以及军队与国防现代化建设对人才和武器装备的需求有机地结合起来。将学校的办学定位为：“创建我军特色的世界一流大学。”

汪浩，时任系统工程与数学系负责人，后任学校党委书记、政治委员。90 高龄的老人说：“我从青年时代起就开始追随钱先生，与钱先生有近半个世纪的交往。钱先生是我最景仰的老师，而且他也是我们所有学人的光辉榜样。”

对于当年钱学森精神产生的效应。汪浩教授回忆：钱先生是 1955 年 10 月，冲破了美国重重阻力回到祖国怀抱的。当时全国上下掀起了一股学习钱学森热。从那时起，我就很崇拜钱先生。同年 11 月，钱先生来到我们学院视察，可惜那次我没见着他。我与他见面大概是国防部五院成立不久。那时，苏联正在研制一种新型导弹。据情报信息，苏联研制的这种导弹，需要做 15 次实验才有可能定型，可是他们只做完七次实验就停止了。在科学上从来就十分敏锐的钱先生，想通过数理统计方法搞清楚苏联为啥停止实验的原因。于是钱先生将这个任务交给了国内知名数学家，我们学院的卢庆骏教授。为此，卢教授派我专程去北京接受任务。

我记得：一天中午，我去钱先生所在的专家小餐厅用餐。只见一个中等身材、年近 50 岁、颇具学者风度的人，拱着双手笑着对我说："汪浩同志，请你们帮帮忙啊！"有人告诉我，这就是钱学森。啊？我当时感到很惊讶，没想到，这位大科学家对我这位年轻教师如此谦虚，令我十分感动！但是我一直纳闷，我与钱先生从没见过面，他怎么会认识我呢？

回到学校，在卢庆骏教授的带领下，我们运用序贯分析法，将苏联七次实验的信息数据都用上，加起来进行推理运算。得出的结果是，苏联这枚新型导弹，凭这七次实验数据的结果就基本可以定型。我们将分析计算的情况及时报告了钱先生。

从那以后，我常与钱先生保持着联系，更加注意学习、研究弘扬钱学森精神。我特别注重学习钱先生强烈的爱国主义情怀、崇高的民族气节；学习他事业第一、他人第一、全心全意为人民服务的崇高思想品德；学习他崇尚科学、追求真理、不断进取、永攀高峰的创新精神；学习他严谨治学、一丝不苟、求真务实的科学态度。

我总是将自己学习和研究的心得体会，在授课前、课间和授课后随时传授给学员们。当年我担任高等数学的教学任务，按照当时学院规定，新生的第一堂课讲授高等数学绪论，因此，我几乎每年新生第一堂课就开始向他们宣传钱学森精神，启发和激励学员们像钱先生那样做人做学问，从而影响了一代又一代的年轻学子。

关于创造世界办学史上的奇迹，汪浩教授回忆：尤其令我感动的是当年钱先生主持改建学校的日日夜夜。钱先生已经70高龄了，还不辞劳苦，一次又一次地到基层深入调查研究，亲自做改建动员报告和学术讲座；亲自召开干部、教师、学生座谈会，抓各项改建工作的落实。

钱先生根据国内外高等教育发展趋势，现代科学技术发展规律，广泛吸收美国加州理工学院等世界名校的办学经验，结合国防和军队现代化建设的需求与特点，设计提出“按技术学科设系、加强基础、理工结合、落实到工”的培养人才和办学模式。随着实践的发展，我们越来越深刻感到钱先生确实是站位高、看得远。他改变了当年哈军工按军兵种设系、按武器装备设专业的办学格局，为国防科技大学发展壮大，出人才、出成果奠定了坚实基础。

汪浩教授特别提到：当年，钱先生设计组建了八个系，其中的七系，即系统工程与数学系，这是钱先生在全国和全世界高校第一次把自己积极倡导的中国新兴的管理技术——系统工程，与独立于自然科学之外的数学联结在一起成为一个系，创造了古今中外办学史上的奇迹，体现了钱先生自主创新的勇气、胆识和魄力。

汪教授回顾了系统工程与数学系的创建与发展历程。为了成功地打造这个新生的学科专业，钱先生倾注了巨大精力。他调集飞行器总体专业、电子信息专业、计算机专业的部分骨干教师，连同学校原数学教研室全体教师构成该系师资队伍。让当年的留美博士、国内知名数学家孙本旺教授担任系主任，并指派当年一起乘船从美国回来、后来又一起长期工作的亲密战友，中科院知名学者、系统科学家许国志先生兼任副主任。

钱先生亲自召集这个系两大专业的教师座谈，谆谆教导大家：“将理工结合在一个系，是个创造，你们这个系是典型的将理工紧密结合在一起的系，所以这就需要很好发挥学科交叉的优势，搞系统工程的同志要很好学习、研究和运用数学方法，搞数学的同志要贴近工程实际。”

同时，钱先生还特别指出，办好这个系，尤其是办好系统工程专业，必须积极开展研究，这不仅仅是课题项目的研究。我们这个新生专业怎么办，教材从哪里来，课怎么上，学生怎么培养都需要认真研究。

钱先生要求我们可以先从飞行器系统工程与信息系统工程入手。他亲自选定了这两个领域的两本国外参考书，规定全系每周举行一次学术研讨会，由一名教师重点准备做中心发言，然后大家一起展开热烈讨论，畅所欲言。最后由主持学术讨论会的同志小结 15 分钟。每周一次，周周如此。我们就是采用这样的办法，经过了近一年的集中学习研究讨论，明确了学科的基本内涵与发展方向。

系统工程是一门实践性很强的专业，所以，钱先生强调 :“不能坐而论道，必须走出去，到实践中去”。在钱先生的指引、鼓励和支持下，我们这些系统工程的开拓者们，哪里需要就战斗在哪里。先后分别到中央国家机关、国防科技工业部门共同立项，合作开展科学研究 ; 到全军各个战区、各军兵种机关、科研院所，到各个作战部队，将系统工程成功运用到部队的信息化建设、作战指挥训练、现代化管理、装备发展规划、后勤财务保障和办公自动化等各个领域，相继取得了一批又一批的科研成果，培养出了一大批优秀的系统科学与系统工程人才。

汪教授回忆说 : 自从我担任系统工程与数学系负责人、全国系统工程学会副理事长、科协全国委员后，与钱先生的接触更多了。1987 年 7 月，汪教授主持制定湖南省洞庭湖治理规划，规划初稿出来，汪教授特意给钱先生写信报告了此事，并请钱先生把关。还托人捎去两斤洞庭湖银针名茶给钱先生。钱先生于 8 月 7 日给汪教授回了一封信，令汪教授没有想到的是，钱先生竟将两斤茶叶按当时的市场价，把钱也托人带给了他。“真是君子之交淡于水啊！尽管我们之间联系那样密切，那样熟悉融洽，但是钱先生做人做事总是那样坚守自己的原则。”汪教授感慨地说。

汪教授视钱先生为自己的终身楷模。2007 年 12 月初，汪教授收到钱先生委托秘书兼学术助手涂元季寄来的《钱学森书信》十大卷，如获至宝。汪教授从收到《钱学森书信》的第二天开始，待在自己的书房，闭门不出，一封封书信，仔仔细细、认认真真地阅读、思考和研究，并回顾近半个世纪以来，钱先生在学术上给予自己的指导，越学习越感到钱先生知识之渊博，创造性思维之活跃，热爱祖国、献身人类科学事业的创新精神之强烈，人格魅力之伟大。他在给涂元季秘书的信中说：“我闭门整整一个月，首遍通读《钱学森书信》全书十卷，对钱先生的创造性思维，力量源泉，来龙去脉以及科学地、真诚地为人和做学问，有了一个更加全面的、真实的、深刻的了解，留下了不可磨灭的印象。”

关于钱学森创新教育思想，汪教授在信中说：“钱学森创新教育思想，在创建国防科技大学的过程中，集中地、充分地体现了出来。……实践证明钱学森创新教育思想是科学的、先进的，是中国教育史上，也是中国文坛上一朵奇葩，值得今人深入广泛探索，深入挖掘。”

当年钱先生改建国防科技大学遇到全校上下争论比较大的问题是办学模式：究竟是按专业设学院，还是按学科设系？钱先生主张按学科设系，而且不设学院。这对我们学校来说是很大的创新和跨越。因为我们从哈军工开始，二十多年来一直实行的是按军兵种设系、按武器装备设专业的办学体制。全校上上下下都已经习惯了这种办学体制与模式。现在按学科设系，来了个 180 度的大转弯，难度可想而知。

当时钱先生也非常清楚这一点，他并没有急于这样做。钱先生首先分别找学校领导和机关部门领导促膝谈心，循循善诱。他从高等教育怎样面向国家现代化建设、如何适应当代科学技术快速发展的战略高度引导我们向前看，将办学思想延伸到21世纪。

随后，钱先生又分别与学校部分年长的专家教授、中青年教学科研骨干座谈，组织全校各类人员，密切联系二十多年来办学育人的实际，深入开展学习与讨论，引导大家认清当代科学技术特别是国防尖端技术发展的趋势和方向，深刻认识按学科即按技术学科设系和专业的道理。

汪教授回忆：钱先生在全校教职工思想观念开始转变的时候，及时地给大家做了一次按学科即按技术学科设系和专业的专题学术报告。

钱先生很风趣地说："按学科分系合适不合适？这几天我老琢磨这个问题，但还是有点倾向性，也老老实实地承认，我是倾向于按学科分。为什么呢？道理就是我们总结过去的经验。我们要使国防尖端技术快快发展，要培养高质量、高水平的人才，首先要看到的是加强它的基础和专业基础，这个是非常重要的。经验说明，没有很好的基础跟专业基础，将来应付不了，跟不上国防尖端技术的高速发展。既然要在基础课专业基础课方面努力、使劲，那么这个系用学科来划分就有道理了。"

在全校各级各类人员统一思想认识的基础上，学校党委根据钱先生的要求，按学科即按技术学科设立了应用力学、应用物理、自动控制、电子技术、材料燃料、电子计算机、系统工程与数学、精密机械、干部进修等九个系，二十多个专业。

汪教授先后两次对笔者说："国际上一位研究人才的学者概括出大科学家、创新拔尖人才必备的八种能力——人际关系能力，自我剖析和评价能力，逻辑推理能力，语言能力，肢体活动能力，音乐能力，空间想象能力，认识自然的能力。我认识的钱先生何止这八种能力啊！他提出的许多新思想、新理论、新观点、新技术，总是走在时代前列，开始有人难以理解，但随着时代的发展，慢慢就变成现实了。他不愧是科学技术的巨擘，中国人民的骄傲。"

眼下，学校领导已经同意汪教授组建一个以研究钱学森系统科学思想为主，同时研究钱学森精神的课题组，深入研究钱学森教育创新思想，让钱学森精神在中国乃至世界发扬光大。

三、鼓励教师们勇攀科学高峰

钱先生与国防科技大学70多名专家教授保持着长期联系，与他们当中的部分教师交上了知心朋友。这些教师中有些是早在哈军工时期就与钱先生相识的，其他都是当年钱先生主持学校改建时认识的。钱先生经常与他们一起研究交流学术方面的问题，鼓励这些教师不断进取勇攀科学高峰。

原应用物理系谭暑生教授回忆：我与钱先生相识是在学校改建期间。后来谭暑生二十多年一直与钱先生保持着密切的联系。钱先生鼓励谭暑生在学术上一定要有所作为。

钱先生多次对谭暑生说，学校培养高质量、高水平的科技创新拔尖人才，首先教师在学术上必须是创新拔尖的，大学教师必须具有科学家素质，不然怎么培养未来的科学家呢！

钱先生当年要求，学校的科学研究必须将重点放在基础研究和应用基础研究上。钱先生认为，这样的研究有利于原始创新。钱先生指出，世界获诺贝尔奖的研究，大多出自高等学校。这说明一流的科学研究，是培养一流科技人才的重要手段。

1983年，谭暑生冒天下之大不韪，挑战世界科学泰斗爱因斯坦的“狭义相对论”，创立了标准时空论。谭暑生斗胆将这个大胆的基本设想，以论文的形式通过家在北京的赵伊君院士，转送给了钱先生。令谭暑生没想到的是，钱先生这位日理万机的大科学家，对他这样一位普通教员的研究成果如此重视。钱先生利用整个春节期间，仔仔细细地审阅了这篇论文，1984 年 2 月 16 日，钱先生给赵伊君院士写了一封评价该论文的信，充分肯定了谭暑生的研究成果。钱先生认为“标准时空论”成立，并建议谭暑生继续修改完善。

谭暑生向上级请求辞去教研室主任等所有的行政性事务工作，以坚定的信念、顽强的毅力，朝着这项难度极大的原创性研究奋力攻坚。二十多年间，谭暑生坚持将自己所遇到的每一个困惑、收获的每一份喜悦，或用书信，或赶到北京随时给钱先生汇报。钱先生不管工作多忙，收到信后都及时给谭暑生回信给予指导。

1984 年 10 月 30 日，谭暑生将围绕“标准时空论”研究所写的三篇论文寄给了钱先生指正。一星期后，即 11 月 8 日，钱先生就给回信，并告诉这将这三篇论文推荐给《大自然探索》编辑部。钱先生在这封信中，从宇宙宏观与微观的范围，深刻论述了量子理论与时空理论。钱先生鼓励谭暑生“深入量子力学微观层次以下的‘超微观’去研究解决量子力学的矛盾。钱先生第一次提出：“超微观”可称为“渺观”，进一步完善了他的“宇宙五观”学说（即“涨观、宇观、宏观、微观、渺观”），大大拓展了谭暑生的研究视野。

1985 年 12 月 31 日，钱先生主动给谭暑生写来一封热情洋溢的信，指出：“今天已是 1985 年最后一天了，所以我首先要向您拜年！中国的事总是一步一步向前发展的，明年一定会比今年好。”钱先生鼓励谭暑生矢志不渝地坚持学术理论创新研究，不断取得新的突破。这封信给了谭暑生战胜困难的巨大勇气、信心和力量。事后谭暑生还了解到，钱先生在年前专门给时任校长张良起、政委汪浩写信，要求他们支持谭暑生的研究工作。

1990 年 3 月 5 日，钱先生在《自然辩证法研究》1990 年第 1 期上看到谭暑生写的《老子的“有生于无”和现代科学的自然图像》论文，又主动给谭暑生写信，称赞“是篇好文章”。钱先生在这封信中深入阐述了开放的复杂巨系统的概念和其独特的研究方法——定性与定量的综合集成法。他希望谭暑生把开放的复杂巨系统的概念运用到宇宙学的研究中去。钱先生深刻指出：“您将来的研究对象不该限于‘现代科学的自然图像’，而应是马克思主义科学的宇宙图像。”这使谭暑生受益匪浅。

钱先生先后给谭暑生写过三十多封信，先后三次在北京与谭暑生见面。谭暑生还清楚地记得钱先生第一次见他时的情景。那是 1986 年 6 月的一天上午 8 点 30 分左右，谭暑生事先通过钱先生的秘书约好，由勤务员将他带到钱先生办公室门口。谭暑生大声喊“报告”，钱先生听到他的声音后，立刻从办公桌前的椅子上站了起来，迅速走近谭暑生，像久别重逢的老朋友一样紧紧握着谭暑生的手连连说：“了不起，了不起，您搞出的这个学术理论研究，很不容易，很不简单。”见到钱先生如此平易近人，谭暑生的紧张情绪很快消失啦！他无拘无束、痛痛快快地将这些年积压在心中的酸甜苦辣全都倒了出来。钱先生听得十分认真，不时地问他一些具体问题，或与他一起讨论相关学术问题。

不知不觉谈了快四小时，临别前，谭暑生特意将事前准备好的一幅湘绣送给钱先生，可钱先生怎么也不肯收下。谭暑生十分恳切地对这位久负盛名的科技泰斗说：“我了解您是从不收别人礼物的，可我也是从不送别人礼物的。因为这幅湘绣非同寻常，上面绣有‘松鹤延年’，这是我代表全校的教育科技工作者衷心希望您健康长寿啊！”钱先生这才勉强收下。事后谭暑生听说，这是钱先生第一次破例收下的礼品。临走时，钱先生送给谭暑生十多本极为珍贵的资料。

谭暑生与钱先生从不认识到认识，从一般交往到深交、神交，结下了深厚的友谊。谭暑生深深感到，钱先生不仅是对他个人的关爱，也是对全校以至全国教育科技工作者的关爱。

从《钱学森书信》中，我们可以了解到，像谭暑生这样长期得到钱先生关怀和指点的教育科技工作者不计其数。

2012 年夏天和 2018 年，笔者先后几次采访了谭暑生、周士光等几位专家教授。他们专门谈了对钱先生关于教学与研究紧密结合办学理念的理解。他们认为，钱先生在强调学校科研的重要性时有一个非常重要的前提千万不能忽略，那就是教学与科学研究一样都是服从服务于人才培养这个中心任务的。可以说是“一个中心任务，两个重点”，所谓一个中心，就是人才培养这个中心；两个重点，就是教学与科研。

这些专家教授指出，钱先生关于教学与研究紧密结合的办学育人理念，有几个非常深刻的关键点。一是钱先生认为，教学与研究紧密结合是在理工结合基础上的创新发展，这是人才培养模式的提升；二是钱先生强调，学校为了不断发展，必须加强科学研究，通过科研深化教学内容。这就清楚地告诉我们，高等学校所进行的科学研究是为了提高教师的教学水平，不断充实和更新教学内容，最终目的是为了培养人才。所以学校的科学研究与科研院所从事的科学研究是有一定区别的；三是钱先生要求学校要有几项高水平的型号研制任务，但同时钱先生又规定这些型号研制主要是用来给老师、学生做示范，达到理论联系实际的目的；四是钱先生明确反对“利用科研捞取设备”，认为这样会误导科研方向；五是钱先生要求包括本科生在内的所有学生都要参与科学研究，这是钱先生将科学研究作为育人的一种重要手段。

周曼殊教授与钱先生相识有半个世纪，与中国的航天事业有着特殊的渊源。

当年周曼殊和任新民等几个教员，根据哈军工陈赓院长的指示，向国防部起草了《关于发展我国火箭的建议》。就在这份《建议》送到国防部不久，即1955年11月25日，钱先生就来到哈军工参观考察，与陈赓院长一起探讨如何启动中国的火箭导弹事业。随后国防部就成立了以钱先生为院长，专门从事火箭导弹研究的第五研究院。可以说周曼殊教授从那时开始就在钱先生的旗帜下战斗。

钱先生在开拓祖国航天事业的伟大实践中所形成的系统工程的思想、理论、方法与技术，是现代科学技术的伟大创举。钱先生亲自在国防科技大学设立全国第一个系统工程专业，周曼殊教授是学校最早从事系统工程教学与研究的教师，当时也是全国高校最早从事这方面教学与研究的教师。

周曼殊教授回忆：钱先生对这个他亲手创建起来的学科极为关心，每次来到学校都要与这些教师一起，研究和探讨有关人才培养、教学与科研等问题。周曼殊多次聆听过钱先生的教诲。

周曼殊还清楚地记得，1978年6月，钱先生来到学校的当天晚上，就与他们几位从事系统工程教学与研究的教员谈话近两小时。钱先生说：“系统工程不仅在我们中国，就是在国际上也是一门新兴学科，属于管理技术。它在理论上还不完善，有待我们去研究、开发、拓展，使之完善。”钱先生当时还给了我们两本国际上最新出版的系统工程理论专著，要求他们结合本国的实际认真研读这两部专著。

钱先生要求他们每周组织一次学术讨论，将涉及系统工程学科的教育教学、科学研究、教材编写等问题一个一个地搞清楚。钱先生强调，系统工程是实践性很强的一门学科。因此，鼓励整个系的教学科研人员到实践中去开拓系统工程。

于是，他们按照钱先生的要求，首先来到了当时航天部的一个对口单位，希望与他们共同立项，合作开展研究。可是，由于种种原因，合作开展研究的事没有搞成。

说来也巧，1979年11月的一天上午，中国科学院农业现代化研究中心的总工程师杨挺秀先生专门找到周曼殊，盛情邀请他们与农业现代化专家们一道共同开发农业系统工程。当时周曼殊心里打鼓：搞飞行器系统工程的跑到农村去闯荡，是否有点不务正业？后来把这个想法告诉了时任系领导的汪浩教授，汪教授鼓励他们："大胆地干吧！就像当年钱先生开拓航天事业一样，满怀雄心壮志去开拓创新！"

后来钱先生也了解到这件事，希望"把这个仗打下去，获取全胜"。钱先生先后给周曼殊写了8封信，鼓励他们勇敢地往前闯。

周曼殊先是帮助农业现代化研究中心办班培训农业系统工程人才，先后利用半年，在三个县培训了一批农业系统工程人才。接着，他们从黑龙江省的海伦县开始，运用系统工程的理论、技术与方法，编制县域社会经济发展规划。从县、地区到省，从农业到工矿企业，他们将系统工程这门新兴技术，开拓和运用到多个领域，取得了十多项成果，出版了几部专著，发表了二十多篇论文，深化了系统工程理论。

原政治教研室负责人田禾教授，是国防科技大学从事社会科学教学的教师，也是与钱先生联系最多的。田禾教授曾经先后十多次给钱先生写信，五次专程去北京向钱先生汇报和请教有关社会科学教学与研究的问题。

田禾教授回忆，他认识钱先生是在学校改建期间的一天上午。他参加钱先生亲自召集的关于成立社会科学系的座谈会，这是钱先生当时在全国理工科大学第一次提出设立社会科学系这个设想。

田禾还记得当时参加座谈会的，有从事社会科学教学的老师，也有从事基础课教学与专业技术课教学的老师。钱先生要求老师们畅所欲言。座谈会上，大家争先恐后地发言，显得很活跃。多数老师赞同成立社会科学系，但也有的老师不主张甚至反对成立社会科学系。有一位钱先生比较赏识的在某个专业技术领域知名度较高的专家发言很刺耳，他说："理工科大学有个政治教研室足矣！没有必要趁改制这个机会搞什么社会科学系。"钱先生当时的表情很严肃，但是，钱先生仍然在静静地听着，并没有打断这位专家的发言。

田禾是极力主张成立社会科学系的，所以在这次座谈会上，他将自己长期以来的一些想法，从改革办学制度、完善人才培养模式、改善理工类大学生知识结构、适应现代科学技术发展趋势、创建一流大学的时代要求等几个方面，比较系统地谈了成立社会科学系的必要性和重要性。钱先生对田禾的发言不断地点头。

钱先生听完各位老师的发言，也谈了他自己的想法。钱先生说，在以理工为主的大学设立社会科学系，理工结合加社会科学，这是我思考比较久的一种新的培养人才模式。这不仅对于改善以理工为主的学生的知识结构，培养全面发展的创造性人才很有必要，而且也是创新拓展社会科学的时代要求。

钱先生指出，社会科学与自然科学都是现代科学技术体系中的一部分，它们都是科学，只是从不同的角度认识客观世界而已。钱先生认为，成立社会科学系，由于涉及编制体制等多方面的因素，不管这个设想能否实现，但加强社会科学教学，特别是强化马克思主义教学是必须的。

令田禾当时没有想到的是，这位从事自然科学的大科学家如此重视社会科学。此后，田禾一直与钱先生保持着联系，经常向他请教，有时钱先生也与田禾一起探讨自然科学与社会科学联盟，现代科学技术发展趋势等学术问题。不管田禾什么时候找钱先生，钱先生这位大师对他这个普通学者总是不厌其烦。

田禾回忆，钱先生当年在谈到政治理论课建设时特别强调：国防科技大学要认真地进行马克思主义哲学、自然辩证法和历史唯物主义的教学。钱先生要求政治理论课要做适当调整，将政治经济学可以放到总的历史唯物主义和辩证唯物主义这门课程中，增加科学技术发展史这门课，将中国近代史和中共党史结合到一起讲授。钱先生强调，政治理论课是挂帅的基础课，学校必须高度重视才行。

1984 年 8 月，田禾专程去北京向钱先生汇报请教如何提高政治理论课的教学效果问题。在钱先生的办公室，田禾将自己看到与想到的、本校的和其他学校的情况都给钱先生做了汇报。田禾说："这几年，按您的要求，我们学校的政治理论课教学情况整体是好的，多数老师教学比较用功，多数学生学习也比较认真。但还是存在一些问题，主要是一些学生对政治理论课不太感兴趣，提不起精神来。"田禾认为原因是多方面的，但根子还在这些学生或多或少地受到西方反马克思主义思潮影响，其次是有的老师授课的知识、能力、水平有限。

田禾当时是驻地几十所大学马克思主义教学研究会会长，对地方大学政治理论课教学情况也比较了解。田禾对钱先生说：地方高校存在类似情况比他所在学校要严重。田禾在某个地方大学做过系统调研，发现这个大学居然有五分之二的学生几乎不去课堂听政治理论课，只是到了考试时临时背背复习题，弄个及格就算完事。

田禾还清楚地记得那次汇报时的情景，钱先生听了他的汇报，神色非常严肃。钱先生说："你说的这些问题，你们老师，还有你们学校领导都要认真地分析研究。我基本同意你分析的两个原因，政治理论课教学，不仅在你们学校，还是在地方高校，都要将教学重点放在解决好学生的政治信仰问题上。一个人本事再大，如果缺乏崇高的政治信仰，那是成不了大事大才的。"

钱先生回忆他前些年在学校改制时，几次提出调整政治理论课教学：

“我要求不断创新教学内容和方法，因为马克思主义是与时俱进的。要求加大马克思主义哲学教学力度，就是让学生确立正确的世界观与方法论。要求将近代史和中共党史连在一起讲，就是为了通过这样比较系统的教育，让现在的年轻娃娃，从一部中国的近代和现代史中，真正懂得只有中国共产党和社会主义才能救中国，只有马克思主义才能指引中国前进。”

田禾向钱先生请教如何提高政治理论课教学效果，钱先生很谦虚地说：“你是这方面的专家，我说不好，但还是说点不太成熟的意见供参考吧！”钱先生指出：老师教好这门课，学生学好这门课，首先要使老师和学生都能真正懂得，政治理论课尤其是马克思主义哲学与自然科学一样，是一门科学。我们是在讲科学道理，学习科学理论。钱先生同时强调：我们的教育教学一定要理论联系实际，要联系国际形势的发展、时代进步的大局，联系国家改革开放现代化建设的实际，还要联系身边大量的人和事。这样，不仅使学生懂得基本原理，更重要的是让学生真正认识到马克思主义理论是不断发展的具有强大生命力的科学。

钱先生指出，授课水平、授课方法、授课艺术也很重要。要将这些说来比较枯燥的道理通过联系实际生动形象地表达出来，让学生爱听、喜欢听。老师一定要有这个本事。钱先生提出：你们要按照小平同志“三个面向”的要求对政治理论课进行改革，给它赋予时代新的内涵。

田禾回到学校，将钱先生的指示和要求给学校领导做了汇报，并注意将钱先生的系列指示认真地贯彻落实到政治理论课教学中。

钱先生多次强调，社会科学的教学与研究与其他科学一样，必须勇于创新。1984 年，田禾被湖南省教育厅和湖南社会科学界的专家教授推选担任马克思主义教学研究会理事长，并主编《马克思主义教学研究》杂志。为此，田禾特意写信请钱先生为杂志创刊号写序。钱先生很快就给田禾回了信，并寄来题为《马克思列宁主义教学怎样面向现代化、面向世界、面向未来》约2500多字的文章。

钱先生在这篇文章中，对马列主义这门科学提出了自己独到的见解。钱先生认为马克思主义三个组成部分可以分为两大部门：科学社会主义和马克思主义哲学。科学社会主义包括政治经济学，哲学就是辩证唯物主义、历史唯物主义、自然辩证法和认识论等。钱先生在这篇文章中，比较系统地提出了现代科学技术体系，八个部门，即自然科学、社会科学、数学科学、系统科学、思维科学、人体科学、军事科学、文学艺术理论。钱先生指出，这八个部门只是看问题的角度不同，但共同的对象只有一个，即整个客观世界。钱先生在这篇文章中还提出了许多新思想、新观点。田禾对钱先生的这篇文章仔细阅读过上百遍，每读一遍就有一些新的认识和体会。

钱先生在这篇文章中首先指出："有些同志认为现代科学技术的发展方向是自然科学与社会科学的互相渗透与交叉。我以为这样说法不那么恰当，因为自然科学和社会科学都属于整个现代科学技术体系的一部分，不能为了说明它们有相互关联就讲什么相互渗透和交叉。例如人的头和手臂，同属于一个人的身体，头和手臂的关系也是密切的，但总不能说头和手臂是'互相渗透和交叉'的吧。我在这里强调的是现代科学技术的体系，当然也与马克思列宁主义的思想体系有关，因为马克思列宁主义是科学的。

"人们常常说马克思列宁主义有三个组成部分，可分为两大部门：科学的社会主义和马克思主义哲学。科学的社会主义讲革命的道理，当然包括社会科学，特别是政治经济学等。而马克思主义哲学就是辩证唯物主义、历史唯物主义、自然辩证法、认识论等。我认为这种看法是有道理的，是历史发展中形成的，但从现代化的、展望未来的观点来看，它又是陈旧的，应该革新。我们在马列主义教学中做到'三个面向'就应该首先从我们的认识上进行这项改革。

“什么是现代科学技术的体系？简单地说就是：现代科学技术要分成八个大部门，它们是自然科学、社会科学、数学科学、系统科学、思维科学、人体科学、军事科学和文学艺术的理论科学。这就把以前常说的自然科学和社会科学两个大部门扩展到八个！我又认为部门之分并不在于学科研究对象之不同，而在于研究或看问题的角度不同；对象只有一个，即整个客观世界，人也是客观世界的一部分。什么不同角度呢？自然科学用的角度是物质运动；社会科学用的角度是人类社会的发展运动；数学科学用的角度是质和量的对立统一，质和量互变；系统科学用的角度是系统和整体与局部的统一；思维科学用的角度是人认识客观世界的过程；人体科学用的角度是通过人这个着眼点；军事科学用的角度是集团之间的斗争；文学艺术理论科学用的角度是美。也许有同志会问，怎么社会科学也是研究整个客观世界呢？是的，整个客观世界：人的活动已涉及整个地球，地球的上空，现在已扩大到太阳系，将来还要扩展。又有同志会问，怎么军事科学也是研究整个客观世界呢？是的，整个客观世界：集团之间的斗争是广泛存在的，除了使用枪炮武器的战争外，现在不是有同志提出‘知识战’和‘贸易战’吗？那么，文学艺术的理论科学也研究整个客观世界吗？是的，因为美与丑是无所不在的呀。

“从每一个现代科学技术的大部门到马克思主义的核心辩证唯物主义，都有一架桥梁。我认为从自然科学到辩证唯物主义的桥梁是自然辩证法；社会科学引出的桥梁是历史唯物主义；数学科学的桥梁是数学哲学；系统科学的桥梁是系统论（有别于一般系统论，也有别于三论）；思维科学的桥梁是认识论；人体科学的桥梁是人天观；军事科学的桥梁是军事哲学；文学艺术的理论科学到辩证唯物主义的桥梁是美学。八架桥梁和一个核心又组成马克思主义哲学的体系，有了结构了，分了层次了。

“八个部门，八架桥梁，一个马克思主义哲学的核心，辩证唯物主义，全部构筑成现代科学技术的体系。这是人类认识客观世界的总和了吗？是人认识客观世界的学问，即条理系统化了的那部分的总和。但人通过实践累积的经验，还没有系统化为学问的，不在内，那可以称是知识，不算是现代严格意义上的科学。这种知识很重要，但暂时不能纳入科学。因而有局限性，用它时要注意，弄不好会犯经验主义，出差错。将来条理系统化了，进入科学，就可以摆脱这种局限性。经验知识变成科学，知识少了一块吗？不会的，人的实践是无穷的，认识也是无穷的，科学技术和知识都是运动着的、发展的、变化的。

钱先生指出：“上面就是我的看法，也许同志们觉得这样的改革未免太大胆。但我也有一条依据：我国马克思主义哲学家、理论家，老前辈李达同志早在 1948 年写的一本《法理学大纲》中就十分明确地把科学的世界观作为借助人类知识全部历史的成果，放在最高层次；下一层才是科学的社会观，并说法律观被包摄于社会观之中，直接由社会观所指导，间接由世界观所指导。李达同志不得不避开马列主义这个词，科学的世界观就是辩证唯物主义，科学的社会观就是历史唯物主义。这不是清清楚楚，辩证唯物主义和历史唯物主义不在同一个层次的吗？

“当然，我也不把我在上节中陈述的现代科学技术体系看成是不可变动的。事物是发展的，我这不过是向前走了一步，将来还有发展，路还长哩。但我们要改革，要实事求是，根据现代科学技术的情况和发展趋势，重新构筑它的体系，不可墨守成规。不然怎能面向现代化、面向世界、面向未来呢？

“把现代科学技术同马克思主义哲学组成一个严密的体系，也阐明了两点思想：一是马克思主义哲学作为科学技术的最高概括，一定要指导一切科学技术工作，这是从原则到具体的指导；二是马克思主义哲学又是从科学技术，即人类实践概括出来的，科学技术的进步，人类实践的发展，也必然会丰富并深化马克思主义哲学。这两点认识是重要的，说明马克思主义哲学是原则，必须坚持，但又不是教条。”

钱先生特别强调指出：在高校“有的同学对马列主义一般认识不清，总以为学不学马列主义无所谓，理由是资本主义国家大学生不学马列主义不是干得很出色吗？对此，我们要抓紧思想政治工作，加强共产主义的思想教育，使他们深刻认识到社会主义制度的无比优越性。而另一方面要使同学们懂得现代科学技术的体系结构，看到不学马列主义、不会用马克思主义哲学是把我们所特有的最锐利的武器丢了，是傻事。学懂马列主义，会用马克思主义哲学将使同学们如虎添翼啊！我们研究会的同志们有责任为同学们上好这一课。”

钱先生还指出：“本文一开始就对互相渗透和交叉之说提出了异议，但我在结束这篇短文时，补充说明：学科之间的互相渗透和交叉，在研究学问和解决实际问题中是经常的；问题涉及面越广、越复杂，就越需要多方面的专家协同攻关。”①

在钱先生的指点和鼓励下，田禾大胆地创新社会科学的研究与教学，先后在全国各类社科刊物发表学术论文两百多篇，出版了七部学术专著。田禾将这些创新研究的专著和部分论文，也寄给了钱先生，请他指点。而钱先生每次审阅后都及时给他来信，这其中既有鼓励与建议，也有指导指点，也有批评指正，甚至是严厉的批评。钱先生这些远见卓识使田禾受益终生，一直激励田禾在社会科学的教学与研究领域勇攀高峰。

① 节选自《集大成 得智慧》，上海交大出版社，2007年版，第28—29页。

后 记

钱学森是战略科学家、思想家。他思考问题、做出决策和向国家提出建议，总是站在世界发展大局，国家现代化建设全局的战略高度，在我国现代化建设的诸多领域都提出了一系列具有前瞻性、战略性的咨询建议。譬如：建立党和国家总体设计部的建议，最早提出加强政治文明建设、地理建设，以及培养科技帅才和创新拔尖人才等。钱学森在认识和改造客观世界的同时，升华了自己的思想和精神，留给后人一批宝贵的精神财富。钱学森精神体现在多个方面，简要概括为以下六个方面：

第一，赤胆忠诚的爱国主义精神。钱学森具有崇高的民族气节，对祖国和人民无限忠诚。他一生始终将个人理想与祖国的前途命运紧密联系在一起，坚定的理想信念和满腔的爱国热情是钱学森精神的核心要素和最具特色的生动写照。

五次人生选择都从国家利益出发

第一次报考大学，钱学森各门功课优秀。钱学森深受孙中山实业救国思想影响，为发展国家的交通事业，他选择报考国立交通大学机械工程学院，学习铁道机械工程专业。在交大读书期间，1931 年和 1932 年先后发生了“九一八”事变和“一·二八”事变。钱学森目睹日本飞机在上海上空狂轰滥炸，给中国军民造成了重大损失。此时的钱学森认为，铁道机械工程对国家来讲还不是那么紧迫，眼下最重要的是能够制造出中国的飞机，把这些日本飞机打下去。就这样，钱学森做出了人生的第二次重大选择：改学航空工程，矢志航空救国。

为此，钱学森用业余时间读完了学校图书馆所有的航空方面的书籍，发表了多篇关于航空的文章，这在当时的国立交大被传为佳话。从交大毕业后，钱学森考取了“庚子赔款”公费留学，到世界著名的麻省理工学院学习航空工程专业，也就是飞机设计专业。在麻省理工学院，钱学森一心为中华崛起发奋学习，仅用一年就拿到了硕士学位。在学习航空工程的过程中，钱学森感到航空工程的依据基本上是经验，很少有理论指导。他想，如果能够掌握航空理论，并以此来指导航空工程，可以取得事半功倍的效果，就能为中国造出更多的飞机来。

于是，钱学森又做出了人生的第三次重大选择：从做一名航空工程师，转为从事航空理论方面的研究。钱学森只身一人来到了加州理工学院，敲开了世界航空航天大科学家、力学泰斗冯·卡门教授办公室的门。经过一番口试，冯·卡门非常满意这位来自中国的才华横溢的年轻学者，当即录取了他。在冯·卡门的指导下，钱学森 1939 年获得航空、数学博士两个学位。钱学森与冯·卡门一起共同完成高速空气动力学问题研究系列课题，特别是创立了“卡门—钱”公式，使钱学森很快成为航空理论方面独树一帜的人物。

此时的钱学森在美国功成名就，而且有了一个温馨的家。然而，钱学森始终不忘学成必归，报效祖国的心愿。在美期间，他连一美元保险金也没有存。当朋友问他原因时，他的回答是：“因为我是中国人，随时准备回国，根本没有打算在美国住一辈子。”

1949 年 10 月新中国成立的消息传到美国，钱学森万分激动，他与夫人蒋英商量着回国之事：“祖国已经解放，我们该回去了。”此时的美国正值麦卡锡主义狂潮。1950 年 8 月底，就在钱学森办理了回国手续，买好机票，准备离美之际，却被美国移民当局禁阻，随后又被投入监狱，遭受政治迫害。后来虽经多方营救，才得以保释出狱，但在长达五年的时间里，他始终处于软禁、监督居住中，饱受折磨。后来在毛主席和周总理的关怀下，中国政府通过外交途径，以交换美国在华被押战俘为条件，钱学森一家才终于回到祖国怀抱。

钱学森回国不久，国家需要发展航天事业。钱学森受命作为技术总负责人组织航天科技大军，开启研制中国导弹、火箭的宏伟工程。这就又使得钱学森做出了人生的第四次重大选择：从学术理论研究转向大型科研工程建设。当时是在国家遭受自然灾害、财力物力非常有限，国防工业基础十分薄弱，很少有人懂得火箭、导弹技术等一系列极端困难的条件下，钱学森开始创业的。钱学森在毛主席、周总理、聂老帅的支持下，率领科技大军克服难以想象的艰难困苦，突破了一系列核心关键技术，使中国列入世界航天大国之列，弹（导弹）、箭（火箭）、星（人造卫星）、船（飞船）、器（航天飞行器）全面发展。真可谓"五年归国路，十年'两弹'成"！中国由此堂堂正正地进入世界"'五强'核导俱乐部"，成为继美、苏之后的世界航天大国，极大地提升了中国的国际地位。

1982 年，钱学森已经 70 岁了，从工作一线退居二线，此时的他功成名就，完全可以休息了，或者写写回忆录，做做报告……但是钱学森又做出了他人生的第五次重大选择：再次回到学术理论研究中。他深深了解我国基础科学研究比较薄弱的现状，他想趁自己有生之年为国家的科学发展发挥余热。这个时期，也是钱学森学术思想最为活跃、涉猎学科领域最多的时期。他从 70 岁到 85 岁，以其独到的研究视角，在系统科学、思维科学等领域提出了一系列新观点、新思想、新理论，发表了一系列文章，出版了多部学术著作。钱学森一生中的五次重大选择，充分体现了他深沉而伟大的爱国主义精神！

第二，追求真理、求真务实的精神。钱学森一生以读书做学问搞研究、追求科学真理、坚持科学真理、维护科学真理为人生的最大乐趣，具有超乎寻常的求真务实的科学精神。这种精神是钱学森精神的本质特征。

钱学森追求真理，具体表现为“把理论与实际灵活地结合，不刻板行事”。他“既反对机械唯物论，又反对唯心主义”，始终坚持辩证唯物主义，坚持马克思主义哲学。他认为：一方面科学技术要接受马克思主义哲学的指导，另一方面科学技术的新成果又必然深化和发展马克思主义哲学。

正是因为这种追求科学的精神，养成他严谨细致、求真务实的作风。钱学森在领导“两弹一星”工程期间，经常亲自到第一线具体指导各项工作，精心组织航天工程实施，从设计、研制一直到发射，每一道工序，每一个流程，每一个细节，他都要亲自检查，确保万无一失。尤其是在科研上，他更是严上加严、慎之又慎、一丝不苟，尽一切可能把失误消灭在萌芽状态。

钱学森常常深入发射试验现场，一待就是一两个月，随身带着一本工作手册，详细记录每次试验的具体情况，大大小小的异常、故障被列成表格，已经解决的注上“已换”“可用”，尚未解决的，就用红笔打个星号。正是这种极其严苛的求实精神，才保证了他所领导研制的弹、箭、星等发射成功。可以说，一个“严”字贯穿了钱学森科学生涯的始终。钱学森这种严谨细致的作风，在航天界传为佳话，影响着一代又一代的航天科技工作者。

“科学不能有一点点失误”

钱学森常常对青年科技人员说，科学上不能有一点点失误，小数点错一个，打出去的导弹就可能飞回来打到自己。钱学森要求科技人员做学问搞研究都必须做到“严谨、严肃、严格、严密”。钱学森在阅读别人寄来的科技论文时，对于数据总是不厌其烦地重新计算一遍。1986 年 11 月 28 日，钱学森阅读任继周院士的一篇论文后，致信任院士。钱学森在信中说：“任院士，您的论文写得很好，但是论文中有的数据计算还有些问题。论文第一页的百分之五点六应为百分之五点七，百分之五十八应为百分之五十七。”任院士接到钱学森的信后又重新计算了一遍，结果证明钱学森计算的数值准确无误。

主动公开自己的错误

钱学森认为，凡是科学的东西，是不能有半点虚假的，一就是一，二就是二。实事求是，对就是对，错了就承认错误，这是科学研究中最基本最重要的态度。他在探讨学术问题时，若对别人的观点有不同意见，则实话直说，从不拐弯抹角；他自己如果错了，就公开承认。

1964 年，远在新疆生产建设兵团农学院的一位叫郝天护的同志给钱学森写信，指出他新近发表的一篇论文中有一处错误。不久他收到钱学森的亲笔回信，信的最后一段是：“我很感谢您指出我的错误！也可见您是很能钻研的一位青年，这使我很高兴。科学文章的错误必须及时阐明，以免后来的工作者误用不正确的东西而耽误事。所以我认为您应该把您的意见写成一篇几百字的短文，投《力学学报》（编辑部设在科学院力学所）刊登，帮助大家。您以为怎样？”后来，郝天护的文章经钱学森推荐，发表于《力学学报》1966 年第 1 期上。这就是一位科学大师的风范：不仅在私下通信中认错，而且主动在力学界公开自己的错误！

著名科学家、“共和国勋章”获得者孙家栋院士曾经说：“钱学森办事非常严谨认真，非常有科学态度，他提出能办的，是抱着对国家、对民族高度负责、不怕担风险的大无畏精神，是建立在科学思考基础上的。”“钱学森作为我尊敬的师长，从他带领我们研制中国第一枚导弹、第一颗人造卫星的几十年的历程中，他一贯提倡并认真坚持以科学的态度，一切从实际出发，一切注重实践。他那坚持真理、实事求是的学风和品格一直伴随着我。”

第三，勇于开拓创新的精神。创新是一个民族进步的灵魂，是一个国家兴旺发达的不竭动力。在百年未有之大变局时代，我党将科技创新摆在国家发展全局的核心位置，所以学习钱学森的创新精神就显得尤其重要。钱学森认为，科学精神最重要的就是创新，他经常说：“如果不创新，我们将成为无能之辈！”钱学森在漫长的科研生涯中，以敢为人先、勇于探索、勇立潮头、敢于超越的勇气，不断探索科学的新领域，为许多新兴学科的创建和发展做出了开拓性贡献。

三个创新高潮

第一个高潮是钱学森在美国从学从教从研的 20 年。钱学森始终立足科技前沿，在喷气推进、空气动力学、航空工程理论、工程控制论、物理力学等诸多新兴学科领域攻克了一系列难题，28 岁就成为世界知名科学家。第二个高潮是钱学森回国后。作为中国航天工程技术总负责人，钱学森自觉服从国家战略需要，带领广大科研工作者攻克了数不胜数的科研难题，开辟了一条主要通过自力更生、自主创新振兴国家科技事业的中国道路，为维护我国国家安全、提升大国地位、获得国际影响力提供了有效保障，也为后续重大航天项目的成功实施奠定了理论基础和实践基础。第三个高潮是钱学森的晚年。他专心致志在多学科交叉融合上开展研究，涉猎广泛，视野开阔。钱学森提出了许多新概念、新思想、新理论和新方法，构建了现代科学技术体系。晚年的钱学森运用博大精深的系统论思想和敏锐的洞察力，广泛吸收现代科学技术各个领域的信息、知识，融会贯通，提出大成智慧工程、从定性到定量的综合集成方法、大成智慧学、大成智慧教育等。

第四，甘为人梯的教书育人精神。钱学森的教育思想与他的科学精神是相互联系、相辅相成的。他的教育思想源于他的科学思想。钱学森甘为人梯的精神是钱学森精神的重要组成部分。

为国家培养尖端科研人才

1956年，钱学森被邀请参与新中国第一部《科学技术发展远景规划纲要》的制定，并担任综合组组长。这是钱学森第一次从国家层面全面了解新中国各个领域科学技术发展状况。当时钱学森非常清楚，新中国各个领域的快速发展，特别是尖端高科技发展，迫切需要一大批人才，尤其是科学技术人才。从此，钱学森一边组织大规模的科学技术工程研究，一边注重科技人才的培养。

钱学森回国后，随即担任中国科学院力学研究所所长。作为世界著名的力学大师，钱学森非常清楚，力学在航空航天等诸多领域是十分重要的基础学科，没有力学的支撑，航空航天是难以实现的。钱学森积极倡导中科院与清华大学共同举办力学培训班，培养我国第一代高级力学人才。钱学森亲手创办了这个培训班，从培训计划、教学大纲的制定、教学内容的精心选择、具体培训工作的组织实施，钱学森都亲力亲为。他还作为水动力学的主讲教师亲自授课。据当时参加培训的学员、著名力学家何友声院士回忆："钱先生亲自教我们这个班，他一个月开一次讨论会，跟大家研究课怎么上，学生有什么问题和要求，如何解决等，可谓倾情投入，身体力行。正因为这段时间钱学森把主要精力都放到了办好力学培训班上，就不可能分心思考和写论文了。因此在一次讨论休息时，我问钱先生：您在国外发表了那么多有影响的论文，为什么回来以后就不发表了呢？这让我们感到挺可惜的。钱先生笑着说：我不这么认为，现在我忙着办这个班，还要为讲课做准备，自然做研究、写论文的时间没有了。这看上去是做了牺牲，但我教出来的120个学生，如果他们将来都能发表论文，那么120个学生发表的论文跟我一个人发表的论文相比，孰重孰轻？钱学森的一番肺腑之言，让我和其他同学都十分感动。”钱学森就是这样，把为国家培养人才放在第一位，把个人的事搁在了一边。力学培训班先后办了三期，为国家培养了一批高水平高质量的力学人才，其中有部分人才已经成为中科院和工程院两院院士。

钱学森1955年回国后的第二个月就去国防科技大学前身哈军工参观考察，自此他与这所大学保持了半个多世纪的密切联系。特别是1978年至1981年，钱学森历时四年主导国防科技大学全方位全过程的改建。可以说，钱学森创新教育思想在这所大学得到了全方位的体现。同时，其全过程也是钱学森创新教育思想的伟大实践。

40多年来，这所学校在校学员人数只有其他“双一流”大学的三分之一，却先后涌现出31名两院院士，179名省、部、军以上各领域的帅才等一大批优秀人才，取得了包括“天河”“银河”系列超级巨型计算机、北斗核心技术等在内的5000多项科研成果。

积极培养年轻学者成长

王永志1952年考入清华大学航空系，后赴苏联留学，归国后被分配到第五研究院工作。1964年6月，王永志在发射基地参加了“东风”地地导弹的第二次飞行试验。导弹发射前，计算弹道时，他发现射程不够，于是大家一致考虑应该给导弹多加燃料，以增加推力。但是导弹储箱的面积就这么大，肯定不能多装燃料。那怎么办？正当大家都为这件事发愁的时候，当时还只有 32 岁的王永志初生牛犊不怕虎，敢想敢说。他提出了一个和专家们截然相反的建议：泄出 600 克燃料，以减轻导弹自身的重量，这样可增大射程。但是许多专家觉得王永志这个方案不靠谱，没有理睬他。于是王永志鼓起勇气找到钱学森，把这一别出心裁的设想直接向钱学森反映。钱学森边听边计算，计算的结果使得钱学森认为王永志说得有道理。于是钱学森便对该导弹的总设计师说："这个年轻人的想法有科学依据，就按他的意见办。"最后，导弹连打三发，都成功了。钱学森赞扬王永志独立思考，具有创造性的逆向思维，并注意培养这位年轻人。他的创新思想经常得到钱学森的鼎力支持。

后来，钱学森启用王永志担任了运载火箭总体单位一院的院长。之后，又推荐王永志在 1986 年担任"863"计划载人航天研究组组长。1992 年，在中国载人航天工程上马之际，钱学森极力推荐王永志担任总设计师。王永志在担任总设计师期间，不辱使命，成功地将中国第一位航天员杨利伟送入太空，终于实现了中华民族千百年来的飞天梦想。

积极培养无名之辈成才

张沁文是山西的一名科技爱好者。1957 年，张沁文被戴上了"右派"帽子，从南京林业学院毕业后，来到塞上高原的右玉县接受劳动改造，但并没有放弃科学研究工作。1979 年 3 月，他把自己的书稿《农业系统·农事学》寄给了钱学森，以求指导。同年 5 月 12 日，钱学森给张沁文写了一封亲笔信，肯定了他研究农业系统工程的基本思想，指出了深入探讨的途径和修改意见。从此，这两位素不相识的"同道"结下了不解之缘，经常通过书信交流观点，探讨学术问题。为了使他发挥更大的作用，钱学森积极推荐张沁文调到省农业区划办公室专门从事农业方面的研究工作。1980 年 3 月 9 日，钱学森路过太原，专门抽出宝贵时间与张沁文会面，与他商讨为中国科协和中央电视台举办的系统工程科普及讲座写《农业系统工程》讲稿的事宜。他们对观点的阐述、材料的选择到文章的层次结构等进行了认真研究。当时的钱学森已经是国防科委副主任，身居要职，工作非常繁忙，在太原只逗留了3小时，却用1小时45分钟与张沁文研究《农业系统工程》讲稿。根据钱学森的要求、安排和嘱咐，张沁文很快拿出了讲稿。钱学森看后又提出了一些修改意见。《农业系统工程》定稿后，就署名问题，张沁文多次提出要把钱学森的名字放在前面，钱学森坚决不同意。他在给张沁文的信中说：你的名字必须放在前面，就算是以姓氏笔画为序，也应把您放在前面。当然还有以下的理由：一是发明创造权主要在你；二是我对我国现在流行于科学界的“老头子制”颇为反感，用这个机会表示一下，也是抗议这种不合理的东西；三是以你我年龄来论，你应居第一线，而我不能当农业系统工程主力了。我希望你继续前进。我将尽力相助。另封寄上我收集的一些关于农业系统科学方面的报刊，供你参考。同年6月，张沁文赴天津讲学。钱学森又约他返晋路过北京时再次面谈。这次是在钱学森的办公室畅谈。后来，钱学森将自己从20世纪50年代开始收集的有关农业科学的57份报刊资料全部寄给张沁文，之后又把自己收藏的43册农业科学书籍送给他，期望他刻苦攻读，潜心探索，并勉励他写出《农业系统工程》《农事学》两本专著。

1980年10月，经钱学森推荐，张沁文在中央电视台播讲了“农业系统工程”讲座。而中央电视台原计划是安排钱学森来播讲的，但钱学森几次写信要张沁文播讲。钱学森在信中说：“‘农业系统工程’一讲，还是由你来讲，我已经告诉电视台的同志了。我是有意赶你上架，让你锻炼讲解的本领。有科学成就的人，其素养之一，就是讲解有吸引力。”

帮助青年教师解决生活难题

钱学森十多年来与淮南师范专科学校青年教师杨春鼎保持通信，不仅与他交流探讨思维科学方面的学术问题，还默默地帮助他解决家庭难题。

1981 年春天，杨春鼎偶然从《解放日报》第一版看到一篇报道，里面提到上海《自然杂志》1981 年第 1 期刊载了钱学森的一篇学术论文《系统科学、思维科学与人体科学》。这篇文章，对于正在探讨思维科学的杨春鼎来说，如获至宝。他很快到街上的书店里买到了这期《自然科学》杂志，认真地把这篇文章读了好几遍。钱学森在文章中指出："在自然科学、数学科学和社会科学这三大部门之外，现在似乎应该考虑三个新的正在形成的大部门：系统科学、思维科学和人体科学。"而让杨春鼎特别感兴趣的是其中关于思维科学的论述。钱学森认为思维科学研究是第五代计算机技术革命的理论基础，并提出了创立形象思维学和灵感学的一些设想。杨春鼎读后深受启发。当时文艺界正在进行形象思维的讨论，于是颇爱思考而且对思维科学非常感兴趣的杨春鼎动笔写了一篇题为《形象思维新论》的长篇论文，作为自己任课的文学概论的辅导材料，发给学生做参考。与此同时，他寄了一本油印稿给钱学森，就一些个人观点和理解请教钱学森。

1981 年 4 月下旬的一天，他收到钱学森的亲笔信。钱学森在复信中对杨春鼎的论文给予充分肯定的同时，提出四点意见，并热情鼓励他继续努力，争取多出研究成果。从那时起，杨春鼎每写成一篇关于思维科学方面的论文或论著，都要寄给钱学森。而钱学森总是及时地回信，给予杨春鼎指导和鼓励。13 年间，钱学森给他的亲笔回信总共 50 多封。此外，钱学森还赠给他各种书刊资料 10 多本。而钱学森自己写的关于思维科学方面的论文，在公开发表前，也常常寄给杨春鼎等几个年轻学者，向他们征求意见。钱学森常常在论文标题的上方，写上这样一行字"请杨春鼎同志指正”。对此，杨春鼎受宠若惊地说："钱老是一个在国际上很有声望的大科学家，而在80年代初我才30多岁，连讲师也不是，是一个很不起眼的小人物。而钱老对这样的小人物却这样关心、爱护和尊重。来自千里之外的真诚关怀让我无比感动。”

特别让杨春鼎终生难忘的是，钱学森不仅在学术上对他悉心指导，还主动在生活上为他排忧解难。杨春鼎是江苏省扬州市人，1966年从南京大学中文系毕业后，被分配到北京文联工作。不久，杨春鼎又来到淮南西部矿区八公山下的一所中学从事教育工作。30岁那年，他同市郊一位回乡女知青结婚，并有了两个小孩。接着，他又于1978年春被调到20公里外的淮南师范专科学校任教。这样，妻子就无法回乡劳动了，一家4口的生活仅靠杨春鼎每月50多元的工资维持，生活非常清苦。但即使在这样的条件下，他仍然节约开支购买科研资料。在教学之余，杨春鼎还利用一技之长帮助学校教材科刻写讲义，因为刻一张蜡纸可以得到5毛钱的报酬。那时哪怕是过春节休长假，他也坚持每天早晨6点起床刻蜡纸，一直忙到深夜12点。两年里，他共刻了1000多张蜡纸，得到500多元的报酬。就这样，杨春鼎在肩负着繁重的教学任务和家庭生活重担的同时，坚持搞研究，每天都要熬夜。那时学校在淮南洞山，他家在20多公里外的八公山，每天挤公共汽车到学校上课，一个来回就是40多公里。从1978年到1981年，他整整来回奔波了四年之久。

杨春鼎在1981年6月初完成近两万字的论文《形象思维与电子计算机革新的设想》后，在给钱学森的信中情不自禁地捎带了几句家中的情况，他丝毫没有想请钱学森帮助解决困难的意思。然而钱学森却把这件事记在心上。1981年下半年，在杨春鼎毫不知情的情况下，钱学森亲自给时任安徽省委第一书记的张劲夫同志写了两封信，请求张劲夫帮助解决杨春鼎的家庭实际困难。张劲夫接到钱学森的信后，及时写了批示，由省委办公厅转给淮南市委。淮南市委、市政府很快破例解决了杨春鼎的妻子和两个小孩的户口农转非问题。淮南师范专科学校又为他妻子安排了工作，并分给他两间住房。这一切都是在很短的时间内解决的。直到学校通知杨春鼎迁户口、搬家，他才知道事情的原委。但对于这些，钱学森在来信中却只字未提。钱学森虽然在千里之外，却默默地用一片爱心解除了杨春鼎的后顾之忧，使他从困境中解脱出来，以便有更多的时间和精力从事教学和研究工作。杨春鼎知道这一切后，感动得热泪盈眶。

第五，集智攻坚的大协作精神。钱学森认为，今天的科学研究再也不是瓦特时代“散兵游勇”“单打独斗”式的，而是必须依靠严密的组织，采取大规模的集体协作，集智攻坚。因此，团结协作、集智攻坚是钱学森在长期组织大规模的航天科技工程中一直大力倡导的一种精神，也是钱学森精神的重要组成部分。实践证明，大力协同、集智攻坚是中国航天伟业成功的法宝，是中国航天的优良传统，也是中国航天精神的核心要素。钱学森既是团结协作、集智攻坚的积极倡导者，也是模范践行者。同时，钱学森在总结航天工程团结协作、集智攻坚丰富实践的基础上提炼出的系统工程思想与方法，开创了系统科学的中国学派。

1978 年 6 月 28 日晚上，钱学森来到国防科技大学电子计算机系兼研究所（六系）考察工作。他认真听取了该系兼研究所部分领导和专家教授的汇报后，先是对该系兼研究所在计算机领域取得的成就表示赞赏，然后说：“你们计算机系兼研究所，在全国科技界是一面旗帜，你们从搞第一台电子管计算机到现在的一亿次巨型计算机，一直走在全国计算机领域的最前列。”钱学森总结道：“你们之所以一直处在中国和世界计算机研制的最前沿，取得如此辉煌的成就，有一条最重要也是最成功的经验，就是发扬了集体主义团结协作、集智攻坚的精神。”钱学森说：“团结协作的集体主义精神，是我们社会主义国家和人民军队的本质属性，也是我们搞大科学工程的内在要求。”钱学森指出，计算机研制有硬件和软件两大部分，硬件部分又有程控、存储、电路、元器件等，软件又有操作系统等。每个大小系统又都是相互联系在一起的。从事计算机设计、研制、实验、生产有总设计师，分系统、子系统的设计师和工程师，实验员和操作手等。既有明确的分工，又有密切的协作。你们这次研制的一亿次巨型电子计算机，是个巨大的科研工程，有来自全国科研院所1000多人参与这项科研工程，而这些同志都在慈云桂教授的率领下，为攀登世界计算机研制的高峰，为中国人争光，团结协作，志在高峰，顽强拼搏。同时，钱学森还要求学校组织多种新闻媒体宣传这种大团结大协作的精神，在全校乃至全国积极弘扬这种宝贵精神。

“导弹卫星工作是千百万人大力协同才搞得出来”

1992年10月12日，当时在农业部畜牧兽医司任职的李毓堂给钱学森写信，请他审阅自己的文稿。1992年10月19日，钱学森在回信中严肃地写道：“称我为‘导弹之父’是不科学的。因为导弹卫星工作是‘大科学’，是千百万人大力协同才搞得出来，只算科技负责人就有几百，哪有什么‘之父’？如一定要找什么‘之父’，那只有党和国家的决策领导人周恩来和聂荣臻了。所以‘导弹之父’是不科学的，不能用。”诚如钱学森所说，导弹卫星工作是许多人大力协同的成果。实际上，中国航天从决策到落实，再到具体执行，形成了自上而下的三级联动体制。这个体制的第一个层次是党中央的领导和决策，中间层次是周恩来总理和聂荣臻副总理统筹协调、组织落实，第三个层次是钱学森、王秉璋等五院领导同志的共同推进和全面实践。在这个过程中，中央负责快速解决发展导弹、火箭过程中遇到的各种问题，三者之间实现良性互动。钱学森十分推许这个机制，经常呼吁大家学习这一宝贵经验。他在1992年9月23日致陈春旺的信中写道：“我们有成功的经验，那就是你熟悉的‘两弹一星’工作，在周恩来同志的直接领导下，聂荣臻同志辅助周恩来总理，用‘高度的革命觉悟、高度的组织纪律性、高度的科学性’把上万科学大军组织成为‘大兵团作战’的团结坚强队伍。这一宝贵经验一定要宣传，使之深入人心。”

“成功了，功劳是大家的；失败了，责任由我来承担”

钱学森在工作中非常重视协同合作，虚心听取他人意见。为了充分发扬技术民主，航天工程上马不久，钱学森每个星期天，都将任新民等四位总设计师请到自己家里开所谓“神仙会”，讨论研究重大技术问题，大家畅所欲言。在讨论中只要意见一致，他便果断做出决策；意见不一致、又不是急办的，留待下星期会议讨论；如果是急办的，则由他根据情况提出解决办法。孙家栋回忆：在研制第一颗人造地球卫星时，当时的中国正处于被国外严密封锁时期，研究人员造卫星比研制导弹遇到的困难更多，既无经验又无资料，还缺少必要的实验设备，唯一的出路就是走自力更生、独立研制的道路。钱老对我担任中国第一颗人造地球卫星总负责人给予了极大的信任和支持。为了充分发挥技术人员的聪明才智，他总是与我们共同探讨重大的技术问题，并且诚恳地说：‘你们的建议如果成功了，功劳是大家的；失败了，责任由我来承担。’这番话，让我丢掉了许多顾虑。干航天几十年，每当遇到重大问题时就会想到钱老勇于负责、善于听取群众意见的工作作风。”钱学森晚年由学术通信建立起来的学术关系如同一张大网，将各学科领域中的科研工作者联系在一起。其中很多学者是经钱学森介绍才与他人建立了学术联系，进行合作，共同开展研究工作。

钱学森认为，现代科学技术研究的对象本身就不是孤立存在的事物、现象，所以应该研究事物和现象的发展过程，研究事物相互之间的联系。这就使得现代科学技术变成了一个严密的体系和一项系统工程。这个特点也决定了从事现代科学技术研究的人员不能各自为战，而要相互合作，协同前进。

团结协作与综合集成方法

钱学森于20世纪80年代末90年代初开创性地提出了“综合集成方法”这种新的研究方法。这是一个集专家、数据（或信息、知识）、计算机三者于一体的巨型智能系统，被称为“从定性到定量综合研讨厅”体系，也可以说是一个大型的团体协作、集智攻坚的行为。它通过各个子系统之间的统筹和合作，最大限度地发挥综合优势和整体优势。它是钱学森系统工程思想的重要组成部分。

第六，无私奉献为人民服务的精神。这是钱学森精神最本质和最核心的要素。钱学森将自己的知识和智慧全部奉献给了祖国和人民，奉献给了社会主义事业。

钱学森回国后不久，就率领全体科技人员白手起家，艰苦创业。钱学森后来回忆，刚开始造火箭发动机的时候，大家就在一个大工棚里面，用最落后的工艺铸造发动机的部件，再用车床、刨床或者铣床加工。那时候的机床非常落后，加工出来的零件根本达不到火箭发动机的精度要求，怎么办？钱学森建议从上海、沈阳等地调来一批高级精工师傅，就是靠这些人用手工一点一点地加工，最后生产出来的零件愣是达到了火箭发动机精度的要求。

舍小家为国家

为了尽快把导弹送上天，在试验基地的基本试验设施刚刚建成，生活设施完全不配套的情况下，便开始了导弹试验工作。当时大家都睡帐篷，钱学森也和大家一起同甘共苦。冬天他虽然穿着老羊皮大衣还是冻得鼻涕直流，夏天的衣服上总是一圈圈的汗渍。有时夜里太困了，钱学森也和年轻人一样在试验指挥大厅，把两个长板凳一并，躺在那儿睡觉。正是凭着这种艰苦创业的精神，钱学森和他率领的科技大军克服许多难以想象的困难，攻克了无数国防科技关键技术，创造了中国航天科技的辉煌。

1960年，苏联撤走了全部援华专家，扔下一个烂摊子。那时中国的导弹事业刚刚起步，苏联以为没有他们的帮助，中国人根本就搞不出导弹来。钱学森不信那个邪，带领科技人员继续自力更生，在仿制的基础上自行设计射程增加了一倍、具有实战价值的“东风二号”导弹。那段时间，钱学森常常在酒泉基地一待就是十天半个月，有时甚至数月。而他的行踪又是严格保密的，连夫人蒋英都不知道。有一次，钱学森出差一个多月杳无音信，蒋英就跑到国防部五院询问：“钱学森干什么去了，这么长时间不见人影？”国防部五院的同志连忙向钱夫人解释：“钱院长出差在外地，平安无恙。只是工作太忙，暂时回不来，请您放心。”1962年3月21日，“东风二号”发射失败，现场气氛十分紧张。为了查清事故原因，钱学森几乎将所有精力都扑在上面。在中科院力学所，大家看不到他的身影；在家里，蒋英和孩子们也见不到他的身影。钱学森在酒泉基地待了整整三个月，多次组织大大小小的故障分析会，对导弹残骸进行测定，对遥测数据进行判读等。经过反复多次的实验和验证，终于找到故障原因。为此，科技人员写出的技术总结报告达67页之多。找出原因后，在钱学森的主持下，设计人员重新修改导弹设计方案。作为技术总负责人，钱学森一会儿参加设计讨论会，一会儿组织地面大型实验，没几天又赶赴酒泉基地导弹试验现场察看。1964年6月29日，重新设计研制的“东风二号”导弹在酒泉基地试射成功，准确命中目标，标志着中国自己设计的第一枚中近程地地导弹诞生了。接着又发射了多次，均取得成功。

现身“两弹”对接现场

在中国航天事业的发展史上，“两弹”结合意义重大而深远，这是在中国国土上进行的史无前例的导弹核武器试验。而在“两弹”结合试验中，钱学森冒着极大的危险，在“两弹”装配现场进行指导，这种为了国家利益，不顾个人安危的大无畏气概非常感人。1964 年 10 月 16 日，中国第一颗原子弹在新疆罗布泊爆炸成功，引起全世界的极大震动。但西方人却为此嘲笑我们有“弹”无“枪”。因为我们的原子弹是放在 100 多米高的铁架子上引爆的，没有运载工具，难以实施远距离打击，自然对他们形不成威胁。美国前国防部长麦克纳马拉曾不屑地说：中国人虽然拥有原子弹，但在五年之内不可能造出运载工具，并推断中国至少需要十年才能掌握导弹核武器。如何打破这一局面，粉碎西方人的预言？钱学森深知，最佳的方案就是利用地地导弹作为运载工具，将核弹头装载于导弹前端，实施远程发射，形成巨大的核威慑力。这是一个史无前例的壮举。于是，钱学森率领航天人对“东风二号”导弹进行技术改进，使导弹能够携带 1 枚具有 2 万吨 TNT 的核弹头。而在“两弹”对接那天，聂荣臻元帅和钱学森冒着极大的危险，亲自到“两弹”结合操作现场指导和督战。当主操作手田现坤完成所有对接程序，走下塔架时，聂荣臻元帅和钱学森主动上前，紧紧握着田现坤冻僵了的手，向他表示亲切的慰问和由衷的感谢。

携带核弹头的导弹从我国酒泉发射基地发射到新疆罗布泊戈壁滩，导弹飞行正常，核弹头精确命中目标，试验获得成功。“两弹”结合试验的成功让西方世界非常震惊。中国从原子弹爆炸到“两弹”结合试验成功，只用了两年多，便彻底粉碎了西方世界毫无根据的预言。钱学森在美国，有很好的工作条件和生活条件，那他为什么一定要经历那么大的曲折，也要坚持回到祖国吃苦受累呢？答案只有一个，那就是在他的心中始终有一个梦想，就是祖国的强盛，民族的复兴，中国人民能过上有尊严的幸福生活。

三个“不在意”

钱学森一生将物欲和功利看得很淡、很轻。一是对钱不在意。钱学森姓钱不爱钱。他一生多次捐赠稿费、讲课费和奖金，最大的一笔捐款为100万。

他在加州理工学院工作时，一家航空喷气公司成立。该公司获得了美国军方的大批订单，公司股票价格也因此节节攀升。钱学森是这家公司的技术顾问，每周去公司一次，负责解决科研中遇到的技术问题。听闻如此重大利好消息，同窗兼好友、公司创始人之一的马林纳曾竭力劝说钱学森入股，以获取一笔丰厚的资产。但是，钱学森婉言谢绝了。马林纳当然不会知道，钱学森看重的是美国的科学前沿和先进技术，只希望尽快学习和掌握这些科学技术，为自己的祖国和人民做贡献。

钱学森回国后，中科院按照国家特别研究员标准支付给钱学森每月335.8元人民币的薪酬。1957年，钱学森当选为学部委员，每月又增加了100元津贴。每年年底，中科院还给钱学森发500元奖金。钱学森对此十分满足。但是在国家三年自然灾害时期，钱学森感到自己的工资比普通人高出了许多，心里很不安。

1963年，钱学森写信给力学所杨刚毅，主动要求减去自己的部分薪水。他说，现在我所正在进行工资调整，我利用这个机会提出我心里一直在想的问题。我的工资已经过分高了，请组织上取消我每月100元的津贴，每月350元的工资也按比例降低。因为我爱人每月还有200元工资，我们家按照目前的生活水平绰绰有余，多了没有必要。钱学森还说，对此本人总是于心不安，恳请组织上批准我这个请求。当天，力学所向各支部下发了钱学森要求减薪的这封信，并下发通知，要求大家学习钱学森这种无私奉献的高尚精神。杨刚毅则在致中科院党委的信函中说："目前我们正在提高工资阶段，而钱学森却主动要求减薪，这种精神值得学习。"

20 世纪 50 年代，钱学森在苏联高校做演讲，讲课费十分可观。但是钱学森拿到这些讲课费后，随即全部捐献给了力学所。1957 年，钱学森的《工程控制论》一书获得中国科学院自然科学奖一等奖，奖金一万元。这笔钱在当时是个很大的数字，钱学森又把这些钱一分不留地捐献给了新中国刚刚组建不久的中国科技大学，让学校用这些钱去购买必要的教学设施。

1969 年 8 月 23 日，钱学森的父亲钱均夫逝世。他父亲生前为中央文史馆馆员，由于"文革"期间受到冲击，去世前三年没有领到分文工资。1978 年落实有关政策，文史馆给他父亲补发了 3000 元工资。钱学森作为其唯一的儿子，理应继承这笔财产。但钱学森说，父亲已经过世，我不能再收这笔钱。最后，他将这笔钱交了党费。

1982 年，钱学森将《论系统工程》中自己那部分稿费捐献给了系统工程研究小组做活动经费和出版经费。1992 年 1 月 1 日，钱学森写信给朱光亚，将一级英雄模范奖金 2000 元及出版文集的 3000 元共 5000 元捐献给中国科学技术协会的奖励基金。1 月 20 日，钱学森专门写信给基金会法人代表，拒绝用他的名字设立科学技术奖。1994 年钱学森获得香港何梁何利基金优秀奖，奖金为 100 万港元。对于这笔巨款，他不仅没有丝毫心动，甚至没有经手，就委托秘书将这笔巨款捐献给了促进沙产业发展基金会。平时，钱学森和别人一块儿联名发表文章，他也总是把稿费让给别人。

二是对"官"不在意。钱学森长期担任要职，但始终把自己当作劳动人民的一分子。他曾任中科院力学所所长、国防部第五研究院院长、第七机械工业部副部长、中国科协主席、全国政协副主席等职。钱学森说，如果不是工作的需要，我什么官也不想当。钱学森先任国防部五院院长，后任副院长，因为担任院长有很多行政事务要处理，而这并非他这个科学家之所长，所以他主动要求辞去院长的职务。周恩来总理、聂荣臻元帅接到钱学森的请示报告以后，决定把钱学森从这些繁杂的事务中解脱出来，让他集中精力思考和解决重大的技术问题，从此钱学森只任副职。钱学森对这种安排十分满意，他考虑的是国家的事业，而不是自己会失去什么权力。这种精神贯穿在他的一生之中。钱学森曾担任第三届中国科协主席，虽然是科学家们一致推举，但是钱学森本人坚决不同意。后经过中央领导同志反复做工作，他才勉强同意。后来担任全国政协副主席，也是经过邓颖超等多位中央领导反复做工作才勉强担任的。但是到了连任的时候，说什么也不干，这才给他免除的。

三是不在意与地位相关的待遇。比如配车、住房等。钱学森从来不在意这些，他一直住在他刚到五院时分的老房子里。钱学森担任全国政协副主席后，组织上多次要给他换房，给他盖一个小院，都被他拒绝了。钱学森说："我的住房条件和我同船回国的人相比已经好多了。"钱学森一直住在六十年代搬进去的老房子里，直到去世。

钱学森生活非常简朴，对自己要求非常严格。在三年经济困难时期，整个社会物资匮乏，钱学森家的食品供应同样很紧张。有一次，五院调进一批猪肉，聂帅担心钱学森日夜操劳，身体难以承受，就指定给钱学森家分半头猪。钱家的炊事员每次到食堂割一小块，切成肉末放在菜里，以便细水长流。炊事员看到钱学森每天非常操心和劳累，人瘦了许多，很心痛，一次他就割了一大块肉，做了一锅红烧肉，想给首长补充一下营养。当他把红烧肉端到桌子上时，平时和颜悦色的钱学森，一下子把脸沉了下来。他严肃地对工作人员说："你们知不知道，现在全国人民都生活困难，勒紧裤带，连毛主席、周总理都不吃肉了，你居然还给我做红烧肉！你的党性到哪里去了？”炊事员见首长生气了，只好把红烧肉端下来。

“七不”原则

钱学森1987年从国防科工委科技委副主任位子上退下来以后，给自己定下“七不”原则：不题词、不写序、不参加任何科技成果评审会和鉴定会、不出席“应景”活动、不兼任荣誉性职务、不去外地开会、不出国访问。他春秋总是穿着一件褪色的旧军装或一件蓝色的旧中山装，冬天穿一件老旧军棉大衣。他夏天常用的一把纸扇，有的地方穿了孔，他用纸把孔糊上继续用。

钱学森曾经说：人为什么活着？站在不同的立场有着不同的回答。我们共产党人活着是为人民谋幸福、为民族谋复兴，一句话，就是为人民服务。毛主席教导我们：“要全心全意为人民服务，不要半心半意或者三分之二的意为人民服务。”要“完全、彻底”为人民服务。钱学森还说：“我作为一名技术工作者，活着的目的就是为人民服务。如果人民最后对我的工作满意的话，那才是最高奖赏。”

总之，钱学森波澜壮阔、璀璨辉煌的一生，为国人留下了永远取之不尽的宝贵精神财富。钱学森不仅具有崇高的爱国主义精神，还具有身为科学泰斗的独特的科学精神。同时，钱学森更是一位真正的共产党人，具有可贵的共产主义精神。他是时代的楷模，更是我们学习的榜样。钱学森也是知识分子的典范，积极弘扬钱学森精神，才能够深刻认识和把握其蕴涵在创新教育体系中的内涵，真正为国家培养出更多的创新拔尖人才。

参考文献

［1］顾吉环．钱学森文集（卷一至卷六）．北京：国防工业出版社，2012

［2］涂元季等．钱学森书信（一至十卷）．北京：国防工业出版社，2007

［3］涂元季．钱学森书信补编（一至五卷）．北京：国防工业出版社，2012

［4］马望星．钱学森创新教育的伟大实践．长沙：湖南科学技术出版社，2012

［5］王道俊等．教育学（第七版）．北京：人民教育出版社，2016

［6］王凤喈．中国教育史大纲·中国教育史．长沙：湖南教育出版社，2008

［7］陈东原．中国教育史．郑州：河南人民出版社，2016

［8］陈青之．中国教育史（上、下册）．长沙：岳麓书社，2010

［9］涂元季等．钱学森故事．北京：解放军出版社，2011

［10］马望星．为了共和国军事科技的崛起——党和国家领导人关心国防科大纪事．解放军报．1993 年 9 月 28 日 1 版

［11］中共中央文献研究室．邓小平年谱一九七五～一九九七（上）．北京：中央文献出版社，2004

［12］谭暑生．从狭义相对论到标准时空论．长沙：湖南科学技术出版社，2007

［13］于起龙．钱学森与国防科技大学．长沙：国防科技大学出版社，2010

［14］叶永烈．钱学森．上海：上海交通大学出版社，2011

［15］奚启新．钱学森传．北京：人民出版社，2011

［16］上海交通大学．集大成得智慧——钱学森谈教育．上海：上海交通大学出版社，2010

［17］车宏安等．钱学森系统科学思想的形成与发展．新浪网，2013 年 1 月

［18］钱学森．创建系统学．上海：上海交通大学出版社，2007

［19］钱永刚．钱学森精神读本．上海：上海交通大学出版社，2019